Manual de la OMPI de redacción de solicitudes de patente

Segunda edición

OMPI
ORGANIZACIÓN MUNDIAL DE LA PROPIEDAD INTELECTUAL

Sugerencia de cita: OMPI (2022), *Manual de la OMPI de redacción de solicitudes de patente*, 2.ª edición. Ginebra: OMPI.
DOI: 10.34667/tind.48733

Primera publicación: 2007

Organización Mundial
de la Propiedad Intelectual
34, chemin des Colombettes, P.O. Box 18
CH-1211 Ginebra 20
Suiza

wipo.int

ISBN: 978-92-805-3582-2 (impresa)
ISBN: 978-92-805-3583-9 (en línea)

Portada:
Getty Images/your_photo, USPTO

Publicación de la OMPI n.º 867S

Esta traducción ha sido posible gracias al apoyo del Fondo fiduciario mundial del Japón para la PI.

Índice

Prólogo

La innovación es un fenómeno global, presente en todas las partes del mundo, que mejora constantemente nuestro bienestar y calidad de vida. Como se muestra en el *Índice Mundial de Innovación*, en el último decenio el gasto en innovación ha crecido más rápidamente que el PIB en todo el mundo. En los países de ingreso alto, la financiación procedente del sector privado contribuyó en gran medida al crecimiento del gasto en innovación, mientras que en los países de ingreso mediano y bajo, la contribución de los fondos públicos al gasto en investigación y desarrollo alcanzó el 75 % en algunos casos.

Buscar soluciones técnicas a los problemas que se presentan forma parte de la naturaleza humana, ya sea en relación con las necesidades de la vida diaria o con el afán de explorar el espacio ultraterrestre. En consecuencia, el aumento del número de solicitudes de patente presentadas es un indicador del espíritu inventivo en sectores de la tecnología muy diversos.

El sistema de patentes ofrece a los inventores reconocimiento por su actividad creativa y la posibilidad de obtener una retribución material por sus invenciones. Al mismo tiempo, la publicación obligatoria de las patentes y las solicitudes de patente facilita la divulgación de los nuevos conocimientos tecnológicos y acelera las actividades de innovación en la sociedad en su conjunto.

Sin embargo, los posibles beneficios ofrecidos por el sistema de patentes en realidad no llegan completamente a los innovadores de todas las partes del mundo. Si bien esto puede deberse a muchos motivos, en numerosos países resulta complicado tener la oportunidad de obtener el conjunto de competencias específicas necesarias para redactar una solicitud de patente que refleje fielmente el potencial de una nueva invención.

Los innovadores deben presentar solicitudes de patente bien redactadas para garantizar la mejor protección posible de sus invenciones y reducir el riesgo de rechazo de las solicitudes. Las patentes son igualmente importantes para los terceros, puesto que no solo son una fuente valiosa de nuevos conocimientos, sino que muestran la delimitación clara del alcance de la protección por patente, lo cual ayuda a evitar la infracción involuntaria de derechos de patente o a fundamentar la impugnación de la validez de una patente. En cuanto a las oficinas de patentes, recibir solicitudes bien redactadas les permite tramitar la patente de forma más eficiente.

La primera edición del *Manual de la OMPI de redacción de solicitudes de patente* se publicó en 2007. Se elaboró con el objetivo de ayudar a los inventores y sus asesores a adquirir las competencias técnicas necesarias para preparar y redactar adecuadamente las solicitudes de patente. Desde entonces, es un valioso material de lectura preparatoria que contribuye al desarrollo satisfactorio de las actividades de formación que organiza la OMPI. Además, otras instituciones nacionales y regionales han utilizado el manual a menudo en sus actividades de formación sobre redacción de solicitudes de patente.

La OMPI ofrece programas de formación con contenido variado y de distinta duración para satisfacer las necesidades de cada país y público destinatario. Esta amplia experiencia de formación ha puesto de manifiesto que la redacción de solicitudes de patente requiere una combinación de conocimientos teóricos y competencias prácticas de redacción. Cuando los participantes tienen acceso a un material preparatorio integral que abarca todos los aspectos de la teoría de redacción de solicitudes de patente, los talleres de formación pueden centrarse en ejercicios prácticos de redacción. Tampoco cabe duda de que, si bien la capacidad de redactar reivindicaciones adecuadas es una competencia fundamental para preparar las solicitudes de patente, la redacción de las demás partes de la solicitud es igualmente importante para la protección y la divulgación de las invenciones.

Las capacidades generales en materia de propiedad intelectual y las bases tecnológicas de muchos países en desarrollo han evolucionado rápidamente, por lo que los redactores de solicitudes de patente necesitan conocimientos y competencias que se adecuen a las complejidades técnicas y las demandas de los innovadores locales. En los últimos años, también se han producido cambios importantes en la legislación y las prácticas nacionales en materia de patentes en algunos países.

Esta segunda edición del *Manual de la OMPI de redacción de solicitudes de patente* está elaborada a partir de las lecciones extraídas y se ha adaptado a los usuarios actuales y sus necesidades. En esta nueva edición, se explica en detalle la redacción de las reivindicaciones y la descripción. También se recogen explicaciones adicionales y ejemplos de los formatos de las reivindicaciones que suelen emplearse en las invenciones químicas (por ejemplo, las reivindicaciones de tipo Markush) o las invenciones ejecutadas por computadora. Para facilitar la lectura del manual, se han añadido diagramas y gráficos que permiten visualizar el concepto de las reivindicaciones de patente. Además, dado que los redactores de solicitudes de patente a menudo ven necesario modificar las solicitudes durante la fase de examen de la patente, se ha incorporado una sección dedicada a la modificación de las solicitudes de patente. Asimismo, se han reorganizado los módulos para que el manual siga el proceso de preparación, redacción, presentación y tramitación de las solicitudes de patente en orden cronológico.

Confiamos en que la segunda edición del *Manual de la OMPI de redacción de solicitudes de patente* sea un instrumento eficaz para quienes estudian o enseñan la redacción de solicitudes de patente. Se espera que la nueva edición siga sirviendo de apoyo a los Estados miembros que desean mejorar, perfeccionar y ampliar su capacidad para ayudar a los inventores a proteger sus activos de propiedad intelectual mediante unas solicitudes de patente redactadas con esmero.

Marco M. Alemán
Subdirector general
Organización Mundial de la Propiedad Intelectual

Agradecimientos

La OMPI desea expresar su profunda gratitud a Pascual Segura (España) y Kay Konishi (Japón), que revisaron exhaustivamente la primera edición del *Manual de la OMPI de redacción de solicitudes de patente*, detectaron y señalaron los aspectos que podían mejorarse y aportaron contribuciones al texto para actualizar y complementar el contenido de la primera edición. En sus respectivas calidades de abogado de patentes con experiencia y de tutor cualificado para enseñar redacción de solicitudes de patente, los conocimientos especializados que transmitieron a estudiantes con formación en diversos ámbitos fueron indispensables para la elaboración de la segunda edición. Anton Blijlevens (Nueva Zelandia), Pablo Paz (Argentina), Karl Rackette (Alemania) y Robert Sayre (Estados Unidos de América) también aportaron valiosas contribuciones y sugerencias. Merecen agradecimiento los funcionarios especialistas de la OMPI que revisaron el contenido del borrador, en particular Tomoko Miyamoto, por su ardua labor y su coordinación, que fueron esenciales para finalizar satisfactoriamente la obra.

Habida cuenta de que la segunda edición del *Manual de la OMPI de redacción de solicitudes de patente* está basada en gran medida en la primera edición, cabe destacar la contribución de Thomas Ewing (Estados Unidos de América), autor principal de la primera edición. Asimismo, la OMPI reconoce las valiosas aportaciones que los siguientes especialistas e instituciones realizaron a lo largo de la preparación de la primera edición: Markus Engelhard (Alemania), Takashi Fujita (Japón), Valérie Gallois (Francia), Wendy Herby (Estados Unidos de América), Albert Jacobs (Estados Unidos de América), Karuna Jain (India), Emmanuel Jelsch (Suiza), Samuel Le Cacheux (Francia), Carlos Olarte (Colombia), Karl Rackette (Alemania), Sorin Schneiter (Suiza), Kanika Radhakrishnan (India y Estados Unidos de América), Douglas Weinstein (Estados Unidos de América) y la Red Universitaria Internacional de Ginebra (RUIG).

Módulo I
Introducción a la propiedad intelectual

1. Tipos de propiedad intelectual

Se denomina propiedad intelectual (PI) a las patentes, las marcas, el derecho de autor, los diseños industriales y otros tipos de activos intangibles que nacen de las creaciones de la mente y que carecen de forma física en su sentido más amplio.

Figura 1: Varios tipos de propiedad y sus valores y resultados

Propiedad

- Bienes inmuebles
- Bienes muebles
- Capital
- Intelectual

Actividad que crea valor

- Creación de productos
- Inversión
- Mejora
- Venta
- Arriendo o concesión de licencia

Resultados

- Ingresos/ beneficios
- Empleo
- Apreciación
- Satisfacción de necesidades

Como todos los tipos de propiedad, la PI a menudo es el resultado de una inversión, tiene un titular y puede generar ingresos. Por este motivo se considera que la PI es un activo. La propiedad intelectual se distingue de los bienes tangibles por carecer de forma física y tener su origen en la inteligencia, creatividad e imaginación humanas.

A cada tipo de activo de PI se le aplica una legislación específica. En ocasiones, la PI se divide en dos categorías generales, a saber, la propiedad industrial y el derecho de autor.

El término "propiedad industrial" se refiere a los bienes creados principalmente para el progreso de la tecnología, la industria y el comercio, como las patentes (invenciones), los diseños industriales, las marcas de producto, las marcas de servicio y las indicaciones geográficas.[1]

Patentes

Una patente es un documento jurídico que concede a su titular el derecho exclusivo a controlar el uso de una invención de conformidad con la definición que figure en sus reivindicaciones, dentro de una zona geográfica delimitada y en un plazo específico, al impedir que terceros fabriquen, utilicen o vendan la invención, entre otras actividades, sin estar autorizados para ello. Por ejemplo, se podría patentar una batería que almacene energía solar de forma eficiente, una vacuna que proteja contra el paludismo o un nuevo compuesto para transformar hueso de pescado en fertilizante para la agricultura.

Diseños industriales

La protección de los diseños industriales permite a su titular controlar la explotación de las formas ornamentales asociadas con sus productos, como la forma estilizada de un nuevo automóvil deportivo, la carcasa distintiva de plástico de un determinado tipo de computadora o la forma de la botella de un refresco.

Marcas de producto

Las marcas de producto permiten a su propietario garantizar al público el origen de sus productos. Algunos ejemplos son los nombres distintivos Nando's® o Coca Cola® o logotipos como el símbolo de la tríada de Mercedes Benz®.

Marcas de servicio

Las marcas de servicio son un tipo de marca que permite al propietario garantizar al público el origen de un servicio, por ejemplo, Cheques for Two®.

El *derecho de autor* protege las expresiones originales y las "obras de autor". La persona que crea una obra protegida por derecho de autor se denomina "autor". Son obras protegidas por derecho de autor, por ejemplo, las pinturas, las fotografías, la música, la danza, la poesía o la literatura, entre otras. El derecho de autor también protege las expresiones originales asociadas con la tecnología, como los programas informáticos, las especificaciones técnicas y la documentación conexa.

Una de las diferencias entre el derecho de autor y la propiedad industrial es que, por lo general, el primero no precisa del registro ante un organismo público para que su protección contra usos no autorizados sea efectiva. En cambio, para que los derechos de propiedad industrial se reconozcan y puedan hacerse valer, un organismo público debe concederlos y registrarlos.

En teoría, cualquiera puede redactar una solicitud de patente para tal fin. Ahora bien, en la práctica, dada la complejidad técnica y administrativa de las solicitudes de patente, quienes las redactan y las presentan ante los organismos públicos competentes son profesionales, como abogados especializados en materia de patentes o técnicos denominados "agentes de patentes" o "ingenieros de patentes".

2. Otros aspectos básicos de las patentes

Se pueden conceder patentes para proteger las invenciones, en todos los sectores de la tecnología, siempre que sean nuevas, entrañen una actividad inventiva y sean susceptibles de aplicación industrial.[2] Las patentes deben referirse a invenciones que funcionen o, como se define en algunos países, que puedan ser "puestas en práctica". En general, las solicitudes de patente deben divulgar la invención de forma suficientemente clara y completa para que una persona experta en la materia pueda realizarla. Por lo tanto, no puede patentarse una idea que, aun ingeniosa, no pueda ponerse en práctica de manera efectiva (por ejemplo, una máquina del tiempo).

Los distintos países pueden definir de forma diferente el concepto de "invención patentable". Por ejemplo, las invenciones generalmente deben ser de naturaleza técnica, pero no todas las jurisdicciones aplican la misma definición de "técnico".

En muchos países, el plazo de duración de las patentes es de 20 años, contados a partir de la fecha en la que se presentó la solicitud. En principio, una patente confiere a su titular el derecho de excluir a terceros de la posibilidad de fabricar, utilizar, ofrecer en venta, vender o importar la invención patentada en un país donde se haya concedido la patente. Dicho de otro modo, la patente constituye un derecho de propiedad que permite al propietario determinar quién *no puede* utilizar la invención protegida por la patente. Si bien existen determinadas excepciones y limitaciones a los derechos de patente, por lo general, se considerará "infractora" a toda persona distinta del titular de la patente o de un licenciatario que fabrique, utilice, importe, ofrezca en venta o venda un producto o lleve a cabo un proceso protegido por la patente. Es posible demandar a los infractores para obligarlos a cesar la infracción e indemnizar al titular por los daños y perjuicios causados.

Las patentes son "territoriales", es decir, solo tienen efecto en los países en los que se ha presentado una solicitud y se ha concedido la patente. Cada país tiene el derecho soberano de conceder una patente o rechazar una solicitud. En algunas regiones, grupos de países han acordado, mediante tratados, establecer un procedimiento común de presentación y examen de solicitudes de patente. Por ejemplo, en Europa se creó la Oficina Europea de Patentes (OEP). El Convenio sobre la Patente Europea tiene el objetivo de examinar las solicitudes de patente europeas y conceder patentes europeas. Por su parte, la Organización Africana de la Propiedad Intelectual (OAPI) concede patentes a escala regional que pueden hacerse valer en todos los Estados miembros de la Organización.

En el módulo VIII se proporciona más información sobre los procedimientos de presentación de solicitudes de patente.

Palabras clave

- propiedad intelectual
- propiedad industrial
- patente
- diseño industrial
- marca de productos
- marca de servicios
- derecho de autor
- invención
- territorial
- infracción

Autoevaluación

- ☐ ¿Qué es la propiedad intelectual (PI)? ¿Qué es un activo de PI?
- ☐ ¿Cuál es la diferencia entre la propiedad industrial y el derecho de autor?
- ☐ Proporcione un ejemplo de cada tipo de activo de PI que observe en la habitación en la que se encuentra.
- ☐ ¿Puede protegerse por derecho de autor el código de un programa informático?
- ☐ Por lo general, una patente confiere a su titular el derecho de excluir a terceros de la posibilidad de fabricar, utilizar o vender la invención definida en las reivindicaciones de la patente. ¿Verdadero o falso?
- ☐ Una vez que se ha concedido una patente en un país, el titular puede obtener su reconocimiento en todo el mundo. ¿Verdadero o falso?
- ☐ ¿Quiénes infringen una patente?

En el presente manual se estudia la manera en la que se solicitan y se registran las patentes. El objetivo del manual es ayudar a sus destinatarios a comprender cuáles son las competencias necesarias para redactar una solicitud de patente, presentarla y colaborar con las autoridades competentes para que concedan la patente. Habida cuenta de que las legislaciones y prácticas nacionales y regionales pueden variar de forma considerable, también es recomendable que los redactores de solicitudes hagan averiguaciones para conocer los requisitos específicos de la jurisdicción o jurisdicciones a las que están sometidos sus clientes.

Cabe señalar que, en el presente manual, el término "redactor de solicitudes de patente" no se utiliza en el sentido jurídico o técnico de un profesional certificado por una autoridad nacional para representar a los solicitantes de patentes en determinadas circunstancias. En cambio, se emplea como término genérico para referirse a toda persona que redacte una solicitud de patente, ya sea inventor, agente de patentes o abogado especializado en patentes.

Módulo II
Patentes

1. Presentación detallada de las patentes

Una patente es un derecho exclusivo sobre una invención concedido por un organismo público. Antiguamente, quienes dictaban las normas concedían patentes respecto de casi cualquier producto o servicio, independientemente de que se tratara de una invención. Por ejemplo, un rey podía conceder una patente sobre la sal a un aliado fiel. En los tiempos modernos, los Estados han reducido el alcance de las patentes para que únicamente protejan invenciones. La República de Venecia creó uno de los primeros sistemas de patentes de la época moderna. El plazo original de las patentes se fijó en 14 años, dos veces la duración promedio de la formación de un aprendiz. Más tarde, el plazo se extendió a los 17 años, contados a partir de la concesión de la patente. En la actualidad, el plazo de protección por patente que se aplica en la mayor parte de los países es de 20 años contados a partir de la fecha de la solicitud de patente, en principio.

1.1 ¿Qué es una patente?

En general, una patente concede a su titular el derecho exclusivo a controlar quién puede fabricar, utilizar, vender, ofrecer en venta o importar el producto o proceso definido en la reivindicación de la patente. Las *reivindicaciones* de la patente son un conjunto de oraciones que definen la invención objeto de protección. Para obtener una patente, normalmente las reivindicaciones deben referirse a una invención nueva (novedosa), que implique una actividad inventiva (no evidente) respecto del "estado de la técnica" y que tenga aplicación industrial (útil). El *estado de la técnica* es un término técnico que generalmente se refiere a todo el conocimiento disponible al público en el momento de la presentación de la solicitud de patente.

Para obtener una patente también deben cumplirse muchos otros requisitos. Por ejemplo, la materia objeto de la invención debe ser patentable en virtud de la ley aplicable, y en la solicitud de patente debe divulgarse la invención de manera suficientemente clara y completa. Estos requisitos legales para la obtención de una patente se explicarán en detalle en la sección 2 del presente módulo.

Recomendación profesional

> La solicitud de patente debe presentarse antes de que se divulgue públicamente cualquier resultado importante de investigación que pueda conducir a un producto o tecnología valiosos. Las instituciones de investigación deben tener especialmente en cuenta esta precaución, puesto que en ese ámbito la publicación más reciente de las obras académicas se considera de suma importancia.
>
> Para asegurarse de que la publicación en una revista o una presentación en una conferencia no destruya la novedad de una solicitud de patente en los países donde se busca protección, las instituciones de investigación deben establecer un procedimiento de aprobación interna de las publicaciones mediante el que se revisen las propuestas de los investigadores para las revistas y las conferencias.

En muchos países, las patentes se conceden con arreglo a *sistemas de examen de fondo* en los que un funcionario examinador de patentes evalúa exhaustivamente la solicitud. Entre otras cosas, el examinador de patentes compara el estado de la técnica conexo con las reivindicaciones de la solicitud para determinar si la invención reivindicada representa un progreso técnico suficiente desde el punto de vista jurídico.

En algunos países existen *sistemas de registro* en los que los solicitantes obtienen la patente una vez finalizadas determinadas formalidades, sin que se efectúe un examen de fondo. En estos sistemas, la validez de la patente respecto del estado de la técnica no se evalúa, a menos que en un momento posterior se impugne judicialmente la validez de la patente.

Se entiende que una patente es *válida* una vez que se ha concedido, siempre que no haya prosperado una impugnación ante un tribunal o la oficina de patentes competente. Una patente se considera *inválida* si la solicitud se rechaza o la patente se cancela debido a que la invención no es nueva respecto del estado de la técnica o por otros motivos. En los sistemas de patentes de algunas jurisdicciones del mundo, las patentes se consideran válidas a menos que se demuestre lo contrario. Esta presunción es especialmente frecuente en los sistemas de examen de fondo, en los que un funcionario imparcial ha examinado la solicitud de patente y el estado de la técnica pertinente antes de conceder la patente.

Las distintas legislaciones sobre patentes en el mundo suelen reconocer la protección por patente a distintos tipos de invenciones. En numerosos sistemas de patentes se trata de proporcionar un trato uniforme a todas las invenciones, sea cual sea el tipo de invención. El término "patente" suele emplearse para referirse a las "patentes de invención", que son las denominadas "patentes de utilidad" en los Estados Unidos de América. Estas patentes protegen máquinas, procesos, composiciones químicas y otros tipos de invenciones que son valiosas por su utilidad.

En algunos países se ofrece protección para las invenciones por medio del *registro de modelos de utilidad*, que también se denominan patentes de innovación, innovaciones de utilidad o patentes de corta duración. Los requisitos para el registro de modelos de utilidad suelen ser menos estrictos que los que se exigen para obtener una patente de invención.

Dado que los conocimientos y las competencias que se necesitan para redactar solicitudes de registro de modelos de utilidad son similares a los necesarios para redactar solicitudes de patente, el presente manual también puede ser de interés para quienes deseen registrar modelos de utilidad.

En el manual se hace referencia más directamente a las patentes de invención o las patentes de utilidad.[3]

En la práctica, la protección en calidad de modelo de utilidad suele solicitarse en relación con innovaciones que aportan mejoras y que no necesariamente reúnen los criterios para patentar la invención (por ejemplo, no conllevan la actividad inventiva necesaria). El plazo de protección de los modelos de utilidad es considerablemente más breve que el de las patentes. En algunas oficinas de patentes no se efectúa un examen de fondo de las solicitudes de modelos de utilidad previo a su registro. En consecuencia, la naturaleza exacta del derecho concedido queda sin definir hasta que surja una controversia entre el titular y un tercero. En algunos países, la protección de los modelos de utilidad puede obtenerse únicamente para determinados sectores de la tecnología y solo respecto de productos, no de procesos.

1.2 ¿Qué puede constituir la materia objeto de una patente?

Analicemos la patente de los Estados Unidos de América n.º 6.434.955 B1, concedida el 20 de agosto de 2002 con el título "Enfriador por electroabsorción. Un ciclo miniaturizado de refrigeración con aplicaciones que abarcan desde la microelectrónica hasta el acondicionamiento de aire convencional".

En el resumen de la patente se establece lo siguiente:

> Se propone un nuevo enfriador modular en miniatura que combina simbióticamente dispositivos de refrigeración por absorción y termoeléctricos. La eficiencia aparentemente reducida de cada ciclo por separado se supera al combinarse con el otro. Este enfriador por electroabsorción cuenta con tecnologías existentes por sí solas. Puede alcanzar altas densidades de refrigeración con una gran eficiencia, pero carece

de partes móviles y comprende materiales inocuos. Los procesos físicos dominantes son especialmente efectos superficiales más que de volumen; o involucran el flujo de electrones más que el de fluidos. Esta insensibilidad a la escala entraña aplicaciones prometedoras en áreas que van desde la refrigeración de computadoras personales y otros dispositivos microelectrónicos hasta el aire acondicionado de automotores y habitaciones.

La persona encargada de examinar esta solicitud acabó por declararla patentable, pero antes de hacerlo revisó cerca de 15 documentos del estado de la técnica y se basó en dos de ellos para rechazar las reivindicaciones de la solicitud originalmente presentada. La patente concedida tiene 19 reivindicaciones en dos grupos: el primero cuenta con 11 reivindicaciones relativas al dispositivo y el segundo, siete reivindicaciones de método (véase la figura 2).

A continuación, se examinan en mayor detalle algunas de las categorías de invenciones que se patentan con frecuencia.

Dispositivos mecánicos y productos manufacturados

Los dispositivos mecánicos y los productos manufacturados son las invenciones que tradicionalmente protege el Derecho de patentes. En consecuencia, el estado de la técnica disponible al público en estos ámbitos puede ser muy extenso. Por ejemplo, un solicitante de patente que desee proteger hoy una invención relacionada con patines especiales para hockey no debería sorprenderse si el examinador cita una patente de los años sesenta del siglo XIX para demostrar que al menos una reivindicación de la solicitud actual coincide exactamente (*read on*) con un antecedente del estado de la técnica. Una reivindicación *coincide exactamente* con un antecedente del estado de la técnica cuando este contiene elementos que existían con anterioridad al contenido de la reivindicación.

Procesos o métodos

Las invenciones pueden consistir en procesos y en métodos. Muchos procesos y métodos también están relacionados con un dispositivo físico. El solicitante no tiene por qué limitarse a un único tipo de reivindicaciones al buscar la protección. En consecuencia, una solicitud de patente podrá contener reivindicaciones referidas a un aparato y otras referidas a un método. Por ejemplo, un inventor puede patentar un nuevo aparato para filtrar y purificar extractos vegetales *junto con* el método de filtrado.

Composiciones o compuestos químicos

Los inventores pueden solicitar protección para composiciones químicas como las originadas en los ámbitos de la farmacología, la biotecnología, la ciencia de materiales y la petroquímica. Por ejemplo, hace tiempo se concedió una patente en relación con el ácido acetilsalicílico, compuesto químico que alivia el dolor de cabeza. Es cierto que las patentes relativas a productos farmacéuticos tienden a ser las más rentables individualmente. Habida cuenta de que la solicitud de patente debe presentarse antes de la divulgación pública y de que los nuevos medicamentos deben someterse a pruebas rigurosas, no es inusual que las empresas farmacéuticas presenten numerosas solicitudes de patente para una variedad de compuestos para protegerlos mientras aún se encuentran en las primeras etapas de experimentación. En consecuencia, muchas de estas solicitudes se abandonan antes de que se conceda la patente, porque el fabricante se da cuenta en un momento posterior de que el compuesto no es efectivo o es nocivo.

Moléculas aisladas y caracterizadas

En muchos países, pueden patentarse moléculas que se han aislado y caracterizado de acuerdo con su función y posible utilidad.

Organismos genéticos y secuencias de genes

En algunos países se concede protección por patente a los organismos genéticos. Cuando son patentables, estas invenciones atribuyen un propósito funcional a una secuencia de genes. Ahora bien, una simple secuencia de ácido nucleico sin una indicación de su función no es una función patentable. Cuando se utiliza una secuencia genética completa o parcial para producir una proteína o una parte de una proteína, se debe especificar la proteína o la parte de la proteína producida y la función que cumple.

Sin embargo, la cuestión de la patentabilidad del material genético es controvertida y, en algunos países, no se considera materia patentable. En esos países, toda solicitud de patente en la que se reivindiquen secuencias de genes originadas naturalmente se rechazará con el argumento de que la secuencia forma parte de la naturaleza.

Recomendación profesional

> En numerosas jurisdicciones del mundo, el Derecho de patentes contiene prohibiciones contra la protección de invenciones asociadas con métodos de tratamiento del cuerpo humano. Por lo tanto, se debe prestar especial atención a tales restricciones al redactar reivindicaciones relativas a usos nuevos de productos farmacéuticos conocidos y a métodos de tratamiento de varias enfermedades mediante compuestos novedosos.

Programas informáticos
Se ha debatido mucho la patentabilidad de los programas informáticos. Las normas a ese respecto varían de un país a otro. En muchos países, si bien no se puede patentar los programas informáticos como tal, escritos en un lenguaje de programación o de máquina, las invenciones ejecutadas por computadora sí se consideran materia que puede ser objeto de una patente. Estas invenciones pueden consistir en un sistema, un método o un aparato que utiliza un programa informático para alcanzar un fin determinado. En algunos países, también puede patentarse un programa informático si, mediante sus instrucciones, cumple una función útil de forma novedosa (por ejemplo, hace que el programa informático procese la información de manera más rápida y eficiente).

En el presente manual, se entenderá que las invenciones que se ejecutan mediante programas informáticos pueden patentarse, a diferencia de los puros algoritmos o ecuaciones matemáticos.

Perfeccionamiento
La mayor parte de las patentes se refieren a invenciones que son, en sí mismas, mejoras de invenciones anteriores. Sin embargo, las patentes de perfeccionamiento constituyen un nuevo tipo de patentes que protegen los efectos del perfeccionamiento o la mejora de una patente anterior.

Ejemplo

> El inventor A es el titular de una patente relativa a un aparato que se emplea para rellenar frascos médicos. Posteriormente, el inventor B obtiene una patente relativa a un aparato con la misma función que representa un perfeccionamiento de la máquina del inventor A. La invención del inventor B rellena los frascos más rápidamente y derrama menos cantidad de líquido de forma novedosa.

Aunque el inventor B del ejemplo es titular de una patente respecto de la máquina perfeccionada, tal vez no pueda explotar su patente sin el consentimiento del inventor A, si la invención de B se encuentra dentro del alcance de las reivindicaciones de la patente de A. Normalmente, en estas situaciones, se solicitará el consentimiento mediante la negociación de un acuerdo de licencia, en la que ambos inventores (A y B) reconocen las ventajas comerciales y financieras de la colaboración. (El hecho de que acaben llegando a un acuerdo sobre las condiciones de la licencia y sobre cuál de ambas partes pagará más por ella dependerá de las habilidades negociadoras de cada una de las partes y de las características específicas de sus circunstancias.)

Asimismo, en relación con el ejemplo, cabe recordar que las patentes son "territoriales". Por consiguiente, si el inventor A obtiene una patente válida únicamente en los Estados Unidos de América, el inventor B puede producir y vender la máquina perfeccionada en otro país (suponiendo que en esos países no se hayan concedido otras patentes, además de la del inventor A, que coincidan con el alcance de la máquina del inventor B).

Figura 2: Ejemplo de patente publicada

US006434955B1

(12) **United States Patent**
Ng et al.

(10) **Patent No.: US 6,434,955 B1**
(45) **Date of Patent: Aug. 20, 2002**

(54) **ELECTRO-ADSORPTION CHILLER: A MINIATURIZED COOLING CYCLE WITH APPLICATIONS FROM MICROELECTRONICS TO CONVENTIONAL AIR-CONDITIONING**

(75) Inventors: **Kim Choon Ng**, Singapore (SG); **Jeffrey M. Gordon**, Sede Boqer (IL); **Hui Tong Chua**, Singapore (SG); **Anutosh Chakraborty**, Dhaka (BD)

(73) Assignee: **The National University of Singapore**, Singapore (SG)

(*) Notice: Subject to any disclaimer, the term of this patent is extended or adjusted under 35 U.S.C. 154(b) by 0 days.

(21) Appl. No.: **09/922,712**

(22) Filed: **Aug. 7, 2001**

(51) **Int. Cl.**[7] **F25B 17/00**; F25B 21/02

(52) **U.S. Cl.** **62/106**; 62/144; 62/480; 62/3.3

(58) **Field of Search** 62/101, 106, 109, 62/480, 3.2, 3.3, 141, 142, 144

(56) **References Cited**

U.S. PATENT DOCUMENTS

3,734,293 A	5/1973	Biskis
5,046,319 A	9/1991	Jones
5,157,938 A	10/1992	Bard et al.
5,463,879 A	11/1995	Jones

FOREIGN PATENT DOCUMENTS

JP	A6154593	3/1986
JP	06154543 A *	6/1994
JP	10202041 A *	8/1998
JP	A2000-39428	2/2000

OTHER PUBLICATIONS

Ramaswamy, et al, IEEE Transactions on Components and Packaging Technologies, pp. 1–7 (Mar. 2000).
Drost, et al, Aiche 1998 Spring National Meeting, New Orleans, 5 pgs. (Mar. 1998).
Uemura, Applications of Thermoelectric Cooling, pp. 622–631 (1998).
Viswanatham et al, Adsorption, vol. 4, pp. 299–311 (1998).
Boelman et al, Ashrae Transactions: Research, vol. 103, Part 1, pp. 139–148 (1997).
Cho et al, Energy, vol. 17, No. 9, pp. 829–839 (1992).
Chua et al, International Journal of Refrigeration, vol. 22, pp. 194–204 (1999).

* cited by examiner

Primary Examiner—Chen-Wen Jiang
(74) *Attorney, Agent, or Firm*—Birch, Stewart, Kolasch & Birch, LLP

(57) **ABSTRACT**

A novel modular and miniature chiller is proposed that symbiotically combines absorption and thermoelectric cooling devices. The seemingly low efficiency of each cycle individually is overcome by an amalgamation with the other. This electro-adsorption chiller incorporates solely existing technologies. It can attain large cooling densities at high efficiency, yet is free of moving parts and comprises harmless materials. The governing physical processes are primarily surface rather than bulk effects, or involve electron rather than fluid flow. This insensitivity to scale creates promising applications in areas ranging from cooling personal computers and other micro-electronic appliances, to automotive and room air-conditioning.

19 Claims, 7 Drawing Sheets

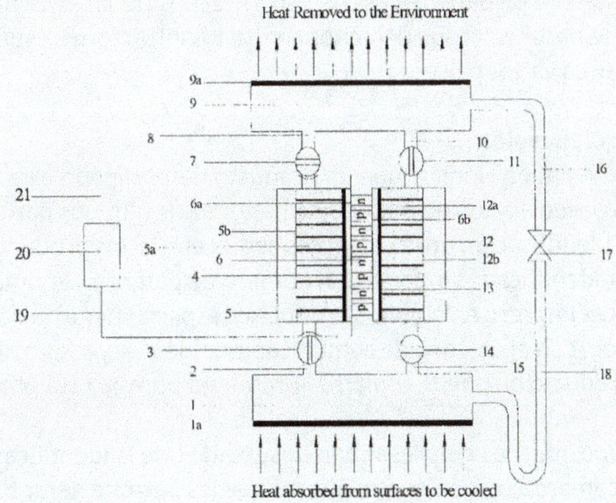

1.3 ¿Cuál es la importancia de las patentes?

Las patentes pueden ser activos importantes para las empresas. Por ejemplo, MPEG-4 es una norma técnica de tecnología de video y audio para varios productos de consumo, como teléfonos o televisores inteligentes. Los fabricantes deben obtener una licencia de los titulares de la patente relativa a la tecnología MPEG-4 para poder utilizarla en sus productos. Estas tasas de licencia pueden generar ingresos sustanciales para los titulares de la patente.

También debe tenerse en cuenta que, si bien una empresa puede comenzar con la ventaja de ser la primera en presentar un producto en el mercado, es posible que los competidores aprendan rápidamente a fabricarlo y comercializarlo de manera provechosa. Al menos uno de ellos acabará logrando fabricar el producto de forma menos costosa que el fabricante original. Si la empresa que comercializó el producto en primer lugar no es titular de patentes válidas, verá reducidos sus ingresos indefectiblemente a medida que accedan al mercado empresas de mayor envergadura. Sin embargo, la empresa puede explotar su patente para restringir la posibilidad de que terceros fabriquen el producto o recibir unos ingresos por la concesión de licencias que guarden una proporción adecuada respecto de las ganancias que obtendría la empresa si vendiera directamente los productos.

A continuación, se examinan algunos de los modelos de explotación de patentes más frecuentes.

Fuente de ingresos
Según este modelo, un inventor único que obtiene una patente sobre un producto clave recibe regalías por la concesión a terceros de licencias sobre la patente o genera ingresos mediante la creación de una industria basada en el producto protegido por la patente (por ejemplo, Bell y el teléfono). Aunque esto todavía sucede, las patentes exitosas de un único inventor son poco frecuentes hoy en día. En la actualidad, es más frecuente que una empresa importante con recursos suficientes haga valer sus derechos de patente frente a terceros. Si bien las empresas más pequeñas pueden indudablemente obtener ingresos considerables de la concesión de licencias sobre sus derechos de patente, muchas grandes empresas obtienen enormes beneficios de las licencias sobre sus carteras de patentes (es decir, colecciones de patentes relativas al mismo producto o sector).

En general, los inventores deberían tener expectativas realistas (conservadoras) respecto de los ingresos que podrían obtener si conceden licencias sobre sus patentes. En primer lugar, actualmente existen muchas más patentes que en el pasado, y los empresarios de hoy pueden encontrarse cientos o, incluso, miles de patentes relacionadas, por lo que les resulta complicado determinar si es necesario obtener una licencia y respecto de qué patentes. En segundo lugar, entablar litigios en materia de patentes es costoso y muchos titulares de patentes simplemente no pueden permitirse hacer valer sus derechos contra los infractores, especialmente cuando la infracción tiene lugar en varios países.

Ventajas de comercialización
El titular de una patente puede indicar que un producto determinado está protegido por una o varias patentes. En la legislación en materia de patentes de algunos países se prevé algún tipo de requisito de identificación de las patentes según el cual los productos protegidos por la patente deben estar identificados mediante el número de patente. El número de patente puede simplemente aparecer impreso en algunos productos, especialmente en los que están compuestos por un material sólido, con el objetivo de comunicar (por ejemplo, a los competidores del fabricante) que el producto no puede copiarse libremente porque está protegido por la ley.

Con el paso del tiempo, muchas empresas han observado que la identificación también es un instrumento de comercialización eficaz, puesto que les permite garantizar al público la procedencia del producto. Las empresas se refieren constantemente a su "tecnología patentada" en las notas de prensa y el material publicitario. Algunas empresas incluso proporcionan información sobre sus carteras de patentes en la documentación para los inversores.

Elemento de negociación
Las patentes tienen otros usos, además de justificar la obtención de medidas judiciales para impedir las infracciones o de tasas de licencia. Numerosas empresas e instituciones de investigación utilizan sus carteras de patentes como instrumentos para obtener una ventaja

competitiva o estratégica. Por ejemplo, el titular de una patente puede usarla para obtener licencias cruzadas sobre las patentes de un competidor que puedan ser de interés para su empresa. Puede incluso aprovechar la fuerza de su cartera de patentes para convencer a un competidor de que ambas empresas deben concederse mutuamente licencias cruzadas sobre sus respectivas carteras, para eliminar la posibilidad de litigios entre ellas (en detrimento de un posible tercer competidor, que tendría que obtener licencias sobre las carteras de ambas empresas).

Control e influencia en la industria
La manera más directa de hacer valer una patente es obtener una medida judicial contra una infracción cometida por un competidor que haya fabricado, utilizado, vendido, ofrecido a la venta o importado un producto o servicio incluido en el alcance de las reivindicaciones de la patente. En determinadas circunstancias, la *patente bloqueadora* confiere al titular el control de la industria o la línea de productos relacionadas con la patente. Por supuesto, las reivindicaciones de la mayor parte de las patentes no son tan amplias como para controlar la fabricación de todos los productos de una determinada categoría (por ejemplo, una patente que abarque todas las computadoras). Esto se debe a que las reivindicaciones demasiado amplias no cumplen los requisitos de patentabilidad, por lo que, si se concede la patente, sería fácil anular esas reivindicaciones.

Del mismo modo, en ocasiones es posible que toda una patente o cartera de patentes que sea fundamental para la aplicación de una norma técnica importante sea tan relevante que ejerza una influencia en toda la industria. Estas circunstancias pueden dar lugar a abusos de la situación dominante en el mercado y, por este motivo, en muchos países se adoptan medidas de Derecho de la competencia o antimonopolio para reducir los riesgos.

Usos defensivos
La expresión "estrategia defensiva en materia de patentes" se utiliza con frecuencia en el contexto de la explotación de patentes y puede tener tres significados.

- En un sentido, una o varias patentes se utilizan "de forma defensiva", por ejemplo, para impedir que competidores copien el producto más importante de una empresa o para crear un estado de la técnica que evite que los competidores patenten su propio concepto.
- En otro sentido, las patentes se emplean para "defender" a la empresa en caso de que un competidor interponga una demanda hostil por infracción de patente.
- En un tercer sentido, la "estrategia defensiva en materia de patentes" consiste en un programa de patentes inadecuado o con financiación insuficiente.

Los programas de patentes de estrategia defensiva probablemente no serán menos costosos que los programas de patentes agresivos.

En el módulo X figura un examen detallado de las estrategias defensivas y ofensivas en materia de patentes.

Palabras clave

- derechos de patente
- reivindicaciones
- estado de la técnica
- examen de patente
- modelo de utilidad
- licencia
- licencia cruzada
- modelos de explotación de patentes

Autoevaluación

- ☐ ¿Cuál es el plazo general de las patentes vigente en la mayor parte de los países?
- ☐ Las reivindicaciones de las patentes son conjuntos de oraciones que suelen aparecer al final de la solicitud de patente y que describen con detalle la invención. ¿Verdadero o falso?

- ☐ ¿Cuál es la diferencia entre los sistemas de examen y los sistemas de registro de las solicitudes de patente?
- ☐ ¿Cuál de los siguientes tipos de patente se utiliza generalmente para proteger los procesos o las composiciones químicas?
  a) Patente de invención (patente de utilidad)
  b) Patente de diseño
  c) Patente de plantas
- ☐ Una solicitud de patente puede contener a la vez reivindicaciones relativas a un aparato y relativas a un método (proceso). ¿Verdadero o falso?
- ☐ Enumere cuatro motivos por los que las patentes son importantes para muchas empresas.
- ☐ ¿Qué son las patentes bloqueadoras y por qué son importantes?

2. Requisitos legales de patentabilidad

En esta sección del módulo, se profundiza en los hechos básicos sobre patentes que se han presentado en la primera sección para ofrecer información más detallada sobre la legislación y sus requisitos en materia de patentes.

Para poder patentar una invención, esta debe cumplir varios requisitos. Los principales requisitos pueden clasificarse de forma general en la novedad, la actividad inventiva (no evidencia) y la aplicación industrial (utilidad). Además, las invenciones únicamente pueden patentarse si constituyen materia susceptible de protección en virtud de la legislación nacional o regional aplicable.

Otras cuestiones jurídicas relativas a la divulgación de la invención, como la necesidad de realizar una divulgación habilitante, también forman parte de los requisitos fundamentales del Derecho de patentes.

2.1 Novedad

Principio

Por lo general, la *novedad* requiere que la invención *reivindicada* no se haya "puesto a disposición del público" antes de la fecha de solicitud (o fecha de prioridad[4]) de la patente respecto de la invención. El carácter novedoso de la invención reivindicada se determina en relación con el "estado de la técnica". La invención reivindicada *no* es novedosa si todos sus elementos (aspectos) se encuentran en una única referencia del estado de la técnica, como un artículo en una revista técnica o una patente publicada con anterioridad. Dicho de otro modo, la invención reivindicada es novedosa si *ni siquiera uno* de sus aspectos o elementos aparece en una sola referencia del estado de la técnica.

En la tramitación de patentes, la falta de novedad también se denomina "anterioridad". Si una sola referencia antecedente contiene todos los elementos o aspectos de la invención reivindicada, se dice que la referencia "es anterior a" la invención.

Ejemplo

> En una referencia del estado de la técnica se divulga una silla con asiento y cuatro patas que puede ser de madera o de metal. El inventor A inventa una mecedora de madera con asiento y cuatro patas, pero las reivindicaciones pendientes solo se refieren al asiento y las cuatro patas y no mencionan los elementos complementarios que permiten el balanceo de la mecedora.
>
> ¿La invención tiene una anterioridad en el estado de la técnica?
>
> *Sí*, porque todos los elementos de la invención reivindicada se encuentran en la referencia del estado de la técnica, es decir, la referencia es anterior la invención reivindicada.
> Sin embargo, en función de lo que ya se divulgó en la solicitud presentada, es posible modificar las reivindicaciones para que describan una invención que evite el estado de la técnica. En el ejemplo, podría añadirse una descripción de los elementos que permiten el balanceo de la mecedora.

Cabe señalar también que todos los elementos deben estar presentes en la referencia única. Los examinadores de patentes no pueden combinar múltiples referencias para argumentar que la invención carece de novedad. No obstante, como se señala en la sección 2.2, relativa a la no evidencia y a la actividad inventiva, es posible combinar varias referencias para mostrar que una invención es evidente y, por lo tanto, no se puede patentar.

"Puesta a disposición del público"

Se entiende que la invención reivindicada se ha "puesto a disposición del público" si los conocimientos sobre ella se comunican o se hacen accesibles a un miembro del público, que podría divulgar libremente esos conocimientos. No es necesario demostrar que una persona tuvo conocimiento efectivo de la invención reivindicada, es decir, para calificar el documento como referencia del estado de la técnica, no es relevante si algún miembro del público ha leído efectivamente la referencia (el documento).

Por consiguiente, formalizar un acuerdo de no divulgación con la persona a la que el inventor propone comunicar (divulgar) la invención antes de hacerlo ayudará a preservar la novedad.

Alcance geográfico y forma del antecedente del estado de la técnica

Si bien el principio de novedad es universal, el alcance del estado de la técnica, que es la base para determinar la novedad, puede variar ligeramente de una jurisdicción a otra. En muchos países, la divulgación pública en cualquier lugar del mundo representa un estado de la técnica válido contra una invención reivindicada. El antecedente del estado de la técnica puede adoptar cualquier forma, como una divulgación oral, una publicación o el uso o presentación de la invención reivindicada, en particular, en exposiciones, en redes sociales o en Internet en general.

Solicitud de patente presentada con anterioridad y publicada posteriormente

Además del estado de la técnica puesto a disposición del público antes de la fecha de solicitud (o la fecha de prioridad), las solicitudes de patente que se presentaron en el mismo país antes de la fecha de solicitud (o prioridad) pero se publicaron después de esta –es decir, las solicitudes de patente presentadas con anterioridad y publicadas posteriormente– también pasan a formar parte del estado de la técnica en muchas jurisdicciones. Dado que en la fecha de solicitud de la patente todavía no se ha efectuado la publicación de la patente que va a examinarse, esa publicación se denomina "estado de la técnica secreto" o "ficticio".

El alcance de la idoneidad de esas patentes para su publicación varía en función de la jurisdicción. Por ejemplo, en Europa y en el Japón, la solicitud de patente presentada con anterioridad y publicada posteriormente solo se tiene en cuenta en el examen de la novedad. En los Estados Unidos de América, este tipo de solicitudes se toma en consideración para examinar tanto la novedad como la actividad inventiva. Por otra parte, en los Estados Unidos de América y en el Japón, las solicitudes presentadas con anterioridad y publicadas posteriormente solamente forman parte del estado de la técnica si han sido presentadas por un tercero. Dicho de otro modo, queda excluida del estado de la técnica toda solicitud de patente presentada con anterioridad y publicada posteriormente cuyo titular sea el mismo inventor o solicitante. Sin embargo, esto no es así ni Europa ni en China.

Plazo de gracia (divulgación no perjudicial)

En principio, las divulgaciones públicas del *propio* inventor pueden constituir estado de la técnica, es decir, la publicación de los resultados de investigación del inventor antes de la presentación de la solicitud de patente puede eliminar la novedad de su propia invención. Por lo tanto, los solicitantes deben presentar sus solicitudes de patente antes de divulgar públicamente la invención. Ahora bien, esta norma tiene algunas excepciones en forma de un *plazo de gracia*, un período limitado durante el cual la divulgación del inventor sobre su propia invención no puede pasar a formar parte del estado de la técnica respecto de su solicitud de patente (es decir, la divulgación no le perjudica).

Los tipos de divulgación que pueden beneficiarse del plazo de gracia y la duración de este varían de unos países a otros. Por ejemplo, en los Estados Unidos de América y en el Japón se contempla un plazo de gracia integral. Cualquier tipo de divulgación, incluso de carácter comercial, efectuada por el inventor o solicitante durante el año previo a la fecha de solicitud se considera no perjudicial y no se tiene en cuenta al determinar la novedad y la actividad inventiva. En cambio, en Europa (en virtud del Convenio sobre la Patente Europea) y en China, el plazo de gracia se aplica solo con carácter excepcional. En principio, la divulgación de la invención por parte del inventor o solicitante elimina la novedad de la invención, *excepto* si la divulgación tiene lugar en una exposición internacional o un contexto similar. En Europa y en China, publicar una investigación nueva y útil (cuando ello implique la divulgación de la invención) impedirá al inventor o solicitante obtener una patente sobre la invención si presenta la solicitud en una fecha posterior.

Por lo tanto, en general, y especialmente cuando el inventor o solicitante desee proteger la invención mediante patente en más de un país, se recomienda vivamente presentar la solicitud de patente antes de divulgar la invención.

Ejemplo

El inventor A, basado en los Estados Unidos de América, presenta un artículo académico en el país X el 30 de abril de 2020. Regresa a los Estados Unidos de América y se ocupa de otros proyectos. En noviembre de 2020, recuerda que debía presentar una solicitud de patente para proteger su invención. Acude rápidamente a una persona especialista en redacción de solicitudes de patente en busca de asesoramiento.

¿Es demasiado tarde para que el inventor A solicite la protección por patente?

En los Estados Unidos de América y algunos otros países, *no sería demasiado tarde*, puesto que se concede un plazo de gracia de un año aplicable a toda forma de divulgación efectuada por el inventor antes de la presentación de la solicitud de la patente. En el ejemplo, ha transcurrido menos de un año desde la divulgación inicial, por lo que esta se considera no perjudicial y el requisito de novedad se cumple.

En otros países en los que el plazo de gracia no se aplica a la presentación pública del inventor anterior a la solicitud (por ejemplo, en la mayor parte de los países europeos) o en los que el plazo tiene una duración menor de seis meses, *sí sería demasiado tarde*, puesto que la presentación pública del inventor A ha eliminado la novedad de la invención.

Concepto genérico y ejemplo específico

Cuando en la solicitud de patente de una invención se reivindica el concepto genérico A y la referencia del estado de la técnica divulga el concepto específico a1, que está contenido en el concepto genérico A, la referencia del estado de la técnica destruye la novedad de la invención reivindicada. Por ejemplo, cuando la invención reivindicada contiene un "material conductor" y en la referencia del estado de la técnica se menciona un "material de cobre", la invención reivindicada no es novedosa.

Cuando en la solicitud de patente de la invención reivindicada se menciona el concepto específico a1 y la referencia del estado de la técnica divulga el concepto genérico A, que contiene el concepto específico a1, la referencia del estado de la técnica no elimina necesariamente la novedad de la invención reivindicada. Por ejemplo, cuando la invención reivindicada contiene un "material de cobre" y en la referencia del estado de la técnica se menciona un "material conductor", la invención reivindicada puede ser novedosa si se demuestra que el "cobre" reivindicado tiene un aspecto técnico que puede distinguirlo suficientemente de otros subconjuntos del "material conductor", como el "aluminio" u otros similares (por ejemplo, si el cobre tiene una conductividad particular que lo distingue de otros tipos de material conductor).

2.2 Actividad inventiva o no evidencia

Principio

El segundo requisito de patentabilidad es que la invención comprenda una "actividad inventiva" o que "no sea evidente". La *actividad inventiva o no evidencia* requiere que la invención no sea evidente para una "persona experta en la materia" (cuyo concepto se analizará en mayor profundidad en breve) o para una "persona del oficio de nivel medio". Desde un punto de vista conceptual más básico, la evidencia significa que si cualquier persona del oficio de nivel medio en el sector técnico o científico de la invención puede reunir los distintos fragmentos de información conocida y llegar a la invención reivindicada, la invención no es patentable.

La no evidencia difiere de la novedad en el sentido de que una invención puede ser evidente a pesar de que no se haya divulgado *de manera precisa* en un documento del estado de la técnica. Dicho de otro modo, el examinador de una patente considerará que la invención es evidente si pueden combinarse varias publicaciones en cada una de las cuales se divulga una parte del concepto inventivo general. El objetivo del requisito de la no evidencia es que solamente debe divulgarse una patente si la invención presenta un grado adecuado de mejora del estado de la técnica y de contribución al desarrollo tecnológico en beneficio de la sociedad.

Al determinar la existencia de la actividad inventiva, se tiene en cuenta la invención reivindicada (la materia objeto de reivindicación) en su conjunto, es decir, no debe observarse cada elemento por separado.

Ejemplo

> Un tribunal de los Estados Unidos de América invalidó la patente relativa al exitoso medicamento de Merck contra la osteoporosis, el Fosamax (administrado en una dosis semanal única), porque la invención reivindicada era evidente en relación con el estado de la técnica. Cerca de un año antes de que Merck presentara su solicitud de patente,[5] se habían publicado dos artículos sobre la osteoporosis en una revista farmacéutica. En esos artículos se proponía administrar una dosis semanal de bisfosfonato para tratar la osteoporosis, en lugar de una dosis diaria. La dosis semanal aliviaba algunas de las complicaciones gastrointestinales provocadas por la ingesta diaria del medicamento.
>
> Merck trató de patentar esa dosificación semanal del medicamento, que equivalía a siete dosis diarias.
>
> Dado que los artículos habían divulgado anteriormente el concepto de la dosificación semanal, la patente -que inicialmente fue concedida-se consideró inválida posteriormente, porque era evidente en relación con el estado de la técnica.

"Persona experta en la materia" - La idea de *persona experta en la materia* se refiere a una persona hipotética que se entiende que tiene acceso a toda la información disponible públicamente del estado de la técnica y que tiene la capacidad de comprender todas las cuestiones técnicas en el sector técnico o científico correspondiente a la invención reivindicada, así como a los conocimientos generales y las habilidades prácticas ordinarias comúnmente conocidas en ese sector. Esta persona también tiene acceso a los medios y capacidades normales de experimentación de rutina para, por ejemplo, aclarar las ambigüedades de la tecnología conocida. Sin embargo, la persona experta en la materia carece de las capacidades inventivas que exceden la habilidad de ejercer las facultades habituales de la lógica y la razón para combinar los conocimientos. En otras palabras, no se espera que esta persona utilice una imaginación inventiva, añada conocimientos al estado de la técnica ni genere progresos en la tecnología.

En ocasiones, debe suponerse que esta "persona" hipotética es un grupo de personas o un equipo de especialistas en el que cada uno tiene una capacidad particular. Por ejemplo, si se trata de una invención consistente en una herramienta bioinformática del ámbito médico, se presume que la persona experta es un equipo formado por especialistas en biotecnología, medicina y tecnologías de la información.

El grado de capacidades y conocimientos de la persona experta en la materia puede variar en función del sector de la tecnología concreto de que se trate. En general, el grado de conocimientos y capacidades de la persona experta en la materia no es el promedio de una persona lega (es decir, conocimientos y capacidades mínimos) ni equivale a las capacidades de un especialista principal (los conocimientos y capacidades máximos), sino, más bien, las capacidades que se esperan de un profesional ordinario y debidamente cualificado del ámbito correspondiente.

Análisis para determinar la actividad inventiva o no evidencia

En algunas jurisdicciones, como en los Estados Unidos de América, el análisis de la no evidencia suele comprender varias etapas que tienen como objetivo determinar lo siguiente:

- el alcance y el contenido del estado de la técnica;
- las diferencias entre el estado de la técnica y la invención reivindicada; y

- el nivel de conocimientos de la persona experta en la materia correspondiente.

En otros países y, por ejemplo, en la jurisdicción de la Oficina Europea de Patentes (OEP), para analizar la actividad inventiva se aplica un método ligeramente diferente que se denomina "enfoque problema-solución". Este método consiste en lo siguiente:

- determinar el estado de la técnica más reciente;
- establecer los aspectos distintivos entre la invención reivindicada y el estado de la técnica más reciente;
- formular el "problema técnico objetivo" que se trata de resolver; y
- examinar, a partir del estado de la técnica más reciente y del problema técnico objetivo, si la invención reivindicada (la solución) habría sido evidente para una persona experta en la materia.

Para detectar las diferencias entre el estado de la técnica y la invención, es necesario comparar cuidadosamente el estado de la técnica y la invención reivindicada para detectar las similitudes concretas y las diferencias que distinguen a una de la otra. Por ejemplo, si tanto en la reivindicación como en las referencias del estado de la técnica se divulga un método o proceso para fabricar el compuesto X, el examinador de la patente comparará las etapas de ambos métodos para determinar si son distintos. Del mismo modo, si una invención consiste en un compuesto químico con una estructura específica, el examinador comparará esa estructura química con otros compuestos del estado de la técnica para discernir en qué medida cada uno de ellos tiene estructuras diferentes.

Si el examinador observa que una referencia del estado de la técnica divulga exactamente toda la invención (reivindicada) del solicitante, determinará que la solicitud de patente carece de novedad.

Si el examinador observa que esa referencia del estado de la técnica es tan similar a la invención reivindicada del solicitante que una persona experta en la materia podría de manera evidente reproducir la invención, llegará a la conclusión de que la invención reivindicada es "evidente". Será aún más evidente si el examinador halla otras referencias del estado de la técnica que, junto con la primera, divulgan la totalidad de la invención reivindicada.

En el módulo IX se presenta un análisis más detallado del procedimiento de rechazo o aceptación de reivindicaciones durante la tramitación de patentes.

Análisis retrospectivo inadmisible (análisis *ex post facto*)

Cuando un inventor concibe una invención, a menudo otras personas la consideran evidente. Ello se debe a que el hecho de conocer la invención los induce natural e inevitablemente a esa creencia. El examinador de patentes y los tribunales deben actuar con especial precaución para evitar ese "análisis retrospectivo" o *"ex post facto"* al determinar el carácter evidente de la invención reivindicada.

Enseñanza que alejaría al experto de la invención reivindicada (teaching away)

Para determinar la no evidencia, el examinador de patentes debe comparar todas las características de la invención reivindicada con las referencias del estado de la técnica. Ahora bien, si una referencia del estado de la técnica excluye explícitamente un elemento de la invención, dicha referencia puede no utilizarse para demostrar la evidencia. Este fenómeno, al que por lo general se hace referencia en inglés, "teaching away", se define como enseñanza que alejaría al experto de la invención reivindicada.

Ejemplo

La referencia X del estado de la técnica divulga una solución de galvanoplastia de cobre que contiene lo siguiente:

i) una solución alcalina de sulfato de cobre;
ii) cualquier ácido concentrado a 30-50 gramos por litro (*excluyendo el ácido sulfúrico*); y
iii) una solución acuosa de un sustrato modificador del pH en una cantidad suficiente para ajustar el pH a un valor entre 3,5 y 5,0.

El inventor A ha creado una invención similar consistente en una solución de galvanoplastia que está compuesta por:

i) una solución alcalina de sulfato de cobre;
ii) *ácido sulfúrico* concentrado a 10-20 gramos por litro; y
iii) una solución acuosa de un sustrato modificador del pH en una cantidad suficiente para ajustar el pH a un valor entre 3,5 y 5,0.

En este caso, la invención puede satisfacer el requisito de la no evidencia, porque estado de la técnica excluye expresamente (*teaches away*) el ácido sulfúrico de su descripción de la solución de galvanoplastia de cobre (es decir, disuade de forma expresa al experto en la materia de emplear ácido sulfúrico). A pesar de que la referencia del estado de la técnica establece de forma explícita que el ácido sulfúrico no funcionará, el inventor ha dado con otra solución de galvanoplastia de cobre en la que *sí se puede* utilizar el ácido sulfúrico.

Análisis de factores secundarios
Además de todos estos factores, los examinadores de patentes -y los tribunales- en ocasiones pueden tener en cuenta factores secundarios para decidir acerca de la cuestión de la no evidencia. Algunos de estos factores secundarios consisten en que la invención resuelva un problema existente desde hace mucho tiempo, supere el fracaso de otras personas o logre el éxito comercial. La existencia de alguno de estos factores puede indicar la no evidencia de la invención reivindicada. Dicho de otro modo, esos factores secundarios ayudan a demostrar que, aunque la invención parezca evidente, en realidad no lo es, porque otras personas que trataron de resolver el problema no lo consiguieron.

Además, en algunas jurisdicciones, el hecho de que una invención alcance el éxito comercial ayuda a demostrar que la invención no era evidente.

Sin embargo, cabe señalar que, si el primer análisis revela que la invención es claramente evidente, por lo general los factores secundarios no ayudarán a superar la objeción.

2.3 Aplicación industrial o utilidad

Para poder patentar una invención, esta debe ser útil. En la terminología de patentes, este requisito se denomina "utilidad" en algunas jurisdicciones, mientras que en otras se emplea el término "aplicación industrial".[6] Si bien a menudo se entremezclan, estos términos no tienen un significado idéntico.

Normalmente, la *utilidad* solamente requiere que una invención cumpla las funciones especificadas y logre un resultado mínimamente beneficioso; de no ser así, la patente no se concederá. Esto se basa en la idea histórica de que la sociedad se beneficia positivamente de todo derecho exclusivo concedido a un solicitante. Para cumplir los requisitos, no es necesario que la invención sea superior a los productos o procesos existentes. Un ejemplo obvio de "invención" que sería excluida por falta de utilidad es la de artículos o procesos que funcionan de una manera claramente contraria a las leyes de la física consolidadas (por ejemplo, una máquina de movimiento perpetuo).

En algunas jurisdicciones, es posible que se exija al solicitante de una patente que demuestre que su invención cumple el requisito de la *aplicación industrial*, lo cual significa generalmente que la invención puede fabricarse o utilizarse en cualquier industria en sentido amplio, como la agricultura, la pesca, los servicios, etc. El término "industria" suele entenderse referido a toda actividad física de "carácter técnico", es decir, una actividad que tenga aspectos útiles y prácticos antes bien que puramente estéticos. Sin embargo, "industria" no implica necesariamente el uso de una máquina o la fabricación de un artículo y podría abarcar, por ejemplo, un proceso para dispersar la niebla o para convertir una forma de energía en otra. El requisito de la aplicación industrial también impediría la patentabilidad de una máquina de movimiento perpetuo.

En general, los solicitantes no están obligados a demostrar que su invención es comercialmente viable para satisfacer el requisito de la utilidad o aplicación industrial.

Ejemplo

El inventor A ha descubierto que el metal platino tiene una propiedad única que evita que el agua se congele. Se da cuenta de que esta propiedad puede aplicarse en la industria de la fontanería mediante un proceso inventivo que recubra las tuberías de agua con platino para evitar que la congelación.

Si bien la invención puede resultar demasiado costosa para comercializarla, el uso del platino en las tuberías satisface el requisito de la utilidad o aplicación industrial.

Recomendación profesional

Al analizar los resultados de investigación y reflexionar sobre su patentabilidad, conviene preguntar al inventor si los resultados son "útiles". Si son útiles para resolver un problema práctico, aunque sea leve, se debería seguir estudiando la invención para determinar si cumple los demás requisitos de patentabilidad.

El requisito de utilidad o aplicación industrial suele cumplirse fácilmente cuando se trata de procesos y dispositivos mecánicos, pero puede plantear más dificultades en relación con las invenciones de los sectores de la química o la biotecnología. En el ámbito de las ciencias de la vida, por ejemplo, un inventor puede descubrir un nuevo compuesto o un proceso para fabricar un compuesto sin saber a qué objetivo práctico específico podría servir. En algunos países, los tribunales han considerado que una invención tiene utilidad suficiente si un compuesto químico produce efectos en animales de laboratorio, como reducir un tumor en ratones, o servir de intermediario para generar otros compuestos de utilidad conocida. Asimismo, un inventor que haya logrado aislar fragmentos de ADN y que, sin embargo, no pueda demostrar un uso adecuado de los fragmentos no podrá cumplir el requisito de aplicación industrial o utilidad (véase también la sección 15 del módulo VI).

2.4 Materia patentable

La "materia patentable", también denominada "idoneidad de la materia para la protección por patente", es uno de los principales requisitos de patentabilidad. La idoneidad de la materia patentable funciona como filtro o umbral para el análisis de otras cuestiones de patentabilidad, como la novedad o la actividad inventiva (no evidencia), porque resultaría técnicamente inútil evaluar estos criterios si la invención no se califica como materia patentable.

En algunas jurisdicciones, la materia patentable se define objetivamente en la legislación sobre patentes. Por ejemplo, en los Estados Unidos de América, la materia patentable es "todo proceso, máquina, manufactura o composición de materia que sea nuevo y útil",[7] es decir, la invención reivindicada debe poder clasificarse en una de esas cuatro categorías. Sin embargo, en la legislación de este país no se define aquello que *no puede* patentarse. A lo largo de los años, la jurisprudencia estadounidense ha establecido determinadas categorías de creaciones que no son patentables, como las "leyes de la naturaleza", las "ideas abstractas" y los "fenómenos naturales". En la legislación del Japón, la materia patentable se define como "la creación de una idea técnica que aplica una ley de la naturaleza".[8] Por consiguiente, las creaciones que apliquen leyes distintas de las de la naturaleza (por ejemplo, principios económicos) o que sean fruto de la mera actividad mental no se consideran idóneas para la protección por patente.

Sin embargo, en muchos otros países (como los Estados parte en el CPE) no se proporciona una definición objetiva de la materia patentable, sino que se enumera una lista no exhaustiva de invenciones *no patentables*. En el CPE se enumeran varios ejemplos de materia no patentable:

- los descubrimientos, las teorías científicas y los métodos matemáticos;
- las creaciones estéticas;
- los planes, principios y métodos para el ejercicio de actividades intelectuales, en materia de juegos o en el campo de las actividades económicas, así como los programas informáticos; y
- las presentaciones de informaciones.[9]

Estos elementos se excluyen de la patentabilidad solamente en la medida en que las reivindicaciones se refieran a "uno de esos elementos considerados como tales".[10]

Al interpretar la expresión "como tales" para diferenciar la materia no patentable de la patentable, por lo general se analiza el "carácter técnico" de la invención. El significado de "técnico" es una cuestión complicada de interpretación jurídica cuyo análisis se ha desarrollado con ocasión de causas planteadas ante la Cámara de Recursos de la OEP.

La idoneidad de la materia patentable se cuestiona principalmente cuando la invención reivindicada se refiere a invenciones ejecutadas por computadora (por ejemplo, invenciones que contienen *software*), a invenciones que aplican métodos comerciales o a invenciones relacionadas con la biotecnología. En algunas jurisdicciones, se ponen a disposición del público directrices de examen especializadas en los distintos sectores técnicos para definir los límites propios de cada uno.

Ejemplo 1

> El descubrimiento de que en una determinada longitud de onda se produce radiación (por ejemplo, los rayos X) no es materia patentable, porque el descubrimiento forma parte de las leyes de la naturaleza. Por lo tanto, los rayos X como tales no son patentables. Sin embargo, todo método que sirva para *producir* los rayos X es materia patentable, y también lo es cualquier aparato que *utilice* rayos X, como una máquina de rayos X para observar la estructura corporal, por ejemplo.

Ejemplo 2

> La presentación de información en sí misma (es decir, el "contenido") no es materia patentable. Un *método* novedoso y con carácter inventivo para presentar la información sí podría protegerse mediante patente. Un ejemplo sería un método que permite generar un icono con efectos tridimensionales mediante la configuración del color y la luminosidad de los límites externos.

Algunas jurisdicciones cuentan con leyes en vigor que excluyen de la patentabilidad determinadas invenciones por otros motivos. Si bien el alcance exacto de esas exclusiones varía de un país a otro, por lo general se excluyen de la patentabilidad las invenciones siguientes:

- las invenciones cuya explotación comercial deba prohibirse para proteger el orden público o las buenas costumbres, así como la vida y la salud humanas, animales o vegetales, o para evitar un perjuicio grave al medio ambiente;
- los métodos diagnósticos, terapéuticos y quirúrgicos para el tratamiento de humanos o animales; y
- las plantas y los animales (excepto los microorganismos) y los procesos esencialmente biológicos (excepto los procesos microbiológicos).

No obstante, la exclusión de la patentabilidad de los métodos diagnósticos, terapéuticos y quirúrgicos no se aplica a los productos concebidos para *utilizarse* en esos tratamientos. Por lo tanto, es posible obtener patentes para proteger productos, aparatos y dispositivos médicos que permitan efectuar diagnósticos, cirugías o terapias.

En los Estados Unidos de América, donde estos métodos de tratamiento *sí pueden patentarse*, el titular de la patente concedida respecto de uno de estos métodos no puede hacerla valer contra un profesional médico.

2.5 Requisito de divulgación

A cambio de la concesión de derechos exclusivos de patente, los titulares deben divulgar al público información suficiente sobre la invención. Mediante este requisito de divulgación, el sistema de patentes facilita la difusión de información tecnológica contenida en las patentes y el acceso a ella. Permite a terceros tener conocimiento de las nuevas invenciones para evitar que "se reinvente la rueda" y que se dupliquen la labor y la inversión en la investigación y el desarrollo (I+D). El requisito de divulgación también evita que los derechos de patente protejan algo que se oculta al público, es decir, sería difícil justificar la concesión de una patente sobre una materia reivindicada que el titular no ha "inventado" antes de la fecha de solicitud ni divulgado en la solicitud de patente presentada. Además, mediante el requisito de divulgación se garantiza que el alcance de la protección por patente de la invención definida en las reivindicaciones se comunique claramente a otras personas, lo cual permite evitar las infracciones de la patente o impugnarla.

Para cumplir estos objetivos, en la mayor parte de las jurisdicciones el requisito de divulgación se expresa en disposiciones como las siguientes:

- el requisito del respaldo de las reivindicaciones (en los Estados Unidos de América se denomina "requisito de descripción escrita");
- el requisito de habilitación; y
- el requisito de claridad.

Además, en algunos países, los solicitantes de patentes deben indicar en la memoria descriptiva la mejor manera conocida por el inventor de realizar la invención (requisito de la mejor manera).

Requisito del respaldo de las reivindicaciones (o de descripción escrita)

El *requisito del respaldo* de las reivindicaciones, que es comparable al requisito de descripción escrita que se exige en los Estados Unidos de América, sirve para armonizar la amplitud de las reivindicaciones (es decir, el alcance de la protección por patente) con el contenido de la descripción y los dibujos.

En la legislación de numerosos países se exige que la descripción respalde las reivindicaciones. En general, esto significa que la materia objeto de cada reivindicación debe tener una base de sustento en la descripción y que el alcance de las reivindicaciones no debe ser más amplio de lo que justifican la descripción y los dibujos. Por norma general, se considera que la descripción respalda la reivindicación, a menos que existan motivos bien fundados para creer que una persona experta en la materia no podría extender la enseñanza concreta de la descripción a todo el sector reivindicado a partir de la información que se proporciona en la solicitud presentada.

Recomendación profesional

> En primer lugar, debe evaluarse con atención si la invención se considera materia patentable en las jurisdicciones en las que se solicita la protección. Si la materia no es patentable, no se podrá obtener una patente, aunque la invención sea novedosa y tenga carácter inventivo (no sea evidente).

En la legislación de los Estados Unidos de América se establece que la memoria descriptiva debe contener una descripción escrita de la invención. Para satisfacer el *requisito de la descripción escrita*, en la memoria descriptiva debe explicarse la invención reivindicada con detalles suficientes para que una persona experta en la materia pueda concluir razonablemente que el inventor tenía dominio sobre la invención reivindicada en el momento de presentar la solicitud.

Recomendación profesional

> El requisito de divulgación es de suma importancia, puesto que una vez presentada la solicitud de patente, no se podrá añadir materia nueva al contenido de la divulgación en la fecha de solicitud (véase la sección 3 del módulo IX, relativa a las modificaciones). Dicho con otras palabras, si no se ha redactado adecuadamente la solicitud de patente en el momento de la presentación de la solicitud, resultará difícil -en ocasiones, imposible- cumplir el requisito de divulgación mediante una modificación de la solicitud de patente en una fecha posterior.

En la sección 10 del módulo VI y en el módulo VII se presenta más información práctica sobre cómo redactar una solicitud de patente que cumpla el requisito del respaldo de las reivindicaciones (o de la descripción escrita).

Requisito de habilitación

La legislación en materia de patentes de muchos países exige que los solicitantes divulguen la invención de manera suficientemente clara y completa para que una persona experta en la materia pueda fabricar y utilizar la invención reivindicada a partir del contenido de la divulgación. El *requisito de habilitación* también sirve para armonizar la amplitud de las reivindicaciones con el alcance de la divulgación al público de la invención en la descripción y los dibujos.

De este requisito se desprende que, a partir de la información divulgada en la solicitud presentada y de los conocimientos generales comunes en el sector, una persona experta en la materia podría realizar la invención sin una carga (experimentación) indebida y sin labor inventiva alguna. Dicho de otro modo, no es necesario proporcionar en la solicitud de patente una descripción detallada de un aspecto de la invención generalmente conocido, ni de las herramientas y procesos que una persona experta en la materia conocería comúnmente. Ahora bien, quien redacte la solicitud de patente debe tener en cuenta que los aspectos (elementos) novedosos de la invención sí deben divulgarse en detalle, de forma explícita y de la manera habilitante mencionada.

Para determinar si una persona experta en la materia necesitaría efectuar una experimentación indebida para realizar la invención reivindicada, deben tomarse en consideración varios factores. Por ejemplo, dado que una persona experta en la materia debe poder reproducir la invención reivindicada en todo su alcance, si se amplían las reivindicaciones tal vez sea necesario divulgar un contenido más extenso para cumplir el requisito de habilitación.

Asimismo, por lo general, cuanto más se conozca sobre la naturaleza de la invención en el estado de la técnica y mayor sea la previsibilidad en la técnica de que se trate, menos información deberá proporcionarse en la propia solicitud para que una persona experta en la materia pueda realizar la invención reivindicada. Por ejemplo, si una nueva invención consiste en la mejora de una máquina ampliamente conocida en el ámbito mecánico, una persona experta en la materia podría fabricar y utilizar la invención sin necesidad de explicaciones extensas y detalladas en la descripción. En cambio, si la invención es un nuevo compuesto químico, se deberá divulgar comparativamente más información sobre, por ejemplo, la manera de producir el compuesto y sus efectos técnicos para que una persona experta en la materia pueda fabricar y utilizar la invención.

Requisito de claridad (o de precisión)

Si las reivindicaciones no están redactadas de forma clara e inequívoca, los terceros tendrán dificultades para saber qué está protegido por la patente. Por lo tanto, el *requisito de claridad*, que en los Estados Unidos de América se denomina "requisito de precisión" (*definiteness*), es uno de los requisitos fundamentales relativos a las reivindicaciones.

En muchas legislaciones nacionales y regionales se exige que las reivindicaciones sean claras y concisas. Las reivindicaciones deben definir de manera inequívoca la materia de la invención, sin utilizar términos vagos ni indefinidos.

En la mayor parte de las jurisdicciones, a las palabras empleadas en las reivindicaciones se les atribuye el significado que tendrían normalmente en la materia de que se trate y, por lo tanto, los términos de las reivindicaciones por lo general deben ser claros para una persona experta en la materia. En determinadas situaciones, quien redacte la solicitud de patente puede introducir una definición explícita de una palabra que aparece en la descripción para atribuirle un significado especial en el contexto de la reivindicación.

También pueden tenerse en cuenta la descripción y los dibujos para interpretar las reivindicaciones.

En la sección 3 del módulo VI se ofrece información sobre los aspectos más prácticos de la redacción de reivindicaciones claras y concisas.

Requisito de la mejor manera

En algunos países, debe divulgarse en la descripción al menos una manera de realizar la invención reivindicada (un ejemplo). En otros países, como los Estados Unidos de América, los solicitantes deben divulgar en la memoria descriptiva la "mejor manera" de realizar la invención reivindicada, tal como la concebía el inventor en la fecha de la solicitud (o de prioridad). El *requisito de la mejor manera* se basa en el principio de equidad, que exige a los inventores ser honrados y les impide divulgar únicamente la *segunda mejor manera* de realizar la invención a sabiendas de que lo es, a fin de conservar exclusivamente para sí la mejor manera de realizar la invención.

Sin embargo, en los Estados Unidos de América, el incumplimiento del requisito de divulgar la mejor manera de ejecutar la invención no es uno de los motivos que justifican la cancelación o invalidación de una reivindicación de una patente ni impide de otro modo que tenga fuerza ejecutoria.

Palabras clave

- novedad
- anterioridad
- actividad inventiva (no evidencia)
- aplicación industrial (utilidad)
- materia patentable (idoneidad de la materia patentable)
- requisito de divulgación
- requisito del respaldo de las reivindicaciones
- requisito de habilitación
- requisito de claridad
- requisito de la mejor manera

Autoevaluación

- ☐ ¿Qué es la novedad?
- ☐ ¿Qué es el estado de la técnica?
- ☐ Si la invención se publica en una revista académica antes de que se presente la solicitud de patente, la solicitud será rechazada en numerosos países. ¿Verdadero o falso?
- ☐ ¿Qué es la actividad inventiva (no evidencia)?
- ☐ ¿Cuál es la diferencia entre la actividad inventiva (no evidencia) y la novedad?
- ☐ A diferencia del requisito de la novedad, para determinar la falta de actividad inventiva, pueden combinarse varias referencias del estado de la técnica para justificar que las reivindicaciones de una solicitud pendiente son evidentes. ¿Verdadero o falso?
- ☐ ¿Qué es la aplicación industrial (utilidad)? ¿Qué se exige para que una invención sea patentable?
- ☐ Para cumplir el requisito de la aplicación industrial o utilidad, las invenciones deben ser superiores a los productos o procesos existentes. ¿Verdadero o falso?
- ☐ ¿Por qué en ocasiones se plantean problemas para cumplir el requisito de aplicación industrial o utilidad en relación con los compuestos y procesos químicos?
- ☐ ¿Qué tipos de invenciones *no constituyen* materia patentable en su país?
- ☐ ¿Qué es el requisito de respaldo de las reivindicaciones?
- ☐ ¿Qué es el requisito de habilitación?
- ☐ ¿Por qué las reivindicaciones de las patentes deben redactarse con claridad?
- ☐ ¿Qué es el requisito de la mejor manera? ¿Todos los países exigen el cumplimiento de este requisito?

Módulo III
Preparación de la solicitud de patente

Preparar una solicitud de patente es el primer paso para obtener una patente en la que se defina claramente el alcance de la protección jurídica que se concede al titular de la patente. En este sentido, redactar una solicitud de patente es distinto de elaborar un artículo científico o técnico. Dado que las solicitudes de patente contienen materia técnica, tendrán algunas similitudes con ese tipo de trabajos. Sin embargo, en general, los artículos científicos pueden centrar más la atención en la teoría en la que se fundamenta la materia estudiada, mientras que las solicitudes de patente deben estar centradas en los detalles estructurales de la invención y el proceso para fabricarla y utilizarla, aunque no suele ser necesario que contengan una guía detallada. En los años posteriores a la concesión de una patente, la consultarán examinadores de patentes, miembros de tribunales de apelación y jueces, así como socios comerciales y competidores. Por lo tanto, la solicitud de patente debe redactarse teniendo en cuenta este público destinatario.

Las solicitudes de patente habitualmente están compuestas por un *petitorio* (denominado "formulario de solicitud" en algunos países), una *descripción*, una o varias *reivindicaciones*, uno o varios *dibujos* (de ser necesarios para comprender la invención) y un *resumen*. Por lo general, al redactar la solicitud de patente no se preparan los elementos en ese orden, antes bien, se preparan las reivindicaciones en primer lugar. El motivo de ello es que las reivindicaciones son el núcleo esencial de la patente, y el contenido de la descripción vendrá dictado, en parte, por el contenido de las reivindicaciones.

En el presente módulo se explica cada una de esas partes. En los módulos IV a VI se examina en detalle cómo redactar las reivindicaciones y en el módulo VII se estudia la redacción de las demás partes de una solicitud de patente.

1. Preparación de la solicitud de patente

Lo primero que debe plantearse quien vaya a redactar la solicitud de patente al recibir el encargo de prepararla es lo siguiente: *¿Cuándo debe presentarse la solicitud?*

Recomendación profesional

> Quien redacte la solicitud de patente siempre debe preguntar al cliente y al inventor cuándo debe presentarse una solicitud de patente, pero no debe confiar en la interpretación de la ley, del cliente o el inventor, sino comprobar los hechos personalmente.

La legislación de cada país contiene disposiciones estrictas sobre el momento en el que debe presentarse la solicitud en relación con determinados acontecimientos, que son muy variados. Pueden ser, por ejemplo, la fecha del primer intento de explotación comercial, la de la primera exportación o la de la primera divulgación al público. Por lo tanto, el redactor de la solicitud de patente debe recopilar información sobre los hechos siguientes:

i) ¿En qué territorios quiere proteger el cliente la invención?
ii) ¿Ha sucedido algo que pueda menoscabar la capacidad del cliente para proteger la invención en esos territorios concretos?

iii) ¿Cuándo tiene intención el cliente de realizar una acción que pueda menoscabar su capacidad para proteger la invención en los territorios?

Aunque no existan impedimentos temporales como los mencionados, el redactor de la solicitud –como todo profesional– debe tratar de completar y presentar la solicitud de patente lo antes posible. Siempre existe el riesgo de que un tercero presente una solicitud de patente relativa a una invención similar o idéntica a la creada por el cliente, en cuyo caso cualquier demora atribuible al redactor de la solicitud sería el motivo principal del rechazo de la solicitud. De modo similar, la publicación de un elemento del estado de la técnica (por ejemplo, un artículo) no puede alegarse contra la solicitud del cliente si esta se presenta en un momento anterior a la publicación. Todo redactor profesional de solicitudes de patente debe reconocer que la carga de trabajo depende en gran medida de fechas que escapan a su control y que a menudo tendrá que reorganizar su plan de trabajo para ajustarse a descubrimientos inesperados que puedan sobrevenir en momentos clave.

En principio, la redacción de solicitudes de patente es una tarea intelectual iterativa desempeñada por el redactor y el inventor. Cuando los inventores son varias personas, generalmente es más eficaz designar a una de ellas como persona de contacto o interlocutor único. Ha de ser alguien que conozca la mayor parte de los detalles de la invención, que pueda gestionar y recopilar información de los demás inventores y que tenga tiempo suficiente para colaborar de forma eficaz con el redactor.

Al redactar la solicitud, el redactor debe plantearse la siguiente pregunta fundamental: *¿Puedo redactar unas reivindicaciones que merezcan obtener protección por patente a partir de los conocimientos del inventor y de mis capacidades?*

Recomendación profesional

Cuando se presenta una solicitud ante una oficina de patentes en formato impreso por correo postal u otro medio de entrega físico, no electrónico, conviene crear una carpeta y almacenar en ella una copia de toda la documentación enviada y de los formularios y una prueba de todos los pagos efectuados, así como el comprobante original del envío postal de la oficina de correos, que servirá como prueba de la fecha de depósito.

Si la solicitud se presenta electrónicamente, es importante guardar –y, quizás, imprimir– la confirmación electrónica generada por la oficina de patente una vez finalizada la presentación. De este modo, si la oficina de patentes no atribuye la fecha correcta de recepción de la solicitud de patente, se dispondrá de todo lo necesario para demostrar la fecha de solicitud correcta, que será decisiva para preservar el derecho del cliente a obtener protección por patente. *Un solo día de retraso es demasiado tarde.*

Ejemplo

El ingeniero X se pone en contacto con el redactor para obtener una patente sobre su invención en los Estados Unidos de América. El redactor formula algunas preguntas preliminares, pero no les da tiempo a hablar del asunto en profundidad, por lo que acuerdan reunirse dos días después. En la reunión, X proporciona al redactor un extenso documento en el que se describe con todo detalle la invención. El redactor trata de recopilar información sobre los posibles obstáculos a la concesión de la patente y plantea las preguntas siguientes:

i) ¿Se ha mostrado la invención a alguien sin un acuerdo de no divulgación? (Un acuerdo de no divulgación es un contrato de confidencialidad en virtud del cual las partes acuerdan no utilizar ni divulgar a terceros el objeto de su comunicación).
ii) ¿La empresa ha vendido o ha tratado de vender la invención? (En algunos países, como los Estados Unidos de América, esto se considera un acontecimiento que constituye un impedimento temporal).
iii) ¿El inventor o la empresa ha publicado alguna información sobre la invención?
iv) ¿El inventor ha puesto la invención en conocimiento de alguien externo a la empresa o institución?
v) ¿Se ha presentado la invención en algún foro público, como una feria comercial o una conferencia, o en el sitio web o las redes sociales de la empresa?

Inicialmente, el ingeniero X contesta negativamente a todas estas preguntas. No sabe con seguridad cuándo planea la empresa comenzar a vender la invención. Con la idea de que no existen impedimentos temporales que podrían impedir la concesión de la patente, el redactor sigue preguntando a X sobre la invención.

Al final de la entrevista, X recuerda que un compañero presentó la invención en una reunión científica "hace un par de meses, aproximadamente". Cuando el redactor insiste en conocer la fecha exacta, el ingeniero X consulta la agenda y finalmente exclama: "Vaya, fue en octubre. ¡Ya hace un año!"

El redactor sabe que, para poder beneficiarse del plazo de gracia en los Estados Unidos de América, la solicitud de patente debe presentarse, como muy tarde, un año después de la primera divulgación pública del solicitante. Por lo tanto, le pide a X que confirme la fecha exacta. Este llama a un colega para cerciorarse de ello y finalmente contesta que precisamente hoy es el primer aniversario de la primera divulgación pública de la invención.

Son las tres de la tarde.

El redactor sabe que es posible que esta divulgación pública en la reunión científica no impida la patentabilidad si se presenta una solicitud de patente antes de medianoche. Sin embargo, es imposible preparar toda una solicitud completa de patente para la invención antes de esa hora.

Por fortuna, la ley estadounidense admite las solicitudes de patente provisionales. Las solicitudes de patente provisionales deben divulgar la invención, pero no es necesario que contengan reivindicaciones. Estas solicitudes caducan un año después de la fecha en que se presentan y son eficaces para fijar la fecha de presentación mientras se prepara una solicitud con todas las formalidades exigidas que se presentará antes del vencimiento de ese plazo.

El redactor sabe que no debe incurrir en gastos procesales sin una autorización previa. En consecuencia, llama por teléfono a la presidenta de la empresa (su contacto para la labor relativa a la patente) y le explica la situación, y ella lo autoriza a proceder. Como medida de precaución, el redactor decide consolidar lo hablado y escribe un correo electrónico a la empresa en el que resume el acuerdo alcanzado por teléfono, para que ambos tengan un documento escrito suplementario en el que se confirme la autorización.

Afortunadamente, el ingeniero X le proporcionó un buen documento en el que se describía la invención y un documento técnico que la explicaba y, durante la entrevista, el redactor adquirió conocimientos suficientes sobre la invención. Le pide a X una copia del documento en formato electrónico e informa a sus compañeros de que debe aplazar todas las demás tareas hasta el día siguiente para dar cabida a esta solicitud provisional urgente.

Dedica el resto del día a elaborar la mejor solicitud provisional posible teniendo en cuenta el poco tiempo de que dispone.

Tras presentar la solicitud,[11] crea una carpeta dedicada a la solicitud provisional de patente.

Quienes redactan las solicitudes de patente deben tratar de proteger los derechos de patente de sus clientes. En ocasiones, ello conlleva simplemente asegurarse de que se respeten las fechas decisivas. Si el redactor de la solicitud del ejemplo se hubiera olvidado de preguntar acerca de posibles impedimentos temporales o no hubiera insistido para que el ingeniero le proporcionara información precisa, tal vez habría vuelto a la oficina y habría dedicado las dos semanas siguientes a redactar con esmero un documento jurídico sobre una invención que no podría haber obtenido protección por patente.

Al mismo tiempo, quien redacte la solicitud también debe comprobar en una etapa temprana si el solicitante desea proteger la invención en otros países además del país en el que se encuentran.

Los solicitantes de los Estados parte en el Convenio de París y de los Estados miembros de la Organización Mundial del Comercio (OMC) pueden reivindicar la prioridad en virtud del Convenio si presentan las solicitudes posteriores de patente en esos territorios en el plazo de 12 meses a partir de la fecha de presentación de la primera solicitud relativa a la misma invención (la denominada "fecha de prioridad"). Esa prioridad basada en la primera solicitud también puede reivindicarse con arreglo al Tratado de Cooperación en materia de Patentes (PCT) cuando se presenta posteriormente una solicitud internacional de patente. El efecto de la prioridad reivindicada de forma válida es que la solicitud posterior no podrá invalidarse mediante acontecimientos acaecidos entre la fecha de prioridad y la fecha de presentación de la solicitud posterior. Por ejemplo, si alguien presenta otra solicitud relativa a la misma invención o divulga al público una invención idéntica en un momento entre esas dos fechas, esas actuaciones no afectarán a la patentabilidad de la solicitud posterior en la que se reivindique la prioridad de la primera solicitud.

En la sección 2 del módulo VIII se proporciona más información sobre los procesos de presentación de solicitudes en el extranjero.

El redactor de la solicitud debe anotar la fecha de presentación de la primera solicitud y ponerse en contacto con el solicitante con mucha antelación respecto del primer aniversario de esa fecha. Aunque inicialmente el solicitante no manifestara interés en presentar solicitudes de patente en el extranjero, tal vez haya cambiado de idea un año después. También debe recordarse que no es necesario esperar un año entero para presentar una solicitud en el extranjero. Si bien cerca de 180 países son parte en el Convenio de París, el redactor de la solicitud también debe averiguar -preferiblemente antes de presentar la solicitud en la que se reivindica la prioridad- si al solicitante le interesa obtener protección en un país que no sea parte en el Convenio de París. De ser así, el redactor deberá investigar acerca de las normas de prioridad específicas de ese país, si bien no estará facultado para representar directamente a su cliente ante una oficina de patentes extranjera.

1.1 Obtener del inventor información sobre la invención

Los distintos clientes pueden tener grados de capacidad diferentes para lidiar con la documentación relativa a las patentes. Algunos clientes pueden contar con unidades administrativas suficientemente desarrolladas que puedan proporcionar documentación completa sobre la invención al redactor de la solicitud, quien podrá efectuar un examen de seguimiento si es necesario. En el extremo opuesto, es posible que otros clientes carezcan de una estructura de propiedad intelectual (PI) y necesiten que el redactor les proporcione una orientación y una asistencia considerables.

El redactor de la solicitud deberá recopilar información técnica e ideas sobre la invención a partir de los inventores, así como aspectos comerciales que pueden proceder de otras fuentes, como los miembros de la dirección de la empresa solicitante o sus ejecutivos encargados de la comercialización. La información técnica se proporcionará principalmente por escrito, mediante documentos de divulgación de la invención, bocetos, dibujos técnicos, informes de laboratorio, manuscritos de artículos (no publicados), prototipos, etc.

El redactor de la solicitud averiguará con el paso del tiempo qué método arroja los mejores resultados para cada tipo de cliente. En algunos casos, el redactor tal vez desee proporcionar al cliente un formulario en blanco de divulgación de invenciones para que lo rellene el propio inventor. Con otros clientes, es posible que prefiera -o necesite- recopilar información sobre la invención mediante una entrevista con el inventor. De ser así, siempre tratará de mantener al menos una reunión con los inventores en persona, por teléfono o por videoconferencia. Sin esta entrevista, es muy improbable que los inventores puedan proporcionar al redactor de la solicitud material suficiente para que se forme una idea inequívoca de la invención. Asimismo, si no se procede de esa manera es poco probable que el inventor logre comprender el contexto jurídico y los motivos por los que se solicita la información de base sobre la invención.

En una situación ideal, el inventor entrega a quien vaya a redactar la solicitud de patente un formulario de divulgación de la invención y documentación justificativa mucho antes de la reunión. El redactor estudia el material de divulgación lo antes posible y anota las preguntas que le puedan surgir -tanto de carácter técnico (por ejemplo, "¿cómo funciona A respecto de B?") como jurídico

("¿quién más podría considerarse inventor?")– y los ámbitos en los que cree que podría ser útil divulgar más información.

Recomendación profesional

El redactor de solicitudes de patente *siempre* debe negociar y hablar sobre las tasas con el cliente *antes* de incurrir en gastos, especialmente cuando el cliente es un particular.

Durante la reunión, el redactor de la solicitud comprobará que comprende perfectamente la invención y que no queda más información de divulgación que deba recibir, determinará cuáles son los aspectos de la invención más importantes desde el punto de vista comercial y confirmará que no han surgido impedimentos temporales (o, de haberlos, comprobará las fechas).

Recomendación profesional

En el anexo B, al final del manual, figura un modelo de formulario de divulgación de una invención. El redactor de solicitudes de patente deberá adaptar este formulario para crear una versión que le permita asegurarse de que cumple los requisitos establecidos en la legislación de su jurisdicción. El modelo de formulario de divulgación de la invención también puede modificarse para facilitar la divulgación completa en otras jurisdicciones de interés para el cliente.

1.2 Determinar la invención patentable

Al examinar el documento de divulgación de una invención y durante sus conversaciones con el inventor, el redactor debe centrar la atención en las invenciones patentables descritas. Es probable que el texto de la divulgación y la conversación no solo se refieran a la novedad patentable, sino también a datos técnicos no patentables. Es habitual que los inventores consideren que lo que supuestamente han inventado solo es un "descubrimiento", no una invención desde el punto de vista de la "patentabilidad". Tal vez piensen que el objeto de la reivindicación es su prototipo o su forma de realizar la invención, por lo que necesitarán asistencia para analizar cuál es el concepto novedoso e inventivo que subyace a ese prototipo o forma de realizar la invención. Por consiguiente, a menudo es el redactor de la solicitud quien articula lo que constituye la invención patentable, es decir, el concepto. Quien redacta la solicitud debe recordar que no es posible determinar si la invención es patentable si no se conoce el estado de la técnica. Analizar junto con el inventor el problema que este cree que ha resuelto respecto del estado de la técnica ayudará al redactor a elaborar los elementos esenciales de las reivindicaciones de patentes.

Ejemplo

Un inventor afirma que ha combinado el dispositivo A, ampliamente conocido, con el dispositivo B y ha quemado el reborde del lado común a ambos dispositivos durante 5 a 10 minutos. A continuación, ha empleado resina epoxi para unir el dispositivo C a los extremos bruñidos comunes de los dispositivos A y B.

El redactor se da cuenta de que nunca ha visto los dispositivos A y B unidos al C. Sospecha que la combinación puede ser inventiva (novedosa y no evidente), por lo que pregunta al inventor si conoce a alguien que haya producido esta combinación de los elementos.

El inventor responde que otras personas llevan años tratando de combinar esos dispositivos y que se han logrado algunos avances, pero pasado un tiempo el dispositivo C siempre acaba separándose de los dispositivos A y B.

El redactor pregunta si la solución reside en quemar el lado común y el inventor lo confirma.

Entonces, el redactor de solicitudes de patente reconoce que la invención que debe describir al redactar las reivindicaciones consiste en el dispositivo A unido al dispositivo B y sometido a una temperatura elevada antes de incorporar el dispositivo C.

Recomendación profesional

> Nunca debe darse por sentado que los inventores conocen realmente en qué consiste su invención. Suelen pensar en un producto, un descubrimiento o un resultado de investigación, en lugar de ver su invención desde la perspectiva de las reivindicaciones de patente. El redactor de la solicitud debe formular preguntas para comprender la invención, pero ha de *evitar* comportarse con arrogancia. No es el inventor; su función es describir la invención de forma eficaz y protegerla con el objetivo de dar apoyo al cliente.

1.3 Comprender la invención (concepto inventivo esencial)

En general, el redactor de solicitudes de patente no debe tratar de *convertirse* en el inventor, sino procurar hacerse una idea lo más clara posible de la invención que le permita redactar una solicitud de patente con las reivindicaciones más amplias que permita la ley. Para ello, debe comprender la invención lo suficiente para definirla con el menor número de elementos posible, es decir, debe saber cuáles son los elementos esenciales y cuáles no es necesario mencionar.

Comprender la invención también significa que el redactor puede preparar una solicitud que contenga todos los aspectos patentables de la invención y la información adicional suficiente para que una persona experta en el sector técnico correspondiente pueda comprender y aplicar la invención. Además, comprender la invención permite al redactor, al recibir la descripción del estado de la técnica, explicar las diferencias entre la invención y el estado de la técnica o las reivindicaciones pendientes, con el objetivo de reducir al mínimo todo riesgo de limitar involuntariamente el alcance de la reivindicación.

Ejemplo

> El redactor de la solicitud de patente entiende que la invención contiene los elementos A, B y C. El inventor ha revelado que el lado común a los dispositivos A y B se quema antes de incorporar el dispositivo C. El redactor tal vez desee preguntar al inventor si la superficie puede preparase de otra manera además de quemarla. De ser así, la invención puede ser más amplia que su versión, en la que únicamente se quema el material de la superficie. El redactor podría preguntar, por ejemplo, si la superficie puede quemarse *antes* de unir los dispositivos A y B o si estos *deben* haberse unido previamente.

El redactor del ejemplo puede plantear muchas preguntas al inventor, cuyas respuestas pueden ayudarlo a comprender la invención y a redactar lo mejor posible las reivindicaciones y la descripción que las respalda.

Por supuesto, el redactor de la solicitud puede encontrarse con que el inventor no conoce todas las respuestas. De ser así, el inventor tal vez pueda conjeturar sobre las distintas alternativas y, en ocasiones, es posible que incluso tenga tiempo de hacer averiguaciones adicionales. Sin embargo, el redactor debe asegurarse de que la descripción divulgue una forma de realizar la invención que funcione. Por ello, si el inventor no está seguro de una respuesta, el redactor puede utilizar su mejor razonamiento profesional para resolver la incertidumbre. Por ejemplo, puede proponer al inventor que solicite el asesoramiento de un ingeniero de diseño. Además, aunque el redactor pueda solventar algunas de las carencias en la divulgación técnica, siempre deberá confirmar con el inventor que todas sus contribuciones sean correctas y acordes con el espíritu de la invención.

En ocasiones, el redactor puede incluso ayudar al inventor a estudiar posibles formas alternativas de realizar la invención. A menudo los inventores tratan de resolver un problema muy específico y no se plantean si la invención podría tener aplicaciones en otros ámbitos.

1.4 Paternidad de la invención

Las solicitudes de patente deben presentarse con el nombre del inventor o inventores. Antes de presentar la solicitud, quien la haya redactado debe preguntar a su cliente quién o quiénes son los inventores y confirmar que las personas indicadas por el cliente cumplen las condiciones de paternidad de la invención. El redactor de la solicitud debe tener en cuenta que es posible que los supuestos inventores indicados por el cliente no siempre sean los verdaderos inventores.

Por ejemplo, en algunos países puede haber una práctica consuetudinaria que consista en enumerar a todos los miembros de un equipo de investigación en calidad de coinventores, sea cual sea el grado de contribución individual a la invención. Es posible que culturalmente sea habitual mencionar, como muestra de respeto, a un director de investigación y desarrollo o a un profesor principal que no haya contribuido sustancialmente a la invención. Si se indica el inventor equivocado, pueden surgir problemas después de presentar la solicitud. Por ejemplo, alguien puede presentar una demanda por fraude o apropiación indebida que puede dar lugar a la invalidez o anulación de la patente. También puede complicar la reivindicación de la prioridad. Dado que no en todas las jurisdicciones se permite modificar una incorrección en la paternidad de la invención después de presentar la solicitud de patente, es fundamental comprobarla cuidadosamente en esta etapa.

Si bien la definición de la paternidad de la invención varía en función de la jurisdicción, el criterio general en el contexto del sistema de patentes es que la persona debe haber aportado una contribución creativa al concepto inventivo de la invención reivindicada. Dicho de otro modo, la creatividad de la persona debe haber dado origen, de alguna manera, a los aspectos de la invención reivindicada que la distinguen del estado de la técnica. Por ejemplo, en los Estados Unidos de América, una persona que haya contribuido a concebir la invención tiene derecho a considerarse inventor, a diferencia de otra que simplemente trabajó bajo la dirección de esa persona. Asimismo, en el Japón, solo puede calificarse de inventor a quien haya participado sustancialmente en el proceso creativo de la invención reivindicada. Por el contrario, es posible que no se considere inventor a un supervisor que se limita a dirigir a los inventores, a alguien que simplemente sigue las instrucciones de un investigador para recopilar datos o efectuar experimentos o a una persona que solo proporciona al inventor financiación e instalaciones.

2. Partes características de la solicitud de patente

Una vez que el redactor de la solicitud de patente comprende la invención, puede comenzar a preparar la solicitud, que estará compuesta por los elementos siguientes:

- el petitorio;
- la descripción;[12]
- las reivindicaciones;
- los dibujos; y
- el resumen.

Cuando la invención esté relacionada con secuencias de nucleótidos o aminoácidos, también puede exigirse una lista de secuencias, generalmente en formato electrónico.

Además, la legislación nacional o regional puede requerir que se presenten otros documentos y declaraciones a la oficina de patentes correspondiente. Puede tratarse de un poder, un documento relativo a la identidad del inventor, un documento que demuestre la idoneidad del solicitante para presentar una solicitud u obtener una patente y una atestación bajo juramento o una declaración sobre la paternidad de la invención. Habida cuenta de que estos requisitos no son los mismos en todos los países, quien vaya a redactar la solicitud debe comprobar las normas vigentes en el territorio o territorios en los que se solicita la protección por patente.

A continuación se describe brevemente cada una de esas partes principales de la solicitud. En los módulos IV a VI se examina con más detalle cómo redactar las reivindicaciones, mientras que el módulo VII se estudia la redacción de la descripción, los dibujos y el resumen.

2.1 Petitorio

En el *petitorio*, que va firmado por el solicitante o su representante, se declara de manera explícita que el solicitante desea obtener protección por patente. Normalmente, cada oficina de patentes proporciona un formulario de petitorio específico (que, en algunos países, se denomina "formulario de solicitud de patente") que debe cumplimentarse. Si bien cada formulario de petitorio es diferente, puesto que refleja los elementos característicos de cada legislación nacional o regional, por lo general dicho formulario se compone de los elementos siguientes:

- el título de la invención;
- el nombre y la dirección del solicitante y de su representante (por ejemplo, un abogado especializado en patentes);
- la indicación de quién es el inventor; e
- información relativa a la reivindicación de la prioridad, como el número y la fecha de presentación de la solicitud en la que se basa la prioridad.

En general, toda la información relativa a la prioridad -como la información sobre la solicitud anterior que justifica la reivindicación de la prioridad o sobre la solicitud principal si se trata de una solicitud divisional- debe incluirse en la solicitud de patente, ya sea en el formulario de petitorio o en una ficha de datos sobre la solicitud.

En los Estados Unidos de América, las solicitudes conexas pueden mencionarse en un apartado con el título "Referencia cruzada a las solicitudes relacionadas" que se incluya al principio del formulario, a continuación del título de la invención.

2.2 Descripción

En la *descripción* se divulga la invención de manera tan clara y completa que una persona experta en la materia podría realizar la invención reivindicada. Para facilitar la lectura de la descripción, se suele dividir en varios apartados.

Aunque el formato de la descripción no es el mismo en todas las jurisdicciones, en general la descripción contiene los elementos siguientes:

i) El *título de la invención* citado en el petitorio define de manera concisa y describe de forma global la invención para la que se solicita la protección por patente.
ii) El *sector técnico* al que pertenece la invención debe especificarse.
iii) La *técnica anterior* en el sector de la invención, que debe indicarse aquí, puede ayudar a comprender la invención.
iv) A lo anterior sigue un *resumen de la invención* en el que se delimita su alcance pleno y se explica cómo se ha solucionado el problema existente en la técnica anterior.
v) En la siguiente parte de la descripción se explican brevemente los *dibujos*.
vi) Para finalizar la descripción, se divulgan más detalles de la invención reivindicada mediante *ejemplos* (*formas de realizar la invención*) que se explican con referencias a los dibujos. Esos ejemplos a menudo contribuyen en gran medida a cumplir los requisitos del respaldo de las reivindicaciones y de habilitación (véase la sección 2.5 del módulo II).

2.3 Reivindicaciones

Las *reivindicaciones* definen el alcance de la protección exclusiva proporcionada por la patente desde la perspectiva de los aspectos técnicos de la invención. Las reivindicaciones son la parte de la solicitud de patente que determina sus efectos jurídicos, y la decisión sobre la patentabilidad de una invención se determina en función de las reivindicaciones.

Las reivindicaciones deben ser claras y concisas y deben estar respaldadas por la descripción. Se redactan con un estilo especial, por ejemplo:

1. Aparato que comprende:
- un lápiz con una estructura alargada que consta de dos extremos y una parte central entre los extremos;
- una goma de borrar sujeta a un extremo del lápiz; y
- una luz unida al centro del lápiz.

2.4 Dibujos

Los *dibujos* ofrecen un apoyo visual para describir la invención reivindicada y a menudo facilitan su comprensión. Pueden consistir en figuras, cuadros, flujogramas y diagramas. Normalmente se sitúa un dibujo representativo en la portada principal del documento de patente publicado.

2.5 Resumen

El *resumen* es una reseña (una recapitulación) de la invención con un número limitado de palabras. Suele recoger los principales aspectos mencionados en las reivindicaciones y ofrece una presentación general de la invención, por lo que es fundamentalmente un elemento de apoyo para quienes efectúan búsquedas de patentes y consultan los documentos de patentes.

2.6 Formato de la solicitud

Aunque las cinco partes mencionadas suelen estar presentes en los requisitos de presentación de solicitudes de varios países y en las solicitudes internacionales de patente con arreglo al PCT, el formato detallado raramente es el mismo. Por ejemplo, la descripción puede estar dividida en varios apartados, cuyos encabezamientos pueden diferir en función de las jurisdicciones. Algunas oficinas de patentes proporcionan un modelo de formulario de solicitud para asegurarse de que los documentos presentados se ajustan a sus requisitos.

Palabras clave

- solicitud (petitorio)
- descripción
- dibujos
- reivindicaciones
- resumen
- acontecimientos que constituyen un impedimento temporal
- acuerdo de no divulgación
- solicitud provisional
- formulario de divulgación de la invención
- forma de realizar la invención
- concepto inventivo esencial
- reivindicación de la prioridad en virtud del Convenio de París
- paternidad de la invención
- formato común de solicitud

Cabe señalar que el formato común de solicitud,[13] que establece encabezamientos comunes y normaliza el orden de los apartados de las solicitudes de patente, ha sido aceptado por la Oficina Europea de Patentes (OEP), la Oficina Japonesa de Patentes (JPO), la Oficina Surcoreana de Propiedad Intelectual (KIPO), la Administración Nacional de Propiedad Intelectual de China (CNIPA) y la Oficina de Patentes y Marcas de los Estados Unidos de América (USPTO). El objetivo del formato común de solicitud es reducir la carga de los solicitantes que buscan protección en múltiples territorios, al permitirles cumplir varios requisitos de la memoria descriptiva en las jurisdicciones mencionadas.

Autoevaluación

- ☐ Enumere las partes de una solicitud de patente.
- ☐ Proporcione algunos ejemplos de las preguntas que el redactor de la solicitud de patente puede hacer al inventor en su primera reunión.
- ☐ Un inventor debe divulgar la invención a un posible inversor antes de presentar una solicitud de patente. ¿Qué recomendaría al inventor que hiciera para mantener la posibilidad de obtener protección por patente en el futuro?
- ☐ Para que a un solicitante se le reconozca el derecho de prioridad en virtud del Convenio de París, ¿en qué plazo debe presentar la solicitud posterior en otro país parte en el Convenio? ¿Debe tomarse alguna precaución especial para presentar una solicitud posterior en un país que no haya firmado el Convenio de París?
- ☐ ¿Qué es un formulario de divulgación de la invención y cuándo debe utilizarlo el inventor?
- ☐ El inventor siempre sabrá qué constituye su invención. ¿Verdadero o falso?
- ☐ Si quien redacta la solicitud de patente ayuda al inventor a definir la invención o le hace sugerencias al respecto, ¿puede considerarse que el redactor es uno de los inventores?

- ☐ ¿Por qué es importante que el redactor de la solicitud de patente comprenda la invención antes de redactar la solicitud?
- ☐ En la descripción debe figurar una forma de realizar la invención que funcione. ¿Verdadero o falso?
- ☐ ¿Qué parte de la solicitud de patente debe preparar el redactor en primer lugar?

Módulo IV
Aspectos fundamentales de la redacción de reivindicaciones

Cuando un inventor dice a un redactor de solicitudes de patente que desea presentar una solicitud de patente, las primeras preguntas que el redactor debe plantearse son las siguientes:

- ¿Qué se ha inventado?
- ¿Cuál es el concepto inventivo esencial de la invención?
- ¿El inventor sabe qué desea proteger?
- ¿Cómo debe reivindicarse la invención?

1 Teoría de la reivindicación de patente

1.1 Información general: invenciones, formas de realizar la invención y reivindicaciones

Las reivindicaciones marcan (definen) los límites (el alcance) de la protección que otorga una patente, del mismo modo que una delimitación física, como un vallado, marca los límites del terreno de un inmueble. Por lo tanto, las reivindicaciones son una aproximación escrita del concepto inventivo abstracto creado por el inventor. Si bien los tribunales de las distintas jurisdicciones de todo el mundo pueden aplicar doctrinas jurídicas diferentes al interpretar las reivindicaciones, según la teoría predominante, las reivindicaciones establecen los límites exteriores de la protección por patente (doctrina denominada "de reivindicación periférica"). Las reivindicaciones comunican al público de forma clara y concisa en qué consiste lo que el solicitante considera que es su invención. Como dijo en 1990 un miembro del Tribunal de Apelación del Circuito Federal (y su predecesor, el Tribunal de Aduanas y Apelación en materia de Patentes) de los Estados Unidos de América, "la reivindicación lo es todo".[14]

Quien redacta la solicitud debe comprender las diferencias entre tres conceptos jurídicos relacionados con las patentes, a saber, la invención, la forma de realizar la invención y la reivindicación.

- Una *invención* es una elaboración mental del inventor que carece de sustento físico.
- La *forma de realizar la invención* es la configuración física de la invención en el mundo real.
- Las *reivindicaciones* deben proteger *al menos* una "forma de realizar la invención". *Ahora bien*, las mejores reivindicaciones de patentes son las que protegen la propia "invención", de modo que nadie pueda elaborar, utilizar ni vender formas físicas de realizar la invención sin infringir las reivindicaciones.

La conclusión lógica de esas diferencias entre la invención, la forma o formas de realizar la invención y las reivindicaciones es que estas últimas no definen la invención. No obstante, los profesionales de patentes suelen emplear la expresión "invención reivindicada" para referirse a la materia definida por las reivindicaciones en una solicitud de patente o en una patente concedida.

Ejemplo

> Un inventor concibe la primera taza con asa, y su forma de realizar la invención consiste en una taza de arcilla roja con un asa. Quien redacta la solicitud de patente podría reivindicar únicamente esa forma de realizar la invención —una taza de arcilla roja con un asa—, pero ello permitiría a terceros crear tazas que no infringirían la patente, por ejemplo, tazas de plástico con un asa.
>
> Si el redactor de la patente comprende la invención, describirá la *invención* de la taza con asa en la reivindicación más amplia e incluirá la *forma de realizar la invención* (la taza de arcilla roja) en una reivindicación ulterior de alcance más restringido (véase la sección 1.2 de este módulo, relativa al concepto de reivindicaciones de alcance más amplio y más restringido).

Las primeras patentes no tenían reivindicaciones, y el alcance de la protección de la invención se determinaba en procesos judiciales derivados de controversias por infracción de patente en los que se estudiaba la descripción de la invención presentada por el inventor. No es sorprendente que, con el tiempo, este proceso se hiciera impracticable y que surgiera el sistema de reivindicaciones para determinar los límites de la patente. Por lo tanto, en su origen, las reivindicaciones servían de guía para explicar qué es lo que el inventor consideraba como su invención en el momento de presentar la solicitud de patente. En la actualidad, las reivindicaciones definen la protección otorgada por la patente y constituyen el núcleo de toda invención. Las reivindicaciones suelen ser la primera parte de una solicitud de patente que examina y analiza cualquier persona interesada en la patente, así como los tribunales. Además, en un sistema de patentes basado en el examen de fondo (véase la sección 1.1 del módulo II), los examinadores de patentes estudiarán las reivindicaciones antes de conceder una patente, lo cual ofrece a los tribunales y al público la seguridad de que la patente no excede el alcance máximo de protección que el inventor debería obtener.

Como se ha señalado a lo largo del presente manual, la descripción establecida en la solicitud de patente debe respaldar las reivindicaciones. En consecuencia, una vez redactadas las reivindicaciones y la descripción, el redactor de la solicitud de patente debe revisar ambas partes para asegurarse de que cada una de las reivindicaciones está respaldada adecuadamente en la descripción. La selección de la terminología —las palabras y las frases— empleada en las reivindicaciones debe ser coherente con la de la descripción, puesto que una reivindicación de materia no contemplada en la descripción puede descartarse fácilmente por falta de respaldo. Si quien redacta la solicitud de patente desea reivindicar una mesa de cristal con cuatro patas, debe asegurarse de que en la descripción figure una mesa de cristal con cuatro patas, y no solo, por ejemplo, mesas de madera o con tres patas. En las jurisdicciones en las que se evalúa de forma estricta el requisito del respaldo de las reivindicaciones, como la Oficina Europea de Patentes (OEP), en la descripción también se debe especificar al menos una forma de realizar la invención que muestre de manera explícita la combinación de cristal y cuatro patas.

Si bien las jurisdicciones pueden variar en cuanto al formato y la interpretación, la teoría de lo que constituye una buena reivindicación es esencialmente la misma en todo el mundo. La OEP lo resume de la siguiente manera:

> La solicitud debe contener "una o varias reivindicaciones", las cuales:
>
> i) "definen el objeto para el que se solicita la protección";
> ii) "deben ser claras y concisas"; y
> iii) "han de fundarse en la descripción".
>
> Habida cuenta de que el alcance de la protección que otorga la patente [...] o la solicitud de patente [...] está determinado por las reivindicaciones (interpretadas con la ayuda de la descripción y los dibujos), es de suma importancia que estas sean claras.[15] En general, el concepto de invención se asocia con el de *tecnología*, que suele definirse como la utilización del conocimiento científico para resolver problemas prácticos. La OEP recomienda que las reivindicaciones se redacten en forma de "características técnicas de la invención", es decir, las reivindicaciones no deben contener expresiones relacionadas, por ejemplo, con ventajas

comerciales u otros aspectos no técnicos, aunque sí se permite incluir "indicaciones sobre el propósito de la invención cuando ayuden a definirla".[16]

Estas recomendaciones son importantes para redactar solicitudes de patentes en cualquier jurisdicción.

1.2 Reivindicaciones de alcance amplio y restringido

Si el examinador de la patente desempeña la función de prevenir que una reivindicación de patente habitual *exceda* el alcance de la invención (es decir, el máximo teórico de la reivindicación), ¿a quién corresponde el papel de asegurarse de que las reivindicaciones *se acerquen* al máximo teórico?

La respuesta rápida es que quien redacta la solicitud de patente debe tener como objetivo definir un conjunto amplio de reivindicaciones que abarquen los distintos aspectos de la invención en varios grados de detalle. Quien redacta la solicitud tal vez no desee que las reivindicaciones alcancen únicamente el máximo teórico, puesto que es probable que en un litigio ulterior se presenten alegaciones de invalidez no contempladas por el solicitante ni el examinador de la patente. Por lo tanto, será de utilidad añadir algunas reivindicaciones de alcance más restringido, por si se invalidan las reivindicaciones más amplias. Un conjunto de reivindicaciones de alcance más restringido puede declararse válido en un proceso judicial y puede seguir siendo "lo suficientemente amplio" para demostrar la vigencia de la protección contra el infractor de la patente.

En cierta medida, esto no resulta tan sencillo en la práctica. En el momento de redactar una solicitud de patente, es difícil predecir el alcance legítimo de la protección de una invención, puesto que solo se revelará cuando se tome en consideración todo el estado de la técnica pertinente. La búsqueda del estado de la técnica nunca será exhaustiva, y es posible que el solicitante descubra, después de haber presentado la solicitud, que parte de la materia reivindicada inicialmente no era novedosa. Para complicar aún más la situación, las solicitudes de patente que ya se hayan presentado pero que no estén publicadas en la fecha de presentación de la solicitud por el solicitante mencionado pueden surgir posteriormente y constituir un elemento del estado de la técnica que excluya la novedad de la invención en numerosas jurisdicciones. En consecuencia, por regla general, en la descripción de una solicitud de patente debe divulgarse la materia reivindicada mediante formas de realizar la invención que empleen el concepto inventivo, y en las reivindicaciones ha de definirse la materia para la que se solicita protección.

Si bien en algunas jurisdicciones se imponen límites a la medida en la que un solicitante puede modificar las reivindicaciones o cancelarlas y sustituirlas por otras por iniciativa propia, las modificaciones pueden efectuarse durante la tramitación de la patente o durante su examen si el examinador plantea una objeción. Quien redacta la solicitud de patente puede tener una cierta flexibilidad para ajustar las reivindicaciones pendientes de manera que no coincidan exactamente con el elemento recién descubierto del estado de la técnica, a fin de satisfacer los requisitos legales que no se habían cumplido, de reflejar un cambio de intereses en el ámbito de protección, etc. En algunas jurisdicciones, también puede haber margen para reaccionar ante las circunstancias conocidas *ex post facto* cuando el cliente o el redactor de la solicitud se dan cuenta tardíamente de que las reivindicaciones presentadas podrían haberse redactado en términos más amplios.

No es de extrañar que la estrategia de elaboración de reivindicaciones sea una cuestión complicada. Se examina detalladamente en el módulo VI.

1.3 Protección e infracción de patentes: regla de todos los elementos

Como se ha explicado en los módulos precedentes, por lo general las patentes conceden a su titular el derecho exclusivo, con determinadas excepciones, a controlar quién puede fabricar, utilizar, vender, ofrecer en venta o importar todo producto o proceso definido en las reivindicaciones de la patente. Dicho de otro modo, los competidores deben obtener la autorización del titular de la patente para fabricar, utilizar, etc. la invención reivindicada. Sin esta autorización, infringirían las reivindicaciones de la patente y, por lo tanto, la patente. Esto significa que, al redactar las reivindicaciones, siempre se debe tratar de garantizar que los competidores reales o potenciales no puedan eludir la invención reivindicada ni aprovecharse indebidamente de las "ideas" o los "conceptos inventivos".

Ejemplo

Una reivindicación de patente está redactada de la siguiente manera:

1. Aparato para escribir que comprende:
   - un lápiz con una estructura alargada que consta de dos extremos y una parte central entre los extremos;
   - una goma de borrar sujeta a un extremo del lápiz; y
   - una luz unida al centro del lápiz.

De acuerdo con la regla de todos los elementos, un competidor infringe la reivindicación si produce un dispositivo para escribir que cuenta con *todos* los elementos, a saber:

i) un lápiz con una estructura alargada que consta de dos extremos y una parte central entre los extremos;
ii) una goma de borrar sujeta a un extremo del lápiz; y
iii) una luz unida al centro del lápiz.

Un competidor produce un dispositivo para escribir que consta de un lápiz y una goma de borrar sujeta a un extremo del lápiz, pero carece de una luz unida al lápiz. Otro competidor produce un lápiz con una goma de borrar sujeta a un extremo del lápiz y una luz *unida también a un extremo* (no al centro del lápiz).

Ninguno de estos aparatos infringe la patente.

¿Qué se entiende exactamente por "infracción" de una reivindicación de una patente?

Todo acto de infracción que se supone ha cometido un tercero se asocia con la forma presuntamente infractora de realizar la invención, que puede ser un objeto (por ejemplo, un aparato fabricado o un compuesto químico vendido por un tercero) o una actividad (por ejemplo, un proceso de fabricación utilizado por un tercero). En algunos casos, el tercero puede ser titular de otra patente que protege la forma presuntamente infractora de realizar la invención.

Para determinar si esta forma de realizar la invención infringe las reivindicaciones de la patente, se comparará directamente con la materia definida en ellas.

La norma básica de la infracción de reivindicaciones de patentes en ocasiones se denomina la "regla de todos los elementos". En esencia, significa que, para que se declare la existencia de infracción de la patente, todos los elementos de una reivindicación deben reproducirse en la forma presuntamente infractora de realizar la invención.

Como muestra este ejemplo, la comparación entre la forma presuntamente infractora de realizar la invención y la reivindicación que se supone que se ha infringido debe realizarse elemento por elemento. Este principio está ampliamente aceptado en numerosas jurisdicciones. El término "elemento" se emplea habitualmente en las distintas jurisdicciones y se considera sinónimo del término "característica técnica", empleado en el Convenio sobre la Patente Europea (CPE), y de "limitación", utilizado en el Derecho y la práctica de patentes de los Estados Unidos de América.

En función de la materia reivindicada, pueden aparecer varios tipos de elementos, entre ellos los siguientes:

- Los *elementos estructurales* vienen definidos por lo que son, por ejemplo, "un tornillo", "un DVD", "dióxido de dihidrógeno", "talco", etc.

- Los *elementos funcionales* vienen definidos por las funciones que desempeñan, por ejemplo, "un mecanismo de sujeción", "un medio de almacenamiento legible por computadora", "un agente oxidante", un "excipiente aceptable en la industria farmacéutica", etc.
- Los *elementos relacionales* engloban las relaciones entre otros elementos, por ejemplo, "unido", "conectado eléctricamente", "disuelto en la misma solución", etc.
- Los *elementos intencionales* definen una intención o propósito y, por lo general, están precedidos de la preposición "para", por ejemplo, "para la coagulación", "para el tratamiento del cáncer", etc.
- Los *elementos paramétricos* indican parámetros (valores de propiedades que pueden medirse directamente), por ejemplo, la resistencia a la flexión de un metal, la resistencia de un conductor eléctrico, el punto de fusión de una sustancia, etc.
- Los *elementos de actividad* se refieren a las *etapas* indicadas al definir la materia de las reivindicaciones de proceso o actividad, y suelen presentarse mediante verbos (en inglés, en gerundio), por ejemplo, "fijar" una pieza a otra, "leer la información contenida en", "que reacciona con", etc.

2. Formato de la reivindicación de patente

No existe un formato universal para las reivindicaciones de patentes y en las distintas jurisdicciones se dan estilos de redacción diferentes. No obstante, existen formatos y estilos generalmente aceptados, como se verá en esta sección.

En el presente manual se explican las normas del Tratado de Cooperación en materia de Patentes (PCT), salvo que se especifique lo contrario.

Tradicionalmente, las reivindicaciones de patentes se redactan en una única frase y en tiempo presente. Cada reivindicación comienza con mayúscula inicial y termina con un punto. No debe emplearse el punto en ningún otro lugar de las reivindicaciones, excepto en las abreviaturas. Las oraciones y frases suelen separarse mediante punto y coma. Aunque la reivindicación de patente se componga de un único enunciado, precisamente por este motivo se trata de un enunciado con mucha puntuación.

Las reivindicaciones se numeran de forma consecutiva, y el número asignado es el identificador de la reivindicación (por ejemplo, "reivindicación 1").

Todas las reivindicaciones aparecen adecuadamente agrupadas y numeradas en una sección aparte titulada "Reivindicaciones" que debe estar claramente separada (mediante saltos de página) de las demás partes de la solicitud. Las reivindicaciones de patentes suelen aparecer hacia el final de la solicitud y de las patentes concedidas. En los documentos impresos de algunas oficinas de patentes, como la Administración Nacional de Propiedad Intelectual de China (CNIPA), la Oficina Japonesa de Patentes (JPO) y la Oficina Surcoreana de Propiedad Intelectual (KIPO), la sección de las reivindicaciones se sitúa antes de la descripción. En los Estados Unidos de América, la sección de las reivindicaciones se distingue de la sección de la descripción únicamente por expresiones como "se reivindica" o "lo que se reivindica es".

2.1 Partes de una reivindicación

Las reivindicaciones de patentes generalmente se componen de tres partes —el preámbulo, la frase de transición y el cuerpo—, si bien es posible que en varias jurisdicciones se admitan distintos estilos de reivindicación.

Preámbulo
El *preámbulo* es una frase introductoria que indica la categoría de la invención protegida por la reivindicación. Por ejemplo, la invención puede ser un aparato, un artículo, una composición, un compuesto, un dispositivo, un sistema, un método o un proceso.

El preámbulo suele adoptar la forma de una frase con un sustantivo en singular. La frase nominal puede ir acompañada de modificadores que pueden ser adjetivos, por ejemplo, "una composición química". También puede acompañarse de complementos introducidos por una preposición, por ejemplo, “una composición química *para* humedecer”. Cuantos más adjetivos o complementos se añadan, más restringido será el alcance del preámbulo.

Es importante que el preámbulo se escoja con atención y tenga la amplitud adecuada. En ocasiones, es conveniente que el preámbulo sea coherente con el título de la invención. La reivindicación también puede describir un propósito de la invención en el preámbulo, pero —por los mismos motivos señalados en relación con la redacción de la descripción (véase el módulo VII)— quien redacte la solicitud debe ser prudente y evitar limitar accidentalmente el alcance de la invención.

A continuación se presentan algunos ejemplos.

Ejemplo 1

El solicitante de una patente ha inventado una olla arrocera. Dado que uno de los propósitos de la invención es cocer arroz, el preámbulo y el título podrían redactarse de la siguiente manera:

“Aparato para cocer arroz,”

Supóngase que el solicitante de la patente sabe que su invención podría utilizarse para cocer todo tipo de granos. En este caso, podría redactarse un preámbulo más amplio:

“Aparato para cocer granos,”

Además, si el solicitante de la patente sabe que su invención permite cocinar verdura o, incluso, fundir queso para hacer *fondue*, simplemente podría redactarse el siguiente preámbulo, aún más amplio:

“Aparato para cocinar,”

Ejemplo 2

El solicitante de una patente desea reivindicar un método especial para preparar té. El preámbulo podría ser el siguiente:

“Método para preparar té...”

Si el inventor cree que el método podría utilizarse para preparar todo tipo de bebidas a partir de sustancias vegetales, podría redactar un preámbulo más amplio:

“Método para preparar bebidas vegetales...”

En cambio, si el inventor considera que el método podría utilizarse para preparar todo tipo de bebidas calientes, podría redactar el siguiente preámbulo:

“Método para preparar bebidas calientes...”

Los preámbulos segundo y tercero son más amplios que el primero en varios sentidos, es decir, el segundo se aplicaría a toda bebida vegetal, ya sea caliente o no, y el tercero, a toda bebida caliente, vegetal o de otro tipo. Quien redacta la solicitud de patente puede añadir reivindicaciones basadas en algunos de esos preámbulos o en todos ellos, siempre que reflejen la invención con exactitud.

Ahora bien, una posible desventaja de emplear esos preámbulos es que la oficina de patentes considere que existen múltiples invenciones en una solicitud y exija que determinadas reivindicaciones se trasladen a una solicitud divisional, lo cual aumentaría las tasas pagaderas (véase la sección 11 del módulo VI para obtener más información sobre la unidad de la invención).

El redactor de la solicitud debe asegurarse de que el preámbulo se corresponda de manera exacta con la invención. Esto es, si una invención está concebida para "bicicletas", pero el inventor cree que puede adaptarse a todo tipo de vehículos no motorizados, podría ser una buena idea mantener el carácter amplio del preámbulo para que abarque todas las formas de vehículos terrestres no motorizados, tal vez con la exclusión de los vehículos *aéreos* no motorizados.

En un litigio, no siempre se atribuirá la misma importancia al preámbulo que al cuerpo de la reivindicación, y en las distintas jurisdicciones el preámbulo puede tener un peso diferente. Los tribunales de algunas jurisdicciones analizarán si el preámbulo "da vida" a la reivindicación en su conjunto y, de ser así, este tendrá peso desde el punto de vista de la patentabilidad.

Ejemplo

Una invención comprende un soporte para fijar un teléfono a la pared. Es improbable que el redactor de la solicitud de patente reivindique el teléfono como parte de la invención, porque ello podría restringir el perfil de los posibles infractores a las personas que venden teléfonos *y* su soporte, en lugar de considerar infractor a cualquiera que venda únicamente soportes.

En consecuencia, el preámbulo de la solicitud de patente para el soporte podría estar redactado en los siguientes términos: "Dispositivo para sujetar un teléfono...".

De esta manera, es muy probable que la fabricación, la utilización o la venta de un soporte junto con un teléfono constituyan una infracción de la reivindicación.

Frases de transición

Existen dos tipos de *frases de transición*, a saber, *abiertas* y cerradas.

Las *frases abiertas* no excluyen elementos o etapas de métodos añadidos, además de los descritos en la reivindicación. Dicho de otro modo, las frases abiertas son inclusivas, no exclusivas. En los Estados Unidos de América, por ejemplo, algunas frases abiertas son "que comprende", "que incluye", "que contiene" o "que se caracteriza por". Se entiende o se interpreta que estas expresiones significan "que incluye los siguientes elementos pero no excluye otros". Las expresiones "que comprende" y "que incluye" son las frases de transición más frecuentes en los Estados Unidos de América.

A continuación se presenta un ejemplo de reivindicación que contiene la expresión "que comprende".

Ejemplo

La invención consiste en un lápiz con una goma de borrar y una luz unidas a él. La reivindicación podría estar redactada como sigue:

1. Aparato *que comprende*:
   - un lápiz con una estructura alargada que consta de dos extremos y una parte central entre los extremos;
   - una goma de borrar sujeta a un extremo del lápiz; y
   - una luz unida al centro del lápiz.

Al utilizar la frase abierta "que comprende", se amplía el alcance de esta reivindicación para dar cabida a otros elementos o limitaciones. Por ejemplo, esta reivindicación permite la posibilidad de incluir un capuchón para el lápiz. Dicho de otro modo, no se aceptará el argumento, formulado por un presunto infractor, de que el producto no infringe la patente porque el lápiz lleva capuchón.

Cabe reiterar que, si bien en el lenguaje cotidiano la expresión "que comprende" puede ser equivalente a "que incluye", "que contiene", "que abarca" o "que consiste en", en el ámbito de la redacción de solicitudes de patente el principio de seguridad jurídica por lo general requiere una interpretación más amplia de la expresión, que tendrá el significado de las expresiones "que incluye", "que contiene" o "que abarca".

Las *frases cerradas* son lo contrario a las abiertas. Frases como "que consiste en" limitan la reivindicación a los elementos descritos de manera específica, es decir, la reivindicación abarca *únicamente* los elementos mencionados, nada más.

Ejemplo

Es posible reformular el ejemplo anterior de frase abierta para expresar la reivindicación de forma cerrada:

1. Aparato *que consiste en*:
   - un lápiz con una estructura alargada que consta de dos extremos y una parte central entre los extremos;
   - una goma de borrar sujeta al lápiz; y
   - una luz sujeta al lápiz.

Al utilizar la frase "que consiste en", la reivindicación ha pasado a ser cerrada y, por lo tanto, solo abarca los tres elementos citados —el lápiz, la goma de borrar y la luz— y nada más.

Quien redacta la solicitud en ocasiones puede redactar una reivindicación relativa a un compuesto químico que lo defina como "consistente en los componentes A, B y C" e indique la proporción de cada uno de los componentes en forma de porcentajes. En la mayor parte de estas reivindicaciones se acepta este tipo de reivindicaciones. Sin embargo, la presencia de cualquier otro componente estará excluida, por lo que la suma de esos porcentajes debe ser igual al 100 por ciento. Al redactar una reivindicación de este tipo, el redactor de la solicitud debe saber con certeza que los terceros pueden evitar la infracción si se añade otro compuesto químico, por muy reducido que sea el porcentaje. Otra posibilidad es que el redactor de la solicitud de patente se asegure de que uno de los términos contenidos en el porcentaje sea tan amplio (por ejemplo, "metal") que podría referirse a muchos materiales.

Quienes redactan solicitudes de patentes raramente incluyen reivindicaciones cerradas —y deben pensárselo dos veces antes de presentar una solicitud que contenga frases de este tipo—, porque los infractores pueden evitar fácilmente que se los considere como tal simplemente añadiendo otro elemento. En algunas jurisdicciones, el redactor de una solicitud puede utilizar una frase de transición cerrada si la invención es una simplificación de un aparato que ya se utiliza. Dado que la simplificación tiene menos elementos que el original, en algunas jurisdicciones puede considerarse que una frase cerrada supera el estado de la técnica de la invención original a los efectos de la anterioridad (es decir, la falta de novedad). Sin embargo, es posible que la oficina de patentes siga considerando que la referencia original es un antecedente relevante del estado de la técnica a los efectos del carácter evidente (la actividad inventiva). En determinadas situaciones —invenciones tecnológicas de ámbitos específicos como el de la biotecnología—, es algo más probable que se utilicen frases cerradas.

Por lo tanto, al redactar una solicitud de patente, se debe comprobar con atención no solo qué frases de transición se consideran abiertas o cerradas en la jurisdicción o jurisdicciones de interés, sino también si la materia y las leyes de dichas jurisdicciones permiten una interpretación de las frases de transición cerradas que ayude al cliente a conseguir sus objetivos. Una frase errónea puede limitar considerablemente el alcance de la protección otorgada por la patente. En Australia, por ejemplo, la expresión "que comprende" en ocasiones se ha interpretado como una frase de transición cerrada y restrictiva, precisamente lo contrario de lo que se interpreta en muchos países. Por consiguiente, es posible que una reivindicación abierta en el Reino Unido que contenga la transición "que comprende" tenga exactamente el mismo alcance que otra reivindicación en Australia cuya frase de transición sea "que incluye".[17]

Recomendación profesional

Prácticamente siempre se atenderán mejor los intereses del cliente si se modifican las reivindicaciones con el fin de evitar la superposición con el estado de la técnica, pero de manera que a los competidores les resulte difícil evitar la infracción de las reivindicaciones. Por lo general, la mejor manera de lograrlo es añadir modificaciones aclaradoras a las reivindicaciones, en lugar de usar una frase de transición cerrada.

Cuerpo de la reivindicación

El *cuerpo de la reivindicación* es la parte que sigue a la frase de transición. En el cuerpo de la reivindicación se mencionan los elementos y las limitaciones de la reivindicación y se explica la relación entre los distintos elementos. Básicamente, en el cuerpo se mencionan y se interrelacionan todos los elementos de la reivindicación. Por lo tanto, esta parte puede contener cualquier elemento o etapa activa de carácter estructural, funcional, relacional o paramétrico escogidos de entre una variedad de ellos.

Ejemplo

El cuerpo de la reivindicación relativa a un aparato que consiste en una mesa puede estar redactado de la siguiente forma:

1. Aparato sobre el que se pueden colocar objetos que comprende:
   - al menos una pata; y
   - una superficie diseñada para sostenerse sobre al menos una pata.

En el cuerpo de esta reivindicación, se describen dos elementos, "al menos una pata" y "una superficie" que se sostiene sobre la pata. También se especifica que la pata está conectada con la superficie.

Una reivindicación de patente no puede limitarse a enumerar las partes de la invención, sino que debe conectarlas de alguna manera. La mayor parte de las oficinas de patentes no admitirán a sabiendas reivindicaciones de patentes que simplemente enumeren las partes de la invención, por lo que la reivindicación del ejemplo se rechazaría si se redactara de la siguiente manera:

1. Aparato sobre el que se pueden colocar objetos que comprende:
   - cuatro patas;
   - dieciséis tornillos; y
   - una superficie.

El número y los tipos de elementos mencionados en una reivindicación dependen en gran medida del sector técnico y de la invención concreta. En el sector de la química, por ejemplo, esos elementos pueden constituir una entidad química aislada y es posible definirlos como alternativas y representarlos mediante fórmulas o nombres específicos o mediante fórmulas generales con variables.

Recomendación profesional

En la mayor parte de los países se sigue una doctrina de "reivindicación periférica", según la cual las reivindicaciones establecen los límites exteriores de la protección por patente. A menos que se presenten las reivindicaciones en una jurisdicción —que actualmente sería excepcional— en la que se admitan reivindicaciones conformes con la doctrina de "reivindicación central" (es decir, las reivindicaciones definen el "núcleo" de la invención que se desea patentar), es fundamental que quien redacte las reivindicaciones establezca los límites del alcance de la protección solicitada.

Se ha analizado la frase de transición abierta "que comprende" y la cerrada "que consiste en". Estas frases pueden utilizarse igualmente en el cuerpo de la reivindicación para definir los elementos, ya sea de forma abierta o cerrada.

2.2 Gramática de las reivindicaciones y otros detalles

Puntuación

Si bien muchos temas relativos a las reivindicaciones de patentes pueden ser más interesantes que la puntuación, prácticamente todas las oficinas de patentes establecen requisitos a este respecto. Si quien redacta la solicitud de patente se centra únicamente en adaptar las reivindicaciones a las necesidades comerciales del cliente y no presta atención al más mínimo detalle de cada punto y cada punto y coma, es posible que oficinas de patentes de todo el mundo rechacen unas reivindicaciones que, por lo demás, están bien redactadas.

En aras de la claridad, las reivindicaciones a menudo tienen más puntuación de la que sería necesaria desde una perspectiva gramatical. Es habitual separar el preámbulo de la frase de transición mediante una coma y separar la transición del cuerpo mediante dos puntos. El cuerpo suele estar dividido en breves párrafos que definen los elementos lógicos de la reivindicación. En muchas jurisdicciones no existen leyes específicas en las que se exija esa puntuación, pero quien redacta la solicitud de patente debe hacer lo posible por asegurarse de que la reivindicación se interprete como se pretende. Al redactar la solicitud, se debe pensar en el examinador de patentes y, para un momento posterior, en los tribunales y los posibles licenciatarios. Por lo tanto, los elementos de una reivindicación suelen separarse entre ellos mediante un punto y coma, al final del penúltimo elemento se añade la conjunción "y" y el último elemento termina con un punto.

El modelo es el siguiente:

Preámbulo, frase de transición:
- elemento (#1);
- elemento (#2); y
- elemento (#3).

En la práctica, la reivindicación tendría el aspecto del ejemplo siguiente:

Aparato, que comprende:
- una pluralidad de páginas impresas;
- una encuadernación concebida para sujetar las páginas impresas; y
- una portada sujeta mediante la encuadernación.

En algunos países, como los Estados Unidos de América, cada elemento o combinación de elementos de la reivindicación debe estar separada por una línea con sangrado, como se muestra aquí. En otros países se acepta el sangrado de las líneas, pero no es obligatorio.

Antecedente adecuado

Los elementos de una reivindicación de patente deben estar precedidos del antecedente correcto. Es decir, la primera vez que se menciona un elemento, no debe llevar artículo y cuando se haga referencia de nuevo a ese elemento, se utilizará el artículo determinado "el" o "la". Emplear el antecedente adecuado no es solo una cuestión de corrección gramatical, sino también jurídica.

El conjunto de reivindicaciones que se muestra a continuación ayuda a explicarlo.

1. *Un* dispositivo que comprende:
   - *un* lápiz; y
   - *una* luz sujeta *al* lápiz.
2. *El* dispositivo de la reivindicación 1 en el que *la* luz está sujeta de forma desmontable *al* lápiz.
3. *El* dispositivo de la reivindicación 2 en el cual *el* lápiz es de color rojo.

Recomendación profesional

> Si bien el artículo determinado "el" o "la" es equivalente a "dicho" en el ámbito de la redacción de solicitudes de patente (por ejemplo, "el lápiz" o "dicho lápiz"), esta última opción está cada vez más anticuada, y la tendencia en muchas jurisdicciones es avanzar hacia un lenguaje sencillo incluso en el ámbito jurídico. Si la patente es objeto de

controversia ante los tribunales en los Estados Unidos de América y un jurado de personas legas en Derecho lee las reivindicaciones, quien las haya redactado no se ganará su simpatía si están expresadas en jerigonza jurídica.

En la reivindicación 1, se menciona el lápiz por primera vez con un artículo indefinido, "*un* lápiz". En esa misma reivindicación, también se menciona por primera vez la luz, "*una* luz". Sin embargo, cuando más adelante se especifica que la luz está unida al lápiz, se utiliza un artículo definido, "*el* lápiz". El artículo definido indica que ese lápiz es el mismo que el que se define previamente en la reivindicación. De otro modo, podría haber una ambigüedad: *¿es otro lápiz o es el mismo?*

Si se desea redactar otra reivindicación que haga referencia a otro lápiz, este deberá diferenciarse del primero. Una manera de hacerlo es mencionar un "primer" elemento y luego un "segundo", y así sucesivamente. Una alternativa que podría utilizarse cuando haya un número reducido de elementos es referirse al primero con un artículo indefinido ("un" o "una") y el segundo con el adjetivo "otro" u "otra", por ejemplo:

- Un primer dispositivo que está conectado a un segundo dispositivo y que...
- Un artilugio, unido a otro artilugio que tiene más capacidad que el artilugio...

En cada nuevo *conjunto* de reivindicaciones[18] debe volverse a establecer el antecedente. Por lo tanto, en otro conjunto de reivindicaciones, quien redacte la solicitud debe crear un antecedente adecuado para el elemento "lápiz" una y otra vez. Dicho de otro modo, cada nueva reivindicación debe redactarse de forma independiente de las demás.

Si se desea introducir otra reivindicación (la reivindicación 4) para la invención del lápiz, podría redactarse de la siguiente forma:

4. *Un* dispositivo que comprende:
   - *un* lápiz; y
   - *una* luz sujeta al lápiz, y *la* luz está sujeta de forma desmontable *al* lápiz.

Números de referencia y expresiones entre paréntesis

En algunas jurisdicciones, se fomenta o se exige que las reivindicaciones contengan números de referencia para etiquetar elementos concretos de los dibujos en la solicitud de patente. En las solicitudes internacionales en virtud del PCT, los números de referencia aparecerán, de preferencia, entre paréntesis tras cada uno de los elementos correspondientes en las reivindicaciones. Por lo tanto, si la figura 1 de la solicitud de patente muestra una memoria de computadora que lleva la etiqueta "123", por ejemplo, toda referencia a este elemento concreto (la memoria de computadora) en las reivindicaciones irá seguida del número de referencia "(123)".

En las jurisdicciones en las que se fomenta el uso de números de referencia, esta práctica puede ayudar a comprender las reivindicaciones, puesto que establece una conexión clara entre ellas y los dibujos. Sin embargo, si existe un gran número de formas distintas de realizar la invención, por lo general solo las más importantes deberán incorporarse a las reivindicaciones e indicarse de esta manera.

En la legislación en materia de patentes de numerosos países se establece de forma explícita que no se interpretará que los números de referencia limitan el alcance de la materia protegida por las reivindicaciones. Su única función es facilitar la comprensión de las reivindicaciones. Es posible incluso que el redactor de la solicitud de patente desee formular un comentario a tal efecto en la descripción.

Sin embargo, en algunos países, en particular, los Estados Unidos de América, quienes redactan solicitudes de patente evitan, o tienen prohibido, incluir números de referencia, probablemente debido al riesgo de que los infractores y los tribunales puedan interpretar que limitan las reivindicaciones. Si se añade texto a los números de referencia en los paréntesis, pueden surgir problemas de claridad. Es posible que expresiones como "medios de seguridad (tornillo 13, clavo 14)" o "montaje de válvula (asiento 23 de la válvula, elemento 27 de la válvula y asiento 28 de la válvula)" no se entiendan como meras referencias, sino como "características especiales".[19]

En consecuencia, puede ser incierto si las características añadidas a las referencias limitan el alcance o no.

En algunas jurisdicciones, también puede plantearse el problema de la falta de claridad si figuran expresiones entre paréntesis que no van acompañadas de números de referencia —por ejemplo, "ladrillos moldeados (de hormigón)"—, por lo que la reivindicación podría rechazarse. Por el contrario, son admisibles las expresiones con un significado generalmente aceptado, como "(met)acrilato", que es una abreviatura conocida de "acrilato y metacrilato". Por supuesto, en general la utilización de paréntesis en fórmulas químicas o matemáticas tampoco es objetable.

Es importante recordar que la inclusión de números de referencia en las reivindicaciones no implica que se incorporen a ellas los dibujos correspondientes, práctica inadmisible en la mayor parte de los países.[20] Por lo tanto, las reivindicaciones deben redactarse de forma tan clara a como se haría si no hubiera dibujos.

Ejemplo

Una reivindicación con números de referencia podría ser la siguiente:

1. Aparato que comprende:
   - una pluralidad de páginas impresas (11);
   - una encuadernación (14) concebida para sujetar las páginas impresas (11); y
   - una portada (21) sujeta mediante la encuadernación (14).

Los números entre paréntesis son referencias que funcionan como etiquetas en los dibujos adjuntos a la solicitud de patente.

Frases de la reivindicación

Como se ha señalado, expresiones como "que comprende" tienen un significado especial en el contexto de las reivindicaciones. Igualmente, otras expresiones pueden tener significados especiales en el ámbito de las reivindicaciones de patentes. Algunas pueden emplearse para definir con mayor detalle una estructura o presentar una función asociada a una estructura determinada. Algunas de estas expresiones son "el/la cual", "mediante el/la cual", "tal que" o "de manera que". Quien redacta la solicitud de patente debe conocer cómo interpretan esas expresiones los tribunales de las jurisdicciones de interés y ha de utilizarlas de manera adecuada a la protección que se solicita.

Por ejemplo, una oración con la fórmula "el/la cual" por lo general se emplea para describir una función, operación o resultado que se deriva de la estructura o función mencionada en la reivindicación. Por lo tanto, las oraciones con la fórmula "el/la cual" deben emplearse cuando el resultado se derive necesariamente de la estructura o función mencionada.

Ejemplo

Se desea reivindicar una carpeta para almacenar archivos. La reivindicación con la fórmula "el/la cual" sería la siguiente:

1. Una carpeta para almacenar archivos, la cual está concebida para recibir los archivos...

En la redacción de solicitudes de patente, "el/la cual" también se utiliza para añadir una selección de elementos en una reivindicación dependiente, como se explica más adelante en la sección 3.5 sobre la dependencia de reivindicaciones.

Elementos múltiples

Muchas oficinas de patentes exigen que en las reivindicaciones se mencionen al menos dos elementos. Una reivindicación de patente sin muchas limitaciones puede ser extremadamente amplia.

La necesidad de esta norma se pone de manifiesto de forma clara si se comparan dos reivindicaciones.

Ejemplo

Compárense las siguientes reivindicaciones:

Una computadora que comprende:
- un procesador.

Una computadora que comprende:
- un procesador;
- una memoria; y
- un canal configurado para transmitir datos entre la memoria y el procesador.

La primera reivindicación ofrece información escasa sobre la computadora, aparte de que contiene un procesador. Naturalmente, en la memoria descriptiva se definirá un procesador, y se puede esperar que existan procesadores en el estado de la técnica. Ahora bien, el solicitante parece reivindicar cualquier cosa que contenga un procesador, especialmente si se considera que el preámbulo no es limitador.

Esa reivindicación es tan amplia que no es admisible, puesto que coincide exactamente (véase la sección 1.2 del módulo II) con una caja en la que se envíe un procesador, puesto que no se tiene más conocimiento sobre computadoras aparte de que son estructuras que contienen procesadores.

En la segunda reivindicación se ofrece mucha más estructura y definición del concepto de computadora. Por lo tanto, tiene un alcance más restringido que la primera.

2.3 Reivindicaciones de dos partes o reivindicaciones de mejora

La mayor parte de las explicaciones que figuran en las secciones anteriores sobre las partes y otros aspectos de las reivindicaciones también son aplicables a las reivindicaciones redactadas en dos partes, que también se denominan "reivindicaciones de mejora" o (en los Estados Unidos de América) "reivindicaciones Jepson".[21] En las reivindicaciones de dos partes, en el preámbulo se establece la referencia conocida del estado de la técnica más pertinente, y en el cuerpo se caracteriza la mejora de la invención. El preámbulo y el cuerpo están conectados por una frase de transición específica que indica que la reivindicación tiene dos partes. Por lo tanto, las reivindicaciones de dos partes también cuentan con un preámbulo, una frase de transición y un cuerpo, pero el preámbulo es la mención (una admisión implícita) de la *única* referencia del estado de la técnica más pertinente; la transición es una frase como "caracterizado por" o "caracterizado por que" en Europa y "cuya mejora comprende" en los Estados Unidos de América; y en el cuerpo se presentan los elementos que el solicitante considera novedosos (que no están presentes en el estado de la técnica más reciente).

Ejemplo 1

1. Un lápiz con una goma de borrar sujeta a un extremo del lápiz, cuya mejora comprende una luz sujeta al lápiz.

En esta reivindicación, "un lápiz con una goma de borrar" es la referencia conocida del estado de la técnica más pertinente, y la mejora reivindicada es la luz añadida.

Si se utiliza el formato estándar de reivindicación, esta se podría reformular de la siguiente manera sin alterar su alcance:

1. Dispositivo para escribir, que comprende:
   - un lápiz con una estructura alargada que consta de dos extremos;
   - una goma de borrar sujeta a un extremo del lápiz; y
   - una luz sujeta al lápiz.

Ejemplo 2

1. Dispositivo para escribir, que comprende: un lápiz con una estructura alargada que consta de dos extremos y una parte central entre los extremos; una goma de borrar

> sujeta a un extremo del lápiz; y una luz sujeta al lápiz, caracterizada por estar sujeta al centro del lápiz.
>
> En esta reivindicación, el solicitante admite que el dispositivo para escribir que comprende un lápiz con una goma de borrar sujeta a un extremo y una luz forma parte del estado de la técnica, y afirma que la mejora reivindicada es la posición de la luz en el centro del lápiz.

Como se muestra en el ejemplo 2, el formato en dos partes subraya claramente el elemento de la invención reivindicada que el solicitante considera de carácter inventivo respecto del estado de la técnica. Sin embargo, quienes redactan la solicitud de patente deben tener en cuenta que, cuando se utiliza un formato de reivindicación de dos partes, el solicitante admite explícitamente que la materia cubierta por la primera parte de la reivindicación no era novedosa en la fecha de presentación de la solicitud (o la fecha de prioridad).

En algunas jurisdicciones, como en la OEP, se prefiere el formato en dos partes cuando sea apropiado. La OEP recomienda que los solicitantes opten por la formulación de dos partes en las reivindicaciones en las que, por ejemplo, está claro que la invención consiste en una mejora distintiva de una antigua combinación de partes o etapas. Como sucede con muchas normas creadas con fines de eficiencia administrativa, esta "preferencia" es algo flexible en la práctica actual (un análisis somero de las patentes concedidas por la OEP revelará que muchas reivindicaciones no están redactadas en el formato de dos partes). Por lo tanto, los redactores de solicitudes de patente deben plantearse si una reivindicación de dos partes es la opción más beneficiosa para los intereses de su cliente, dado que requiere una admisión explícita de que la primera parte pertenece indudablemente al estado de la técnica. Algunos redactores tal vez deseen formular las reivindicaciones inicialmente en el formato estándar y, posteriormente, observar si el examinador aplica esa preferencia y exige más bien el formato de dos partes. En otras ocasiones, si el cliente solo presenta la solicitud ante la OEP, lo más conveniente puede ser redactar las reivindicaciones en el formato de dos partes desde el inicio, habida cuenta de la naturaleza de la invención y el estado de la técnica.

La OEP recomienda que la primera parte de esas reivindicaciones contenga una *indicación* en la que figure "la designación del objeto de la invención" —esto es, la clase técnica general del aparato, proceso, etc. al que se refiere la invención— seguida de la indicación de "las características técnicas que sean necesarias para definir el objeto reivindicado, pero que, combinadas entre sí, formen parte del estado de la técnica".[22] Esta indicación de las características del estado de la técnica se aplica únicamente a las reivindicaciones independientes, no a las dependientes. En consecuencia, esas declaraciones solo son necesarias cuando las características del estado de la técnica son pertinentes para la invención. Por ejemplo, si la invención consiste en una cámara fotográfica pero la actividad inventiva se refiere en su totalidad a la mejora del obturador, por lo general será suficiente con que la primera parte de la reivindicación contenga lo siguiente: "Una cámara fotográfica que contiene un obturador de plano focal...". No es necesario hacer referencia a otras características conocidas de una cámara fotográfica, como las lentes o el visor, a menos que se exija la mención de otros componentes que representen elementos esenciales de una cámara.

La segunda parte, o "parte caracterizadora", debe resumir las características que la invención añade al estado de la técnica, es decir, las características técnicas para las que, en combinación con las características indicadas en la primera parte, se pide protección.

La OEP, a pesar de expresar su preferencia por las reivindicaciones de dos partes, admite que no son adecuadas para algunas circunstancias. Es posible que este formato de reivindicación no sea adecuado a la naturaleza de una invención, por ejemplo, porque refleje una imagen distorsionada o engañosa de la invención o del estado de la técnica. Algunos ejemplos del tipo de invención que puede requerir una presentación diferente son los siguientes:

- la combinación de números enteros conocidos de igual jerarquía, si la actividad inventiva reside únicamente en la combinación;
- la modificación —y no la adición— de un proceso químico conocido mediante, por ejemplo, la omisión de una sustancia o la sustitución de una sustancia por otra; y
- un sistema complejo de partes funcionalmente interrelacionadas, si la actividad inventiva consiste en cambios en varias de estas interrelaciones.

En los dos primeros ejemplos, el formato de reivindicación de dos partes puede ser artificial e inapropiado, mientras que en el tercer ejemplo puede tener como resultado una reivindicación excesivamente extensa y enrevesada.

Otro ejemplo en el que este formato puede ser inadecuado es el de las invenciones que consisten en un compuesto químico o un grupo de compuestos químicos nuevos.

Asimismo, la OEP avisa de que pueden surgir otras situaciones en las que el solicitante puede tener motivos convincentes para estructurar la reivindicación de una manera distinta al formato de dos partes.

2.4 Elementos alternativos y reivindicaciones de tipo Markush

En muchas jurisdicciones se permite que una única reivindicación contenga elementos alternativos. En el lenguaje cotidiano, la conjunción "o" se utiliza para expresar alternativas. Sin embargo, en el lenguaje de patentes, especialmente en las reivindicaciones, las expresiones como "metal o plástico" por lo general se consideran poco claras. Si es una práctica aceptada en el país correspondiente, pueden emplearse frases como "metal y/o plástico" o "al menos una composición seleccionada de metal y plástico" cuando se desee expresar el significado inclusivo de "o", y pueden utilizarse expresiones como "ya sea metal o plástico" para referirse al significado exclusivo de "o".

Para reivindicar múltiples elementos alternativos exclusivos en una sola reivindicación, en muchos países es aceptable un formato especial que a menudo se denomina "reivindicación de tipo Markush", por el inventor cuyo proceso judicial originó dicho formato. Estas reivindicaciones pueden simplificar la tarea del redactor de la solicitud de preparar un conjunto completo de reivindicaciones (véase la sección 3 sobre los conjuntos de reivindicaciones y las reivindicaciones dependientes). Una reivindicación, ya sea independiente o dependiente, puede referirse a alternativas, siempre que el número y la presentación de estas en una sola reivindicación no dificulten su comprensión ni su interpretación.

El estilo habitual de redacción de las reivindicaciones de tipo Markush es "el elemento A seleccionado de un grupo consistente en X, Y, Z".

Ejemplo

> Un proceso químico puede realizarse mediante "cobre", "plomo" u "oro". Quien redacta la solicitud de patente debe pensar en un término más abstracto que aúne las tres opciones, como "metal", pero ni el redactor ni el inventor tienen la certeza de que el proceso funcione con *cualquier* metal. De hecho, el inventor sabe con seguridad que el proceso no funciona con mercurio. Por lo tanto, el redactor no puede emplear el término abstracto "metal" sin especificar nada más.
>
> A ninguno de los dos se les ocurre un mejor término abstracto para referirse a los tres metales que funcionan en esta invención. El redactor podría elaborar tres reivindicaciones independientes —una dedicada al "cobre", otra al "plomo" y una tercera al "oro"—, pero el formato de tipo Markush le permite redactar simplemente una reivindicación independiente que diga lo siguiente: "un metal seleccionado del grupo consistente en cobre, plomo y oro".

La utilidad de los grupos Markush no se limita a las invenciones químicas, sino que pueden utilizarse en otros sectores técnicos, por ejemplo, "una fijación seleccionada del grupo consistente en un clavo, un tornillo y un remache". Sin embargo, en la práctica, los grupos Markush a menudo no son deseables ni necesarios en estos otros sectores, porque se pueden definir las alternativas de manera más amplia mediante expresiones genéricas que describan los elementos alternativos (por ejemplo, "una fijación") o funcionales (por ejemplo, "un medio de sujeción").

En cambio, los grupos Markush se emplean con frecuencia en las reivindicaciones químicas para definir, por ejemplo, ingredientes químicos alternativos que pueden utilizarse en una composición, etapas alternativas de un proceso químico o valores alternativos para los radicales en una fórmula. En las reivindicaciones de producto que definen estructuralmente un grupo de productos químicos mediante una fórmula general, es muy frecuente utilizar una fórmula Markush.

Ejemplo[23]

Reivindicación 1. Un compuesto con la fórmula:

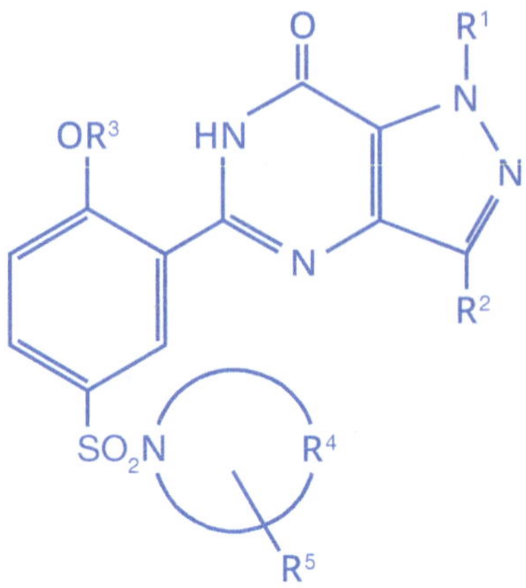

en el cual

- R1 se selecciona del grupo consistente en H, alquilo C1-C3, cicloalquilo C3-C5 y C1-C3 perfluoroalquilo;
- R2 es ... ; R4 es ... ; R5 es ... ; R6 es ... ; y
- R7 y R8 son, independientemente, H, alquilo C1-C4 (alcoxi C1-C3) alquilo C2-C4 o hidroxialquilo C2-C4;
- y sus sales farmacéuticamente aceptables.

Según esta reivindicación, los compuestos definidos estructuralmente resultan de todas las combinaciones de los radicales R1-R8 (definidos por los ocho subgrupos Markush correspondientes), así como las sales de dichos compuestos, con todos los ácidos que no sean tóxicos para los animales o el ser humano (definidos por el elemento funcional "sus sales farmacéuticamente aceptables").

Como cualquier otra reivindicación, las de tipo Markush deben cumplir los requisitos relativos a la unidad de la invención. En la sección 11 del módulo VI se explica la aplicación de la unidad de la invención a las reivindicaciones de tipo Markush.

Si el redactor de una solicitud de patente pretende que se seleccione más de un miembro del grupo Markush al mismo tiempo (además de la selección de un único miembro), debe establecerlo de forma explícita en la reivindicación. De otro modo, se interpretará que la reivindicación solo permite seleccionar un miembro cada vez. Por ejemplo, la frase "en el cual el solvente se selecciona del grupo consistente en A, B y C" se interpreta en el sentido de que *solo* permite emplear *uno* de los tres solventes (A, B o C), y no dos de ellos. Por lo tanto, si es posible emplear varias combinaciones de miembros, debe establecerse la expresión "en el cual el solvente se selecciona del grupo consistente en A, B, C y combinaciones de sus miembros" (o una equivalente).

Los grupos Markush no deben ser ambiguos. Además, quien redacta la solicitud debe tener la certeza de que un grupo Markush es el método más adecuado de reivindicar la invención antes de recurrir a él. En el ejemplo mencionado, si la invención también funcionara con el hierro, el grupo Markush propuesto no protegería directamente las formas de realizar la invención en las que se emplee el hierro. Al redactar una solicitud de patente siempre se debe recordar la importancia de tratar que las reivindicaciones cubran todas las formas de realizar la invención que sean patentables.

Los grupos Markush deben utilizarse con extrema precaución, puesto que, si se halla en el estado de la técnica una de las alternativas contenidas en la reivindicación, se considerará que toda la reivindicación carece de novedad. Si bien las reivindicaciones de tipo Markush son muy útiles para redactar una reivindicación independiente que cumple el requisito de unidad de la invención, es posible que un solicitante prefiera reivindicar los miembros del grupo en un conjunto aparte de reivindicaciones dependientes (véase la sección 3 del presente módulo).

2.5 Elementos funcionales y reivindicaciones del tipo "medio más función"

Como se ha mostrado en varios ejemplos, puede utilizarse un lenguaje funcional para definir un elemento de la reivindicación desde la perspectiva de lo que consigue (es decir, la función que desempeña) en lugar de lo que es. En general, puede incluirse un elemento funcional en una reivindicación, siempre que una persona experta en la materia no tenga dificultad en desempeñar la función sin tener que ejercer capacidad inventiva.

El lenguaje funcional puede ponerse en práctica de varias maneras.

- El elemento puede definirse mediante una frase que defina la función, como "medio de almacenamiento legible por computadora", "un agente oxidante" o "un excipiente aceptable en la industria farmacéutica".
- El elemento puede definirse mediante una palabra estructural genérica que implique una función de forma intrínseca, como "un calentador", "una sujeción" o "un solvente".
- También se puede introducir el lenguaje funcional mediante una frase colocada inmediatamente después del elemento correspondiente, como las siguientes:
  - "que permita [una operación]";
  - "que cree [una propiedad física o química]";
  - "como [un objetivo logrado]";
  - "mediante el que [se produce un efecto]";
  - "para que [una meta alcanzada]"; o
  - "concebido para [lograr algún resultado]".

De las distintas posibilidades, en las reivindicaciones del tipo "medio más función" se mencionan elementos que no tienen estructuras definidas específicamente, sino que son medios para desempeñar las funciones descritas en la memoria descriptiva. La interpretación de este tipo de reivindicaciones varía en función de la jurisdicción e incluso con el tiempo dentro de una misma jurisdicción. Por ejemplo, es posible que en una jurisdicción determinada se interprete una reivindicación de medio más función en el sentido de los medios divulgados en la memoria descriptiva de la patente que sirven para desempeñar la función mencionada, así como los equivalentes razonables de esos medios. En otras palabras, puede suceder que las reivindicaciones de medio más función no comprendan alguno o todos los elementos necesarios para desempeñar la función mencionada. Estas reivindicaciones pueden interpretarse en sentido amplio y restrictivo, puesto que las reivindicaciones no definen específicamente la estructura. Tanto es así, que los litigantes en causas de infracción de patente en ocasiones dedican una energía considerable a discutir incluso si una reivindicación determinada *es* del tipo de medio más función.

El formato de una reivindicación clásica de medio más función es mencionar la palabra "medio" seguida de una función. Por ejemplo, si la invención consiste en una olla arrocera, una reivindicación en el formato de medio más función podría ser la siguiente:

1. Aparato para cocer arroz, que comprende:
   - un medio para contener arroz; y
   - un calentador concebido para calentar el medio para contener arroz.

En el ejemplo, en lugar de mencionar una estructura que puede contener arroz por su nombre (por ejemplo, un bol), se hace referencia a un dispositivo que desempeña la función de contener arroz. De esta manera, se evita utilizar un nombre específico para, en su lugar, mencionar la función que desempeña. Ello impide que un competidor pueda simplemente utilizar un objeto distinto de un bol para contener el arroz.

No todos los elementos de una reivindicación de medio más función deben ser medios. De hecho, cada elemento puede tratarse de manera distinta. Si en una reivindicación se mencionan tres elementos, dos en formato de medio más función y uno que contiene un elemento estructural (como el "calentador" del ejemplo), el elemento estructural normalmente se interpretará de conformidad con su significado ordinario en la técnica, mientras que cada uno de los otros dos elementos se interpretarán de manera que primero se determine la función mencionada para después determinar, respectivamente, la estructura —divulgada en la memoria descriptiva— que desempeña esa función.

Las reivindicaciones de medio más función son útiles en las jurisdicciones donde se interpretan en un sentido más amplio que las reivindicaciones que mencionan un elemento estructural. Son de utilidad incluso en jurisdicciones en las que no necesariamente se hace una interpretación amplia de dichas reivindicaciones, pero sí se les da una interpretación diferente respecto de las reivindicaciones en las que se mencionan explícitamente limitaciones estructurales. La "diferencia", sea cual sea, permite un margen de cobertura de la reivindicación más amplio, suponiendo que el titular de la patente incluya ambos tipos de reivindicaciones en la solicitud. También debe recordarse que la interpretación que los tribunales hacen de las reivindicaciones tiende a variar con el paso del tiempo. En los 20 años de vida de una patente, un tribunal que haya hecho una interpretación restrictiva de las reivindicaciones de medio más función durante el primer año podría adoptar una interpretación relativamente amplia la primera vez que se plantee una controversia relativa a la patente en su undécimo año de vigencia.

En cualquier caso, quien redacte la solicitud de patente debe tener en mente que las oraciones de medio más función por lo general deben ir acompañadas de una descripción adecuada en la memoria descriptiva en la que se defina claramente la estructura que desempeña la función mencionada. En la descripción de la solicitud de patente siempre deben definirse estructuras suficientes, independientemente del tipo de reivindicación que se utilice.

Una preocupación más específica que se plantea al redactar una solicitud de patente con reivindicaciones de medio más función es evitar mencionar estructuras innecesarias u omitir en la memoria descriptiva una aclaración precisa de cuál es el conjunto de estructuras que desempeña la función. Ello puede permitir involuntariamente al demandado en una controversia por infracción de patente pedir una interpretación restrictiva. Por ejemplo, si la reivindicación contiene la frase "medios de sujeción", en la memoria descriptiva debe definirse claramente qué son esos medios de sujeción, por ejemplo, "cinta, adhesivos, remaches o cualquiera de estas fijaciones". De no hacerse así, el titular de la patente corre el riesgo de que los tribunales hagan una interpretación mucho más restrictiva de "medios de sujeción" que la esperada por el inventor.

Si todos los elementos de una reivindicación se definen de manera funcional, ya sea mediante expresiones de medio más función o de otro modo, también existirá un riesgo elevado de que se rechace la solicitud por reivindicar un simple desiderátum (es decir, por expresar un resultado deseado sin mencionar cómo se logra). El alcance definido en las reivindicaciones debe ser tan preciso como lo permita la invención.

Es posible mezclar en una única patente reivindicaciones de medio más función y de otro tipo.

3. Conjuntos de reivindicaciones

La memoria descriptiva de las patentes suele contener más de una reivindicación. Ya se ha mencionado este ejemplo:

1. *Un* dispositivo que comprende:
   - un lápiz; y
   - una luz sujeta *al* lápiz.

2. *El* dispositivo de la reivindicación 1 en el que *la* luz está sujeta de forma desmontable *al* lápiz.

3. *El* dispositivo de la reivindicación 2 en el cual *el* lápiz es de color rojo.

Un conjunto de reivindicaciones de la memoria descriptiva de una patente normalmente contiene una o varias reivindicaciones independientes (o principales) y varias reivindicaciones dependientes o subsidiarias (o subordinadas), que dependen de una o varias reivindicaciones independientes o dependientes que las preceden. En el ejemplo anterior, la reivindicación 1 es independiente, mientras que las reivindicaciones 2 y 3 son dependientes.

Todas las solicitudes de patente deben contener al menos una *reivindicación independiente* dedicada a las características esenciales de la invención, es decir, a las características necesarias para satisfacer los requisitos legales de patentabilidad, como la novedad y la actividad inventiva.

Cada reivindicación independiente puede ir acompañada de una o varias *reivindicaciones dependientes* relativas a formas más específicas de realizar la invención mencionada en la reivindicación independiente. *Las reivindicaciones dependientes contienen referencias a otras reivindicaciones*. Una reivindicación que hace referencia a otra contendrá todas las características de esa otra reivindicación aunque no se mencionen de manera explícita. Asimismo, en algunos casos, una reivindicación dependiente puede definir una o varias características particulares que pueden añadirse de forma adecuada a más de una reivindicación anterior (independiente o dependiente). De ello se desprende que existen varias posibilidades, esto es, una reivindicación dependiente puede hacer referencia a una o varias reivindicaciones independientes que la preceden, a una o varias reivindicaciones dependientes o a reivindicaciones de ambos tipos.

Las solicitudes de patente con una sola reivindicación son relativamente poco frecuentes. Ello se debe a que, por lo general, quienes redactan la solicitud de patente tratan de establecer un amplio conjunto de reivindicaciones que protegen varios aspectos de la invención en distintos grados de especificación, esto es, cada una de las reivindicaciones tiene un alcance distinto. No obstante, si bien las legislaciones en materia de patentes raramente establecen límites máximos al número de reivindicaciones, redactar el mayor número posible de ellas no es la mejor práctica que se puede adoptar, sobre todo por el costo que ello tendría para el cliente.

Al preparar un conjunto de reivindicaciones, los redactores de solicitudes de patente deben tener en cuenta los costos y otros factores. En primer lugar, muchas oficinas de patente requieren tasas de presentación adicionales por los conjuntos de reivindicaciones que superan un número determinado de reivindicaciones, y es posible que no se devuelva el importe de las tasas abonadas por las reivindicaciones si se reduce posteriormente el número de reivindicaciones mediante una modificación. Otras tasas, como las de examen y de concesión de la patente, también pueden depender del número de reivindicaciones. Al contar las reivindicaciones a los efectos del cálculo de las tasas, algunas oficinas solo tienen en cuenta aquellas que están numeradas (por ejemplo, reivindicación 1, reivindicación 2, etc.). Otras oficinas, como la Oficina de Patentes y Marcas de los Estados Unidos de América (USPTO), cobran una tasa adicional por cada reivindicación redactada en el formato de reivindicación dependiente múltiple (véase la sección 3.3), esté numerada o no.

En segundo lugar, redactar reivindicaciones que sean evidentemente demasiado amplias o restrictivas no ayuda a los solicitantes a obtener una protección por patente significativa para sus invenciones. Es probable que las reivindicaciones demasiado amplias se rechacen por incumplir los requisitos de novedad o de actividad inventiva. En cambio, las reivindicaciones con un alcance demasiado restringido, aunque se hayan concedido, pueden tener una utilidad limitada para el titular de la patente, puesto que los competidores pueden evitar fácilmente la infracción de la patente si conciben un diseño que elude el alcance de las reivindicaciones.

En tercer lugar, las legislaciones en materia de patentes por lo general requieren que las reivindicaciones sean claras y concisas, por lo que una proliferación de reivindicaciones dependientes puede complicar la situación de manera poco razonable, y el número de reivindicaciones debe ser razonable en relación con la naturaleza y la complejidad de la invención reivindicada.

3.1 Reivindicaciones independientes

Las reivindicaciones independientes de las solicitudes de patente son las más amplias. Algunas son más amplias que otras, pero en todo caso las reivindicaciones independientes siempre son más amplias que las que dependen de ella. Las reivindicaciones independientes son autónomas y no necesitan la limitación establecida en otra reivindicación para estar completas. Cada conjunto de reivindicaciones comienza con una reivindicación independiente.

Recomendación profesional

> Al redactar un conjunto de reivindicaciones, se debe prestar mucha atención para alcanzar un equilibrio entre el alcance de la protección solicitada, los probables costos de dicha protección y la necesidad de cumplir los requisitos establecidos en la ley aplicable.

Una solicitud de patente puede tener más de una reivindicación independiente. Por ejemplo, una sola invención puede contar con varios aspectos diferentes, y tal vez no puedan abarcarse todos ellos en una única reivindicación amplia. En general, será acertado preparar varias reivindicaciones independientes y que cada una de ellas se refiera de manera separada a un aspecto diferente.

Los distintos tipos de reivindicaciones, que se examinan más adelante, son una cuestión distinta de la amplitud de la reivindicación. Es posible que quien redacta la solicitud de patente desee preparar varias reivindicaciones independientes para un aparato de manera que cada una de ellas abarque un aspecto diferente del aparato. Además, aunque abarquen un mismo aspecto, el redactor de la solicitud tal vez desee redactar varias reivindicaciones con un alcance o amplitud distintos. Esta idea puede ser importante para tratar de reflejar los distintos tipos de actividades de los posibles infractores. El redactor de la solicitud sin duda pretende que la reivindicación impida a los competidores fabricar productos que reproduzcan el concepto inventivo. Al mismo tiempo, una reivindicación que solo puede ser infringida por los usuarios finales de un producto (los consumidores) probablemente no sea de gran utilidad.

El requisito legal de *unidad de la invención* por lo general consiste en que las reivindicaciones independientes múltiples contenidas en una solicitud de patente deben referirse a una única invención, o bien a un grupo de invenciones vinculadas entre sí de manera que formen un único concepto inventivo general (véase la sección 11 del módulo VI para obtener más información sobre la unidad de la invención). Ello no significa que no se puedan reivindicar múltiples invenciones en una solicitud de patente, pero la oficina de patente no la concederá a menos que en el fondo todas ellas se refieran a una única invención.

Recomendación profesional

> Se debe tratar de garantizar al cliente que se ha redactado un número adecuado de reivindicaciones para proteger la invención. La experiencia permitirá ir reconociendo el punto en el que los costos de elaborar esas reivindicaciones (tasas por reivindicaciones excesivas, tasas anuales, etc.) hacen que disminuya la rentabilidad.

En la USPTO, debe pagarse una tasa por cada reivindicación independiente adicional a partir de la tercera. En algunas jurisdicciones, como la de la OEP, puede exigirse que el número de reivindicaciones independientes esté limitado a uno por categoría (por ejemplo, una solicitud puede contener una reivindicación independiente de producto y una reivindicación independiente de proceso), lo cual disuade a los solicitantes de presentar solicitudes con una larga lista de reivindicaciones independientes, de conformidad con el principio de eficiencia administrativa. Ahora bien, en la OEP se establecen excepciones a esta norma:

i) Ejemplos de una pluralidad de productos interrelacionados:
enchufe macho y conector hembra;
transmisor y receptor;
productos químicos intermediarios y final;
gen, construcción genética, huésped, proteína y medicamento
[...]

ii) Ejemplo de una pluralidad de distintos usos inventivos de un producto o aparato:
reivindicaciones relativas a otros usos médicos cuando un primer uso médico es conocido.
[...]

iii) Ejemplo de soluciones alternativas a un problema concreto:
un grupo de compuestos químicos;
dos o más procesos de fabricación de esos compuestos.[24]

Establecer reivindicaciones con distinto grado de amplitud puede brindar seguridad contra el argumento de que la patente es inválida porque existe un precedente en el estado de la técnica, en ocasiones en controversias planteadas mucho después de que el examinador de patentes haya aprobado la solicitud y se haya concedido la patente. No es poco frecuente que el supuesto infractor encuentre el estado de la técnica más pertinente durante la controversia por infracción de patente, por lo que un alcance variado ayuda al inventor a defenderse en las situaciones en las que ni este, ni el redactor de la solicitud ni el examinador de la patente conocen determinados elementos del estado de la técnica.

Normalmente, en las reivindicaciones independientes se deben especificar las características esenciales necesarias para definir la invención. Si bien la norma varía en función de la oficina de patentes, lo habitual es que no se exija la mención de esas características si están implícitas en los términos genéricos empleados (por ejemplo, en la reivindicación de una bicicleta no suele ser necesario mencionar la presencia de ruedas). Cuando la patentabilidad depende de un efecto técnico, las reivindicaciones por lo general deben redactarse de manera que incluyan todas las características técnicas de la invención que son esenciales para crear el efecto técnico. Dicho de otro modo, *las reivindicaciones deben ser claras y centrarse en el núcleo de la invención*.

Si una reivindicación se refiere a un proceso para fabricar el producto X, el resultado final del proceso reivindicado —llevado a cabo de una manera razonable para una persona experta en la materia— debe ser necesariamente el producto X. De no ser así, la reivindicación adolece de incoherencia interna y, por lo tanto, carece de claridad. En el caso de una reivindicación de producto, si el producto pertenece a una categoría ampliamente conocida y la invención consiste en modificar determinados aspectos del producto, suele ser suficiente con indicar en la reivindicación cuál es el producto ampliamente conocido y especificar qué se modifica y de qué manera. A las reivindicaciones relativas a aparatos se les aplican consideraciones similares.

3.2 Reivindicaciones dependientes

Habitualmente, quien redacta la solicitud prepara una combinación de reivindicaciones de mayor y menor amplitud para reflejar de manera eficaz el pleno alcance de la invención. Para poner esto en práctica, en primer lugar se redacta la reivindicación independiente más amplia y, a continuación, una serie de reivindicaciones dependientes que abarquen una variedad de alcances más restrictivos que el de la reivindicación independiente.

Las reivindicaciones dependientes también reflejan la postura alternativa del redactor de la solicitud de patente. Aunque se efectúe una búsqueda del estado de la técnica, no se puede tener la certeza de dar con todos los elementos pertinentes del estado de la técnica publicados en todo el mundo. Siempre existe el riesgo de que un examinador de patentes encuentre elementos pertinentes del estado de la técnica que nieguen la novedad o la actividad inventiva de la invención reivindicada. Ahora bien, si un examinador de patentes halla un elemento del estado de la técnica que elimina la patentabilidad de la reivindicación independiente amplia, pero no la de las reivindicaciones dependientes más restrictivas, la patente podría concederse igualmente con ese alcance de protección más restringido. Las reivindicaciones dependientes más restrictivas no tienen tanto peso como la reivindicación independiente, pero es posible que sean suficientes para los fines del solicitante, es decir, permitirle ganar una ventaja competitiva en el mercado.

Formato y estructura de las reivindicaciones dependientes

Las reivindicaciones dependientes son aquellas que "penden" (y no "dependen", en el lenguaje de patentes) de otra reivindicación, ya sea independiente o dependiente. La dependencia de otra reivindicación se indica con un identificador de la reivindicación principal. Por ejemplo, "2. El aparato de la reivindicación 1, que comprende, además: [...]" indica que la reivindicación 2 pende de la 1.

El formato de la reivindicación dependiente la hace más concisa, al evitar la repetición de todo el texto de la reivindicación a la que se refiere. Al hacer referencia a otra reivindicación, la dependiente abarca *todo* el alcance de la reivindicación principal *más* los elementos nuevos mencionados en la propia reivindicación dependiente. Las reivindicaciones dependientes tienden a ser considerablemente más breves que las independientes, por lo que los principiantes en materia de patentes en ocasiones creen, erróneamente, que las dependientes son más amplias que las independientes, cuando en realidad es lo contrario.

Ejemplo

Una reivindicación independiente (reivindicación 1) está redactada como sigue:

1. Aparato que comprende:
   - un lápiz; y
   - una goma de borrar sujeta al lápiz.

La reivindicación 2 es la siguiente:

2. El aparato de la reivindicación 1, que comprende, además:
   - una luz sujeta al lápiz.

La reivindicación 3 es la siguiente:

3. El aparato de la reivindicación 2, que comprende, además:
   - Un botón, unido al lápiz, que sirve para extraer la mina del lápiz.

Otra reivindicación dependiente, la 4, dice lo siguiente:

4. El aparato de la reivindicación 2,
   - cuya luz es un led.

La totalidad de la reivindicación 2 dependiente abarca todo el texto explicitado en la reivindicación 2 *más* todo el texto de la 1. Por lo tanto, la reivindicación 2 en realidad es la siguiente:

2. Aparato que comprende:
   - un lápiz;
   - una goma de borrar sujeta al lápiz; y
   - una luz sujeta al lápiz.

Igualmente, la reivindicación 3, que pende de la reivindicación 2, que a su vez hace referencia a la 1, en realidad tiene el mismo alcance que tendría la siguiente reivindicación independiente:

3. Aparato que comprende:
   - un lápiz;
   - una goma de borrar sujeta al lápiz.
   - una luz sujeta al lápiz; y
   - un botón, unido al lápiz, que sirve para extraer la mina del lápiz.

Como se ha señalado, todas las reivindicaciones dependientes relacionadas con una independiente tienen el mismo preámbulo. Aunque no es una práctica universal, las reivindicaciones independientes suelen comenzar con el artículo indefinido "un" o "una", mientras que las reivindicaciones dependientes comienzan con el artículo definido "el" o "la".

Las reivindicaciones dependientes siempre son más restrictivas que la reivindicación de la que penden. Por ejemplo, los lápices de un competidor que no tengan ningún tipo de luz no infringirán la reivindicación 2, aunque sí pueden infringir la reivindicación 1, que es la más amplia.

Es habitual introducir después del preámbulo una palabra o frase que indique la dependencia de otra reivindicación. Se interpreta que esta palabra o frase abarca todo el alcance mencionado en la reivindicación principal. En el ejemplo mencionado, se utiliza la frase "el aparato de la reivindicación 1". Otras frases habituales son "el aparato conforme a la reivindicación 1" o "el aparato descrito en la reivindicación 1". Igualmente, pueden emplearse las expresiones "que se reivindica en", "con arreglo a", "que se establece en" o "que se menciona en" para señalar la dependencia de otra reivindicación.

Inmediatamente después de la referencia a otra reivindicación, en la reivindicación dependiente se establece al menos una característica añadida que no está presente en la otra reivindicación. Esto puede hacerse de tres maneras:

i) añadir al menos un nuevo elemento, E, que suele introducirse con la expresión "que además comprende E" (en el ejemplo, la reivindicación 2 sería "una luz sujeta al lápiz, que es un elemento nuevo que no aparece en la reivindicación 1");
ii) seleccionar al menos un elemento, E1, de otro más amplio, E, mencionado en la reivindicación principal, lo cual suele expresarse mediante "donde E es E1" o "en el que E es E1" (por ejemplo, en la reivindicación 4 dependiente, el concepto más amplio de la luz se restringe a una luz de led), o mediante la adición de otra característica de al menos un elemento en la reivindicación dependiente (por ejemplo, "en la que la luz es desmontable"); o
iii) combinar las opciones i) y ii).

Las reivindicaciones dependientes deben agruparse de la manera más adecuada posible. Por lo tanto, su disposición debe permitir reconocer e interpretar de inmediato la asociación de las reivindicaciones relacionadas y su significado. Todas las reivindicaciones dependientes deben hacer referencia a al menos una reivindicación precedente, pero no pueden referirse a una reivindicación posterior. Una reivindicación dependiente no puede, de ninguna manera, ampliar el alcance de la protección de la invención definida en la reivindicación independiente correspondiente.

Resulta útil imaginarse las relaciones entre las reivindicaciones independiente y dependiente como un árbol en el que cada reivindicación está representada por su número respectivo, que está vinculado con una flecha o una línea. El árbol de reivindicaciones del ejemplo podría representarse así:

En ocasiones, un examinador de patentes encuentra referencias en el estado de la técnica que niegan la patentabilidad de una reivindicación independiente, pero no la de una reivindicación dependiente. Si bien el redactor de la solicitud de patente y su cliente pueden decidir reclamar la patentabilidad de la reivindicación principal, también pueden optar por la alternativa de solicitar una patente y, para ello, simplemente cancelar la reivindicación independiente rechazada (y cualquier otra reivindicación dependiente afectada) y redactar otra reivindicación independiente en la que se combinen las limitaciones en la reivindicación independiente cancelada con las de la reivindicación dependiente admisible. Asimismo, quien redacta la solicitud también puede modificar las demás reivindicaciones de la solicitud para que pendan de la nueva reivindicación independiente (antes dependiente).

Ejemplo

Una solicitud contiene una reivindicación independiente (reivindicación 1) y diez otras reivindicaciones que penden de la primera.[25]

Las tres primeras reivindicaciones son las siguientes:

1. Aparato que comprende:
   - un lápiz; y
   - una goma de borrar sujeta al lápiz.

2. El aparato de la reivindicación 1, que comprende, además:
   - una luz sujeta al lápiz.

3. El aparato de la reivindicación 2, que comprende, además:
   - un botón, unido al lápiz, que sirve para extraer la mina del lápiz.

El examinador de la patente ha rechazado la reivindicación 1, y ha objetado a la reivindicación 2, pese a considerarla admisible, solo porque depende de la reivindicación 1 rechazada.

Si el cliente aprueba el plan de acción, el redactor de la solicitud puede volver a redactar la reivindicación 2 para convertirla en una nueva reivindicación 1 independiente en la que se mencionen de forma específica todas las limitaciones de la reivindicación 1 (como se hizo anteriormente). La antigua reivindicación 2 pasa a ser la reivindicación 1:

1. Aparato que comprende:
   - un lápiz;
   - una goma de borrar sujeta al lápiz; y
   - una luz sujeta al lápiz.

La reivindicación 3 ya pende de la antigua reivindicación 2, que ahora es la 1. Por lo tanto, no es necesario modificar el fondo de la reivindicación 3, sino solo la referencia a la reivindicación principal, que ahora es la reivindicación 1, y su numeración como reivindicación 2:

2. El aparato de la reivindicación 1, que comprende, además:
   - un botón, unido al lápiz, que sirve para extraer la mina del lápiz.

Una vez que el redactor de la solicitud presenta la modificación, es probable que el examinador admita la solicitud y que el cliente acabe obteniendo una patente con un total de 10 reivindicaciones en lugar de 11.

Si bien el formato varía de una jurisdicción a otra, la petición de modificar la reivindicación 2 para hacerla independiente puede ser la siguiente:

12. Aparato que comprende:

- un lápiz;
- una goma de borrar sujeta al lápiz; y
- una luz sujeta al lápiz.

El texto tachado representa las palabras eliminadas y el subrayado, las añadidas.

Una alternativa podría ser modificar la reivindicación 1 original mediante la adición de limitaciones que se incluían en la reivindicación 2:

1. Aparato que comprende:

- un lápiz;
- una goma de borrar sujeta al lápiz; y
- una luz sujeta al lápiz.

Las modificaciones se explican en mayor profundidad en la sección 3 del módulo IX.

Una reivindicación dependiente solo puede añadir elementos o limitaciones a la reivindicación de la que pende; no puede extraer elementos ni limitaciones. Dicho de otro modo, las reivindicaciones dependientes únicamente pueden restringir el alcance de la reivindicación a la que se refiere, no ampliarlo. Por ejemplo, la reivindicación dependiente 4 no podría estar redactada como sigue:

Recomendación profesional

Debe recordarse que si el examinador de la patente considera las reivindicaciones independientes admisibles en relación con el estado de la técnica, las reivindicaciones dependientes también lo serán. No será necesario hacer ninguna modificación.

4. El aparato de la reivindicación 2 cuya luz *no* está unida al lápiz.

Esta reivindicación no sería adecuada, puesto que extrae un elemento de la reivindicación independiente, en concreto, la luz.

Las reivindicaciones dependientes también pueden emplearse para respaldar una interpretación más amplia de las reivindicaciones independientes. Por ejemplo, si en la reivindicación 1 se menciona "una caja" y en la 2, "cuya caja es de madera", de ello se desprende claramente que la reivindicación 1 puede estar hecha de cualquier material, además de madera. Por supuesto, siempre podría argumentarse que la caja de la reivindicación 1 podría ser de un material distinto de la madera. También es posible que un oponente argumente que en la memoria descriptiva no se menciona una caja de un material distinto de la madera. La expresión "caja de madera" de la reivindicación 2 indica de forma mucho más clara que la reivindicación 1 se refiere a una caja de cualquier material. Aun así, sigue siendo posible que un oponente afirme que en la memoria descriptiva no se ofrece un respaldo a las cajas de material distinto de la madera, pero el titular de la patente ahora puede argumentar además que el propio examinador de la patente ha considerado el requisito de habilitación (véase la sección 2.5 del módulo II) y llegado a la conclusión de que tanto las cajas de madera como las fabricadas en otro material mencionadas en la reivindicación 1 tienen el respaldo de la memoria descriptiva.

Reivindicaciones dependientes en relación con las reivindicaciones de dos partes y de tipo Markush

En todos los ejemplos de reivindicaciones dependientes descritos hasta ahora, la reivindicación independiente de la que dependen está redactada en el formato estándar. En este apartado, se examinan las situaciones en las que una reivindicación depende de otra independiente que está redactada en el formato de dos partes. En estos casos, por definición, la reivindicación dependiente contiene todo lo mencionado en la independiente, esto es, las dos partes separadas por la expresión "caracterizado por que" o "caracterizado por". En consecuencia, estas expresiones son innecesarias en las reivindicaciones dependientes (aunque son admisibles).

Ejemplo

La reivindicación 1 está redactada en el formato de dos partes de la siguiente forma:

1. Un dispositivo para escribir que comprende: un lápiz que consta de dos extremos y una goma de borrar sujeta al lápiz; caracterizado por que la goma de borrar está sujeta a un extremo del lápiz.

Una reivindicación dependiente que menciona una luz sujeta al lápiz a modo de elemento añadido al dispositivo para escribir puede redactarse de la siguiente manera:

2. El dispositivo de la reivindicación 1, que además comprende una luz sujeta al lápiz.

Cuando la reivindicación 1 independiente es de tipo Markush, por lo general la reivindicación dependiente puede definir un subconjunto más restrictivo del grupo Markush de la reivindicación 1.

Ejemplo

En el ejemplo de la sección 2.3 del presente módulo, un conjunto de reivindicaciones podría ser el siguiente:

1. Un compuesto con la fórmula:

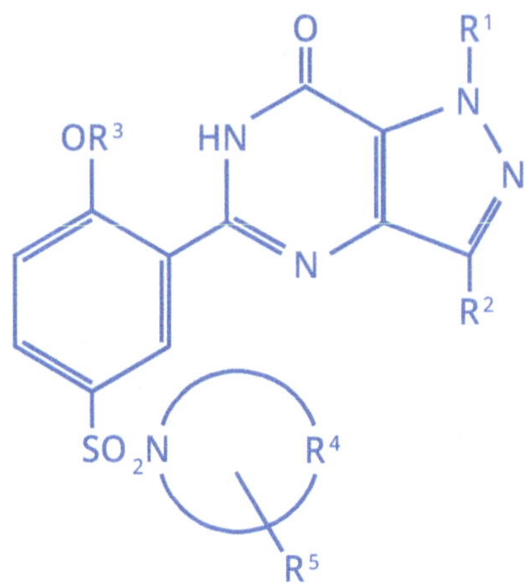

en el cual

- R1 se selecciona del grupo consistente en H, alquilo C1-C3, cicloalquilo C3-C5 y C1-C3 perfluoroalquilo;
- R2 es...; R4 es...; R5 es...; R6 es...; y
- R7 y R8 son, independientemente, H, alquilo C1-C4 (alcoxi C1-C3) alquilo C2-C4 o hidroxialquilo C2-C4;
- y las sales farmacéuticas correspondientes.

2. El compuesto que se reivindica en la reivindicación 1, en el que R1 se selecciona del grupo consistente en H, metilo o etilo; R2 es alquilo C1C3; [...]; R7 es [...].

3. El compuesto reivindicado en la reivindicación 2, en el que R1 es metilo; R2 es npropilo; [...]

En la reivindicación 2 se define un alcance más restringido que en la 1 al definir de forma restrictiva un conjunto de valores para los radicales R1R7. La reivindicación 3 depende de la 2 y restringe el alcance del grupo Markush.

3.3 Reivindicaciones dependientes múltiples

Formato y estructura de las reivindicaciones dependientes múltiples
Las reivindicaciones dependientes múltiples son subconjuntos de las reivindicaciones dependientes. En el preámbulo de una reivindicación dependiente múltiple se hará referencia a más de una reivindicación de forma alternativa, por ejemplo, "el aparato de la reivindicación 1 *o* la reivindicación 2" o "el aparato de *una* de las dos primeras reivindicaciones". Ello significa que la reivindicación pende bien de la reivindicación 1, bien de la reivindicación 2, y no de ambas.

Como sucedía con las reivindicaciones dependientes, el cuerpo de una reivindicación dependiente múltiple debe restringir el alcance de la reivindicación de la que pende.

Ejemplo

Recuérdese el ejemplo del lápiz:

1. Un aparato que comprende: un lápiz y una luz sujeta al lápiz.
2. El aparato de la reivindicación 1 cuya luz está sujeta de forma desmontable al lápiz.

Podría mencionarse otra reivindicación con un formato de reivindicación dependiente múltiple como la siguiente:

3. El aparato mencionado en las reivindicaciones 1 *o* 2, que además comprende una goma de borrar.

Esta reivindicación 3 dependiente múltiple abarca un aparato que comprende o bien:

- una luz sujeta al lápiz y una goma de borrar; o
- una luz sujeta de forma desmontable al lápiz y una goma de borrar.

Por lo tanto, para infringir esta reivindicación, el aparato objeto de la denuncia por infracción debe contener una de esas limitaciones.

Esto significa que, en realidad, quien redacta el conjunto de reivindicaciones de una solicitud de patente puede escoger entre emplear solamente reivindicaciones dependientes individuales y utilizar reivindicaciones dependientes múltiples.

Los dos conjuntos de reivindicaciones que se presentan a continuación son equivalentes desde la perspectiva del alcance y la protección de las reivindicaciones.

Ejemplo

La alternativa A consiste en la reivindicación 3 dependiente múltiple:

1. Un aparato que comprende: un lápiz y una luz sujeta al lápiz.
2. El aparato de la reivindicación 1 cuya luz está sujeta de forma desmontable al lápiz.
3. El aparato mencionado en las reivindicaciones 1 o 2, que además comprende una goma de borrar.

La alternativa B consiste en utilizar únicamente las reivindicaciones dependientes individuales 2 a 4.

1. Un aparato que comprende: un lápiz y una luz sujeta al lápiz.
2. El aparato de la reivindicación 1 cuya luz está sujeta de forma desmontable al lápiz.
3. El aparato de la reivindicación 1 que además comprende una goma de borrar.
4. El aparato de la reivindicación 2 que además comprende una goma de borrar.

Un árbol de reivindicaciones (véase la sección 3.2) puede representar gráficamente las relaciones de reivindicaciones dependientes múltiples con una reivindicación independiente y con reivindicaciones dependientes individuales.

El ejemplo podría representarse de la siguiente manera:

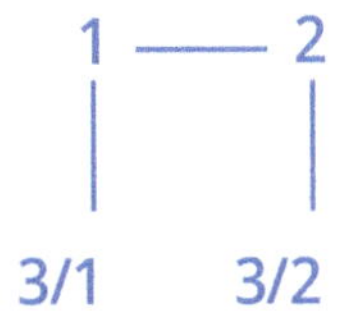

En este caso, "3/1" y "3/2" indican que la reivindicación 3 es una reivindicación dependiente múltiple que pende de la reivindicación 1 o de la 2. Por lo tanto, 3/1 está subordinada a la reivindicación 1 y 3/2, a la reivindicación 2.

Para referirse a más de una reivindicación en la alternativa consistente en una reivindicación dependiente múltiple, en numerosas jurisdicciones por lo general se aceptan muchas otras expresiones, como las siguientes:

- "Un lápiz conforme a la reivindicación 1 o en la 2, en el que..."
- "Un lápiz como el descrito en la reivindicación 1 o en la 2, que además comprende...".
- "Un lápiz como los descritos en las reivindicaciones 1, 3 o 9 a 13, ambos inclusive, el cual...".
- "Un lápiz como los descritos en las reivindicaciones 1, 4 o 5 a 7, el cual...".
- "Un lápiz como los descritos en las reivindicaciones 2 o 3, que además comprende...".

- "Un lápiz como los descritos en las reivindicaciones precedentes, el cual...".

No se admiten las formulaciones que harían que las reivindicaciones fueran acumulativas, por ejemplo, "conforme a las reivindicaciones 1 y 2", "conforme a las reivindicaciones 1 a 3", "como los descritos en las reivindicaciones 1, 2 y/o 3", etc.

Ventajas y desventajas de las reivindicaciones dependientes múltiples
El formato de dependencia múltiple normalmente reduce el número contable de reivindicaciones. Esto puede influir en la decisión del cliente respecto de si utilizarla o no, porque, por un lado, puede ser más conveniente agrupar más de una reivindicación dependiente y, por otro lado, la estructura de tasas por reivindicaciones de las respectivas oficinas de patentes puede alcanzar un importe prohibitivo.

En los Estados Unidos de América, las reivindicaciones dependientes múltiples pueden generar tasas por reivindicaciones adicionales, por lo que son una práctica poco frecuente en la redacción de solicitudes de patentes. Sin embargo, en la OEP, emplear reivindicaciones dependientes múltiples puede ahorrar tasas, porque la estructura de tasas por reivindicaciones se basa en las reivindicaciones numeradas que pueden contabilizarse (reivindicación 1, reivindicación 2, etc.). El número de reivindicaciones dependientes individuales equivalentes puede aumentar fácilmente los costos.

En relación con las reivindicaciones dependientes múltiples, se plantean otras consideraciones. En general, la divulgación realizada en la solicitud de patente presentada no puede ser objeto de modificaciones de fondo que consistan en la introducción de materia nueva. En algunas jurisdicciones, como la OEP, es posible que los solicitantes tengan menos dificultades para justificar las modificaciones en determinados casos si han empleado el formato de reivindicación dependiente múltiple.

Véase el ejemplo siguiente:

Ejemplo

Un conjunto de reivindicaciones contiene únicamente reivindicaciones dependientes individuales:

Reivindicación 1.	Una composición que comprende: un elemento A seleccionado del grupo consistente en A1 y A2; y un elemento B seleccionado del grupo consistente en B1, B2 y B3.
Reivindicación 2.	La composición conforme a la reivindicación 1 en la que A es A1.
Reivindicación 3.	La composición conforme a la reivindicación 1 en la que A es A2.
Reivindicación 4.	La composición conforme a la reivindicación 1 en la que B es B1.
Reivindicación 5.	La composición conforme a la reivindicación 1 en la que B es B2.
Reivindicación 6.	La composición conforme a la reivindicación 1 en la que B es B3.

Un examinador halló referencias para las distintas combinaciones de elementos A y B, excepto la combinación de A1 y B3, lo que llevó al solicitante a pedir la modificación de la reivindicación en los siguientes términos:

[Nueva] reivindicación 1. Una composición que comprende: el elemento A1; y el elemento B3.

A menos que exista una indicación específica relativa a esta combinación particular en la solicitud presentada, en la OEP probablemente se objetará esa modificación sobre la base de que la selección de las dos características en la solicitud presentada no es evidente de forma clara e inequívoca. Sin embargo, de conformidad con la jurisprudencia de la OEP, no se plantearán objeciones en ese sentido si se estableciera una reivindicación dependiente en la que se mencionara específicamente una composición consistente en los elementos A1 y B3.

Desafortunadamente, el conjunto de seis reivindicaciones que se ha descrito no menciona esta combinación específica.

Sin embargo, si hubieran empleado reivindicaciones dependientes múltiples, el solicitante podría reivindicar varias combinaciones en el mismo número:

Reivindicación 1. Una composición que comprende: un elemento (A) seleccionado del grupo consistente en A1 y A2; y un elemento B seleccionado del grupo consistente en B1, B2 y B3.
Reivindicación 2. La composición conforme a la reivindicación 1 en la que A es A1.
Reivindicación 3. La composición conforme a la reivindicación 1 en la que A es A2.
Reivindicación 4. La composición conforme a una de las reivindicaciones 1 a 3 en la que B es B1.
Reivindicación 5. La composición conforme a una de las reivindicaciones 1 a 3 en la que B es B2.
Reivindicación 6. La composición conforme a una de las reivindicaciones 1 a 3 en la que B es B3.
La reivindicación 6, siempre que haga referencia a la reivindicación 2, abarca la combinación específica de elementos A1 y B3.

Redactar numerosas reivindicaciones en el formato de dependencia múltiple también es muy conveniente para los titulares de patentes. Tal vez puedan modificarse fácilmente las reivindicaciones si un tercero impugna la validez de una patente concedida o si se desea limitar el alcance de la protección por propia iniciativa, por ejemplo, a una reivindicación muy restrictiva (y muy eficaz) que proteja el único producto comercial que es susceptible de imitación. Sin embargo, en estos casos, la modificación de reivindicaciones solo será admisible si no amplían la protección otorgada por la patente concedida.

Para ilustrar esta idea, pueden observarse los efectos que podrían tener en una acción de nulidad los dos grupos mencionados de seis reivindicaciones con y sin las dependencias múltiples.

Ejemplo

Imagínese que la única forma interesante de realizar la invención es el "preámbulo P que comprende A1 y B3" (por ejemplo, el único ingrediente farmacéutico autorizado para la venta, que es el único que los competidores desean explotar).

En una acción de nulidad, un documento del estado de la técnica en el que se divulgue el "preámbulo P que comprende A2 y B3" excluiría la novedad de las reivindicaciones 1 y 6 del primer conjunto, lo cual invalidaría las dos reivindicaciones concedidas que protegen la forma interesante de realizar la invención.

Sin embargo, este documento del estado de la técnica no excluiría la novedad de la reivindicación 6 del segundo conjunto, que pende de la reivindicación 2. Esta reivindicación particular sería "preámbulo P que comprende A1 y B3" y protegería específicamente la forma que interesa de realizar la invención.

Recomendación profesional

Debe tenerse en cuenta que las reivindicaciones dependientes múltiples subordinadas a otras del mismo tipo complican la solicitud. Si se utilizan de forma excesiva e innecesaria, se corre el riesgo de preparar reivindicaciones que combinan las características de tantas otras que el conjunto resulta difícil de comprender.

Reivindicaciones dependientes múltiples subordinadas a otras del mismo tipo

Hasta ahora, todos los ejemplos de reivindicaciones dependientes múltiples se refieren a una reivindicación independiente anterior o a una reivindicación dependiente individual. Ahora bien, ¿una reivindicación dependiente múltiple podría servir de base a *otra* del mismo tipo? En algunas jurisdicciones sí es admisible, como la OEP o el Japón, a diferencia de en otras jurisdicciones, como los Estados Unidos de América y la República de Corea.

La reivindicación 4 que se menciona a continuación es un ejemplo de reivindicación dependiente múltiple subordinada a otra del mismo tipo.

Reivindicación 1. Un aparato que comprende: un lápiz y una luz sujeta al lápiz.
Reivindicación 2. El aparato de la reivindicación 1 cuya luz está sujeta de forma desmontable al lápiz.
Reivindicación 3. El aparato mencionado en las reivindicaciones 1 o 2, que además comprende una goma de borrar.
Reivindicación 4. El aparato mencionado en una de las reivindicaciones 1 a 3 en el que la luz es un led.

3.4 Reivindicaciones que hacen referencia a características de otra reivindicación

En algunas jurisdicciones, como la OEP, las reivindicaciones independientes pueden hacer referencia a otras reivindicaciones mediante la incorporación de las características definidas en la otra reivindicación sin ser reivindicaciones dependientes. Un ejemplo sería una reivindicación en la que se hace referencia a otra de distinta categoría (por ejemplo, "Aparato que sirve para realizar el proceso de la reivindicación 1..." o "Proceso para la fabricación del producto de la reivindicación 1". De manera similar, en el caso de un enchufe macho y un conector hembra, la reivindicación de una de ambas partes que haga referencia a la otra parte cooperante (por ejemplo, "enchufe macho que funciona conjuntamente con el conector hembra de la reivindicación 1...") contiene las características de la otra reivindicación, pero no tiene un carácter dependiente. Sin embargo, en otras jurisdicciones, como en los Estados Unidos de América, las reivindicaciones independientes no pueden hacer referencia a otras reivindicaciones.

De todos modos, es importante analizar con atención las características incorporadas a la reivindicación mediante esta referencia y estudiar si todas esas características son de verdad esenciales para la invención reivindicada. Quien redacta la solicitud de patente también debe comprobar que esta técnica sea admisible en la jurisdicción o jurisdicciones de interés para su cliente antes de emplearla.

Las referencias de tipo definitorio se emplean a menudo en las reivindicaciones de invenciones ejecutadas por computadora, en las que se redactan distintos tipos de reivindicaciones (relativas a un método ejecutado por computadora, a un aparato de procesamiento de datos, a un producto consistente en un programa informático, a un medio de almacenamiento legible por computadora, etc.) para obtener una protección integral.

Ejemplo

La reivindicación 1, relativa a un método ejecutado por computadora, menciona las etapas esenciales i) a x). La reivindicación de un aparato de procesamiento de datos podría redactarse de la siguiente manera:

2. Un aparato de procesamiento de datos que comprende el medio para realizar el método definido en la reivindicación 1.

De manera similar, la reivindicación de un programa informático puede redactarse así:

3. Un programa informático que comprende las instrucciones que, al ejecutar el programa mediante una computadora, provocan que la computadora lleve a cabo el método definido en la reivindicación 1.

Este tipo de referencias a otra reivindicación también se utiliza en el ámbito farmacéutico cuando se prevén varios tipos distintos de reivindicaciones, por ejemplo, relativas a un nuevo compuesto químico, a una composición farmacéutica que comprende ese compuesto y a un método para fabricar el compuesto.

Ejemplo[26]

Reivindicación 1. Un compuesto con la fórmula:

en el cual

- R1 se selecciona del grupo consistente en H, alquilo C1-C3, cicloalquilo C3-C5 y C1-C3 perfluoroalquilo;
- R2 es...; R3 es...; R4 es...; R5 es...; R6 es...; y
- R7 y R8 son, independientemente, H, alquilo C1-C4 (alcoxi C1-C3) alquilo C2-C4 o hidroxialquilo C2-C4;
- y las sales farmacéuticas correspondientes.

Reivindicación 2.	El compuesto que se reivindica en la reivindicación 1, en el que R1 se selecciona del grupo consistente en H, metilo y etilo; R2 es alquilo C1C3; [...].
Reivindicación 3.	El compuesto reivindicado en la reivindicación 2, en el que R1 es metilo; R2 es npropilo; [...]
Reivindicación 4.	El compuesto que se reivindica en la reivindicación 3 en el que se selecciona uno de entre [siete denominaciones químicas sistemáticas]; y sus sales farmacéuticamente aceptables.
Reivindicación 5.	*Una composición farmacéutica* que comprende un compuesto con la fórmula (I) o la sal farmacéuticamente aceptable definidas en una de las reivindicaciones 1 a 4, junto con un diluyente o soporte farmacéutico.
Reivindicación 6.	Un *compuesto* con la fórmula (I) o la sal farmacéuticamente aceptable *definidos en una de las reivindicaciones 1 a 4, para uso* médico.
Reivindicación 7.	Un compuesto con la fórmula (I) o una sal farmacéuticamente aceptable *definidos en una de las reivindicaciones 1 a 4*, para la fabricación de un medicamento para el tratamiento de la angina, la hipertensión y...

En este caso, las reivindicaciones 1 a 4 se refieren a compuestos con determinadas fórmulas "y sus sales farmacéuticamente aceptables". La reivindicación 5, que consiste en una composición farmacéutica, hace referencia a las características de "una de las reivindicaciones 1 a 4". Ello significa que a la reivindicación individual 5 se incorporan las características de todas las reivindicaciones del grupo 1 a 5 mediante una referencia múltiple. De modo similar, al utilizar una referencia múltiple a las reivindicaciones 1 a 4, la reivindicación 6 abarca el primer uso médico del compuesto y la reivindicación 7, un segundo uso médico.

Al hacer referencia a las características de reivindicaciones múltiples, el número total de reivindicaciones se reduce considerablemente.

Figura 3: Alcance de las reivindicaciones 1, 2 y 3 y sus formas de realizar la invención

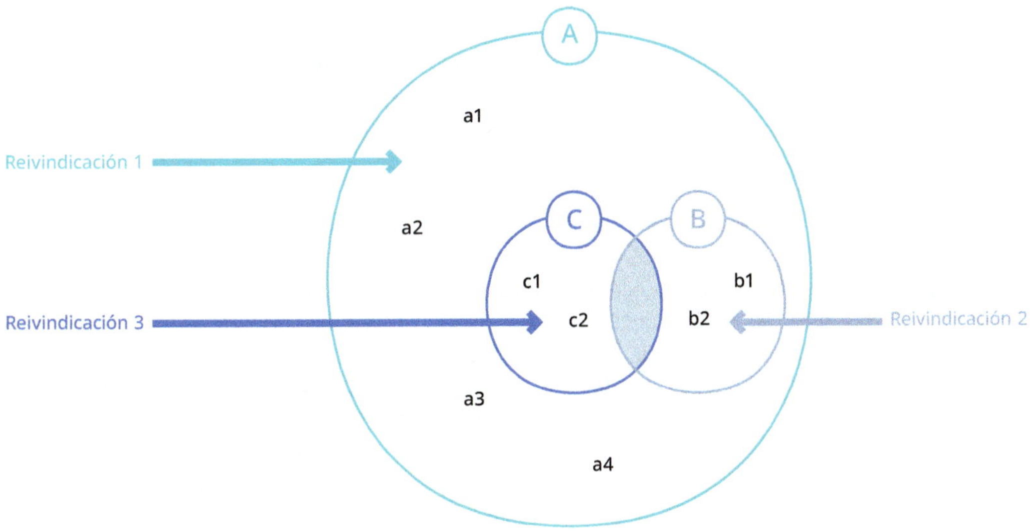

En algunas jurisdicciones, como la OEP, si el proceso reivindicado da como resultado un producto definido por una reivindicación de producto que es patentable, no es necesario efectuar un examen aparte de la novedad y la no evidencia de la reivindicación de proceso, siempre que todas las características del producto definidas en la reivindicación de producto deriven inevitablemente del proceso reivindicado. Esto también se aplica a las reivindicaciones centradas en el uso de un producto, cuando este es patentable y se utiliza con las características reivindicadas. En todos los demás casos, la patentabilidad de la reivindicación a la que se hace referencia no implica necesariamente que la reivindicación independiente que contiene la referencia sea patentable (véase también la sección 12 del módulo VI para obtener más información sobre el punto de vista de las reivindicaciones).

3.5 Conjuntos de reivindicaciones basados en la teoría de conjuntos

Como se ha señalado en la sección 1.1 del módulo IV, las reivindicaciones marcan los límites de un ámbito de materia técnica para el que se solicita protección por patente, del mismo modo que un vallado delimita el terreno de un inmueble protegido por la propiedad privada. Actualmente, en la mayor parte de las oficinas de patentes se sigue una doctrina de "reivindicación periférica", según la cual las reivindicaciones establecen las fronteras exteriores o los límites del alcance de la materia protegida.

Para ilustrar esta idea, a continuación se observan tres reivindicaciones con distintos alcances.

Ejemplo

Reivindicación 1. Una taza con un asa.
Reivindicación 2. Una taza que tiene un asa y está hecha de arcilla.
Reivindicación 3. Una taza con un asa, que además comprende una cuchara unida al asa de forma desmontable.

En la figura 3, toda el área rodeada por la curva cerrada de color rojo (conjunto A) representa el alcance de la reivindicación 1. La reivindicación 1 se refiere a cualquier taza que tenga un asa, independientemente de su material, su forma u otros elementos adicionales.

El área rodeada por la curva cerrada de color morado (conjunto B) muestra el alcance de la reivindicación 2. Dado que la reivindicación 2 es un tipo determinado de la taza definida en la reivindicación 1 (es decir, es de arcilla), el conjunto B está circunscrito en el área del conjunto A.

De modo similar, el área rodeada por la curva verde (conjunto C) representa el alcance de la reivindicación 3.

El área con líneas azules, en la que se superponen los conjuntos A, B y C, representa una taza que cuenta con todos los elementos (limitaciones) de las reivindicaciones 1, 2 y 3. En el lenguaje de las reivindicaciones, esta área puede expresarse de la siguiente manera:

Reivindicación 4. Una taza que tiene un asa, está hecha de arcilla y comprende además una cuchara unida al asa de forma desmontable.

Las formas de realizar la invención están representadas mediante los códigos a1, a2, b1, c1, etc. Por ejemplo, las formas a1 a a4 pertenecen al área del conjunto A, pero no a las de los conjuntos B y C. Es decir, las formas de realizar la invención a1 a a4 son tazas con un asa, pero *ni están* limitadas a la idea de una taza de arcilla ni se restringen a una taza con un asa y una cuchara unida al asa de forma desmontable. Por ejemplo, la forma de realizar la invención a1 puede ser una taza con un asa de metal que cuente con una capa de aislamiento en la superficie interior de la taza (y que carezca de cuchara unida al asa). Asimismo, la forma de realizar la invención a2 puede ser una taza de madera (sin cuchara unida al asa). Igualmente, la forma de realizar la invención b1 puede consistir en cualquier taza de arcilla con un asa, pero sin una cuchara unida al asa (puesto que la forma de realizar la invención b1 está fuera del área del conjunto C).

La figura 3 es un ejemplo de diagrama de Venn, que se emplea en la teoría de conjuntos para representar todas las relaciones lógicas posibles entre distintos conjuntos. Estas relaciones entre las reivindicaciones, por ejemplo, entre una reivindicación independiente y una dependiente o entre una reivindicación y sus formas de realizar la invención, pueden explicarse mediante la teoría de conjuntos.

Representación de las relaciones entre una reivindicación independiente y varias reivindicaciones dependientes

De conformidad con la teoría de conjuntos, un *conjunto* es una colección o agregado de elementos individuales (denominados "miembros") que pertenecen al conjunto. Un conjunto puede definirse en una frase como "las personas presentes en esta aula". El conjunto de *todos* los elementos estudiados en cualquier contexto se denomina "conjunto universal" de este tipo concreto de elementos (todas las personas del mundo, por ejemplo).

Cabe señalar que una frase definitoria no es una proposición o declaración completa en la que se afirme o se niegue algo (el predicado) sobre algo o alguien (el sujeto), como sería la oración "a las personas presentes en esta aula les interesa la redacción de solicitudes de patente". Las declaraciones son verdaderas o falsas, pero las *frases definitorias* simplemente definen un conjunto de miembros y no son ni verdaderas ni falsas por sí mismas.

En la terminología de conjuntos, *las reivindicaciones de patentes son frases definitorias de un área (ámbito) de materia técnica* dentro de un universo técnico determinado. La materia técnica puede tener una naturaleza y una amplitud muy diversa (entidades electromecánicas y químicas, cuestiones biológicas, procesos para la obtención de productos, métodos industriales para realizar algo, etc.).

Figura 4: **Alcances de la reivindicación independiente 1 y las reivindicaciones dependientes 2 y 3**

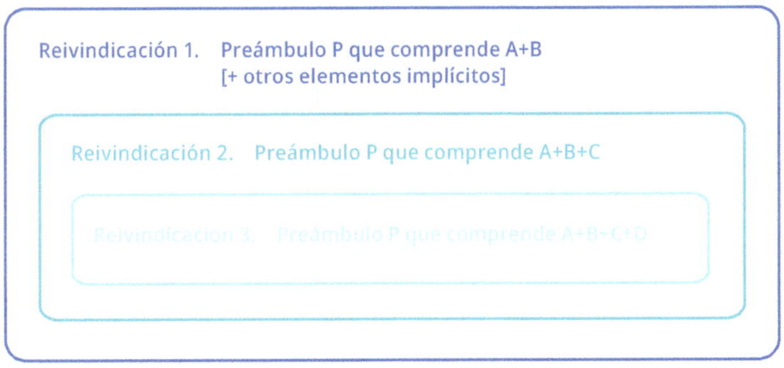

Por motivos didácticos, el alcance de los conjuntos se suele representar mediante una superficie cerrada, normalmente, un círculo o una elipse (como en el diagrama de Venn). De forma análoga, el alcance de una reivindicación (es decir, el área que equivale a la materia reivindicada) puede representarse mediante una superficie cerrada, si bien lo más frecuente es utilizar un rectángulo, como en la figura 4. El conjunto *universal* no se muestra en estos esquemas, sino que se determina mediante la formulación del *preámbulo de la reivindicación.*

El conjunto A2 es un subconjunto del A1 (es decir, A1 contiene A2) si cada uno de los miembros de A2 también es miembro de A1. Esto se representa mediante "A2 $\subset$ A1", donde la letra griega épsilon ($\subset$) significa "pertenencia". En particular, si A2 está contenido completamente en A1 y A2 no puede tener el mismo alcance que A1, A2 es un subconjunto de A1, lo cual se representa mediante "A2 $\subset$ A1". Como se explica más adelante, cuando el alcance de una reivindicación de patente (A2) sea un subconjunto de otra reivindicación (A1), se dice que *la reivindicación A2 pende de la reivindicación A1.*

Según la teoría de conjuntos, si A2 $\subset$ A1 y A3 $\subset$ A2, entonces A3 $\subset$ A1. En cuanto a las reivindicaciones de patente, si la reivindicación 2 pende de la reivindicación 1 y la reivindicación 3 pende de la 2, la reivindicación 3 pende de la 1 (como se muestra en la figura 4).

En el grupo de reivindicaciones representado en la figura 4, la reivindicación 1 es la única *independiente*, porque es la única que no pende de ninguna otra reivindicación precedente.

La reivindicación 2 pende de la 1 y la reivindicación 3, de la 2. Lógicamente, la reivindicación 3 también pende de la 1, porque su alcance es asimismo un subconjunto del alcance de la reivindicación 1.

La dependencia de una reivindicación respecto de otra viene determinada por las respectivas materias reivindicadas y por la existencia de referencias de unas a otras. En el grupo de reivindicaciones representado en la figura 4, la reivindicación 3 está *redactada en un formato de reivindicación dependiente individual*, y su reivindicación de base es la 2. La reivindicación 2 también es de carácter dependiente individual, y su reivindicación de base es la 1. Por último, la reivindicación 1 *es independiente*. En la figura 4 no se refleja la posibilidad de que una reivindicación dependiente pueda estar *redactada en formato dependiente múltiple* con *varias* reivindicaciones de base. Dicho de otro modo, la figura 4 muestra únicamente el alcance de la materia cubierta por cada una de las reivindicaciones, pero no refleja necesariamente el formato en el que están redactadas.

A partir de una relación de dependencia entre tres reivindicaciones individuales, como se muestra en la figura 4, a continuación se analiza un conjunto de reivindicaciones más complejo.

La figura 5 muestra la misma cadena de dependencia que la figura 4 relativa a las reivindicaciones 1 a 3, pero en ella se añaden otras tres reivindicaciones dependientes (4 a 6), cuyos alcances no se superponen, es decir, cuyas materias son mutuamente exclusivas. Esta situación en ocasiones se denomina "pirámide de dependencia" y, en este caso, el vértice de la pirámide es la reivindicación 3. En las figuras 4 y 5, la reivindicación 1 es la *única independiente*, porque es la única que no pende de ninguna otra reivindicación precedente.

En el ejemplo concreto de la figura 5, los alcances de las reivindicaciones 4 a 6 derivan de tres alternativas separadas de un elemento D, definido en la reivindicación 3 en forma de grupo Markush, por ejemplo, mediante la expresión "D es un elemento seleccionado del grupo consistente en D1, D2 y D3" o, sencillamente, con la expresión "donde el elemento D es D1, D2 o D3". Cuando un elemento específico (por ejemplo, D1) es una selección de otro elemento más amplio (D es un término más general o un grupo Markush, como en el ejemplo), puede indicarse el símbolo del subconjunto ($\subset$) para indicar la relación de selección (D1 $\subset$ D).

Figura 5: Alcances de la reivindicación independiente 1 y las reivindicaciones dependientes 2 a 6

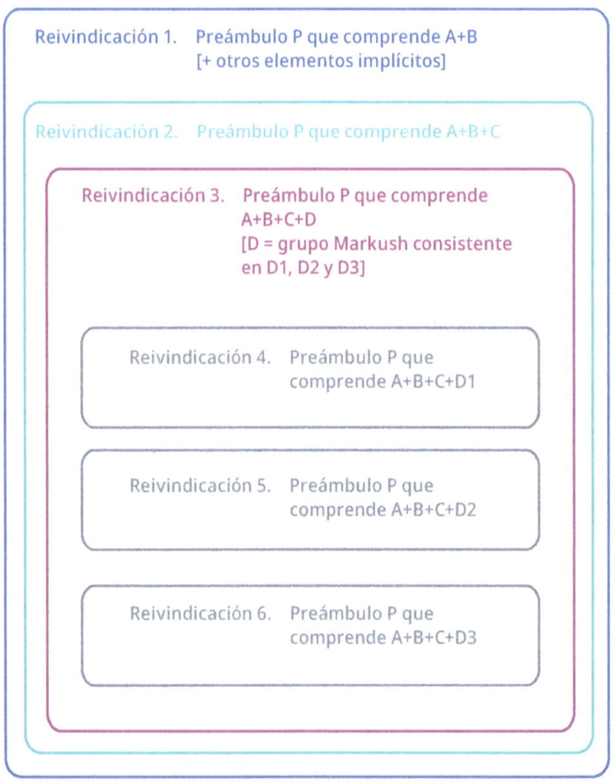

La figura 6 muestra una situación diferente de la de las figuras 4 y 5. En la figura 6, la reivindicación 1 es de nuevo la única independiente. Las reivindicaciones 2 a 4 penden de la reivindicación 1 y, conjuntamente, forman un grupo de dependencia. Teniendo en cuenta los alcances respectivos, las reivindicaciones 1, 2 y 4 forman una cadena de dependencia. Las reivindicaciones 1, 3 y 4 forman otra cadena de dependencia.

En la figura 6 se muestra que la reivindicación 3 solo pende de la 1, y que las reivindicaciones 2 y 3 no tienen una relación de dependencia entre ellas, es decir, ni la reivindicación 3 depende de la 2 ni la 2 depende de la 3. No obstante, los alcances de las reivindicaciones 2 y 3 se superponen parcialmente, porque el ámbito de la reivindicación 4 es un subconjunto de los alcances respectivos de las reivindicaciones 2 y 3. Desde la perspectiva de la redacción de reivindicaciones, la reivindicación 4 puede pender tanto de la reivindicación 2 como de la 3.

Figura 6: Alcances de la reivindicación independiente 1 y las reivindicaciones dependientes 2, 3 y 4

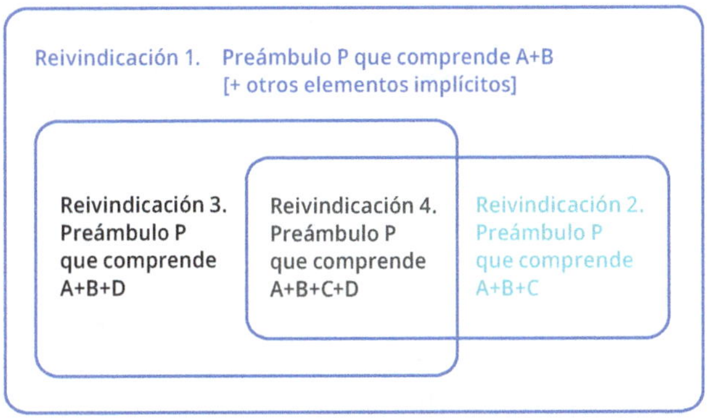

Análisis de la dependencia de las reivindicaciones para contribuir a la evaluación de la validez y de la existencia de infracción

El análisis de las relaciones de dependencia entre las reivindicaciones de patente es de gran ayuda para los examinadores de patentes que evalúan la validez (en particular, la novedad y la actividad inventiva) durante la tramitación de solicitudes de patente y para los jueces cuando se cuestiona la validez de las reivindicaciones ante los tribunales. Este análisis de la dependencia de las reivindicaciones también resulta de utilidad para valorar la existencia de una infracción en las controversias ante los tribunales.

Figura 7: a) Las reivindicaciones 1 a 5 son novedosas; b) las reivindicaciones 1 a 3 no son novedosas, pero la 4 y la 5 sí lo son

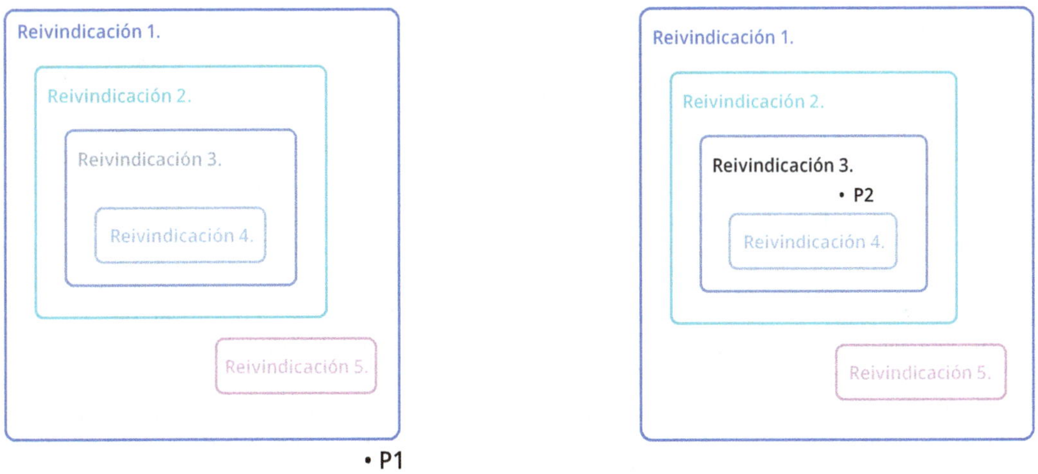

Para comenzar el análisis, se separan los distintos grupos de dependencia (o una cadena de dependencia) que están formados, cada uno de ellos, por una reivindicación independiente individual y todas las reivindicaciones que penden de ella. A continuación, se examina cada grupo de dependencia por separado. A modo de ejemplo ilustrativo, cabe considerar el grupo de dependencia formado por las reivindicaciones 1 a 5, cuyos ámbitos se reflejan de forma esquemática en las figuras 7.a) y 7.b). La reivindicación 1 es la única reivindicación independiente de cada figura. Las reivindicaciones 1 a 4 se estructuran como una cadena de dependencia individual, en la que el alcance de una reivindicación abarca el alcance de las reivindicaciones subsiguientes de la cadena, y la reivindicación 4 es la que tiene el alcance más restringido. El alcance de la reivindicación 5 no se superpone con el alcance de la reivindicación 2 y, por lo tanto, tampoco con los de las reivindicaciones 3 y 4.

En primer lugar, se examina la evaluación de la novedad, que requiere comparar el alcance de la reivindicación con un elemento del estado de la técnica. En las figuras 7.a) y 7.b), la referencia del estado de la técnica (P1 y P2, respectivamente) está representada por un pequeño punto. Por ejemplo, la figura 7.a) muestra la situación en la que la referencia del estado de la técnica P1 queda fuera del alcance de la reivindicación independiente (reivindicación 1). Esto significa que la reivindicación independiente es novedosa respecto de la referencia del estado de la técnica P1.

En esta situación, la evaluación de la validez de las reivindicaciones está extremadamente simplificada, puesto que, por definición, puede concluirse que el resto de las reivindicaciones de las cadenas de dependencia de la reivindicación 1 (las reivindicaciones 2 a 5) también son novedosas con respecto de la referencia del estado de la técnica P1. Si se puede llegar a la misma conclusión con todos los elementos del estado de la técnica hallados en la búsqueda, puede concluirse que todas las reivindicaciones del grupo 1 a 5 son novedosas.

En la figura 7.b) se representa la situación en la que la referencia del estado de la técnica P2 se enmarca en el alcance de la reivindicación 3, que también está dentro de los alcances de las reivindicaciones 1 y 2, pero fuera del de la reivindicación 4. Ello significa que las reivindicaciones 1, 2 y 3 son inválidas por falta de novedad con respecto de la referencia del estado de la técnica P2, mientras que la reivindicación 4 es válida. La referencia del estado de la técnica P2 también está fuera del alcance de la reivindicación 5, por lo que esta también se considera novedosa. Se debe proceder con precaución para no llegar a la conclusión (errónea) de que la invalidez de una reivindicación independiente implica necesariamente que todas las reivindicaciones que penden de ella también son inválidas. Este es un error frecuente entre las personas no expertas. Asimismo, el hecho de que la reivindicación 4 sea novedosa no significa que sea válida, puesto que también deben cumplirse otros criterios de patentabilidad, como el requisito de actividad inventiva.

A continuación, se examina la valoración de la existencia de infracción literal de una patente con los grupos de dependencia que se muestran en las figuras 8.a) y 8.b). Supóngase que todas las reivindicaciones se consideran válidas. Una declaración de la existencia de infracción de una patente conlleva realizar dos apreciaciones, a saber:

i) que se haya cometido al menos un acto prohibido de los contemplados en las disposiciones legales sobre infracción de patentes (por ejemplo, la fabricación, la utilización o la venta de la invención reivindicada sin el consentimiento del titular de la patente), hecho que se supone probado en este caso; y
ii) que la "forma presuntamente infractora de realizar la invención" (por ejemplo, el producto vendido por el supuesto infractor) asociada con ese acto prohibido recaiga dentro del alcance de al menos una reivindicación válida de la patente, decisión que conlleva comparar los alcances de la reivindicación con la forma presuntamente infractora de realizar la invención.

En la figura 8.a) se representa la situación en la que la forma presuntamente infractora de realizar la invención, del supuesto infractor Q1 (representado por el pequeño punto) no está dentro del alcance de la reivindicación independiente 1. Por consiguiente, no existe infracción de la reivindicación 1. En esta situación, la valoración de la existencia de infracción de otras reivindicaciones se simplifica en gran medida, puesto que, por definición, puede concluirse que no se ha infringido ninguna de las reivindicaciones de la cadena de dependencia encabezada por la reivindicación 1.

En la figura 8.b) se muestra la situación en la que la forma presuntamente infractora de realizar la invención Q2 se enmarca en el alcance de la reivindicación 3. Ello significa que todos los elementos de la reivindicación 3 se encuentran también en la forma presuntamente infractora de realizar la invención Q2. En consecuencia, todos los elementos de las reivindicaciones 1 y 2 están presentes en la forma presuntamente infractora Q2, por lo que se infringen las reivindicaciones 1, 2 y 3. En cambio, dado que la forma presuntamente infractora de realizar la invención Q2 está fuera del alcance de la reivindicación 4, no todos los elementos de esta reivindicación están presentes en Q2, por lo que la reivindicación no se ha infringido. Igualmente, en este ejemplo, Q2 no ha infringido la reivindicación 5. Por lo tanto, se debe proceder con precaución para no llegar a la conclusión (errónea) de que la infracción de la reivindicación independiente implica que se hayan infringido todas las reivindicaciones que penden de ella. Este es otro de los errores frecuentes entre las personas no expertas.

3.6 Ejemplo esquemático de la redacción de un conjunto de reivindicaciones

La redacción de un conjunto de reivindicaciones puede estar influida en gran medida por la información y las ideas de las que disponen los inventores, el estado de la técnica conocido, los intereses empresariales del solicitante y, por último, pero no menos importante, las competencias de redacción y el tiempo disponible de quien redacta la solicitud de patente.

Figura 8: **a) No se observa infracción de las reivindicaciones 1 a 5; b) Se infringen las reivindicaciones 1 a 3, pero no la 4 ni la 5**

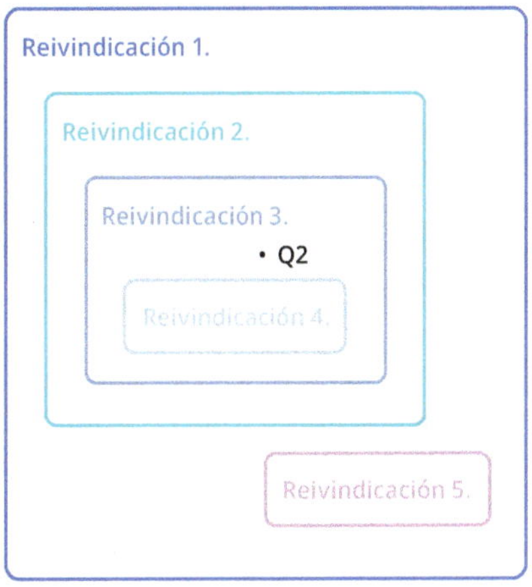

El proceso de redacción suele comenzar con una reunión de intercambio de ideas entre el redactor de la solicitud y el inventor o inventores que se celebra con los objetivos (provisionales) siguientes:

- definir la invención o invenciones;
- seleccionar un tipo de reivindicación para la primera reivindicación independiente (que posteriormente puede complementarse con otras reivindicaciones independientes); y
- escoger un preámbulo adecuado para el grupo de dependencia correspondiente a la reivindicación independiente.

Todo ello debe realizarse teniendo en cuenta las formas específicas de realizar la invención de que se dispone (ejemplos, dibujos, etc.) y el elemento conocido más reciente del estado de la técnica.

En la reivindicación independiente se establecen los *elementos esenciales* de la invención, que son necesarios para lograr el efecto técnico que subyace a la solución del problema técnico al que hace referencia la solicitud (el problema suele derivarse de la descripción). Por lo tanto, la reivindicación independiente debe contener todos los elementos esenciales que se califican de manera explícita en la descripción como necesarios para el funcionamiento esencial de la invención. Para lograr la protección más amplia posible, los elementos esenciales se extenderán en la mayor medida posible que sea razonable, teniendo en cuenta el funcionamiento esencial de la invención y el estado de la técnica.

Debe formularse un argumento (o una estrategia) que fundamente la actividad inventiva de cada una de las reivindicaciones (independientes y dependientes), por ejemplo, no ser evidente o generar una ventaja o efecto inesperado. En las reivindicaciones de producto deben definirse los elementos o características técnicas que generan esa ventaja o efecto, y no la ventaja o efecto en sí mismos. Debe prestarse especial atención para no redactar una reivindicación que sea un "simple desiderátum" (es decir, la declaración de un resultado sin mencionar cómo se logra).

Las reivindicaciones dependientes se referirán a *formas más concretas de realizar la invención*, es decir, una divulgación de la invención más específica que la establecida en la reivindicación independiente. Si la reivindicación independiente es novedosa, por definición todas sus reivindicaciones dependientes lo serán. Sin embargo, algunas reivindicaciones dependientes deben redactarse a modo de "posturas alternativas" por si se da la situación de que, durante la tramitación (o en caso de litigio), se considere que la reivindicación independiente no es novedosa o carece de actividad inventiva. Por lo tanto, en la fase de intercambio de ideas, es primordial establecer el *orden de importancia* para el solicitante de los distintos elementos de la invención (esenciales y no esenciales), teniendo en cuenta los requisitos de patentabilidad, el contexto comercial y empresarial y las posibilidades de hacer valer la patente en el futuro (en el ejemplo esquemático que se presenta a continuación, el orden de importancia de los elementos se representa mediante el orden alfabético de los símbolos).

Al considerar un elemento definido por un término para referirse a una forma preferida de realizar la invención (por ejemplo, A11), el redactor de la patente —con la ayuda del inventor— debe pensar en términos más amplios que, aunque sean menos conocidos, pueden ser útiles para redactar reivindicaciones más amplias (por ejemplo, $A11 \subset A1 \subset A$). El redactor de la solicitud de patente y el inventor también deben pensar en otros elementos que una persona experta en la materia consideraría claramente equivalentes técnicos en el contexto de la invención. En ocasiones, introducir elementos alternativos en un grupo Markush puede ayudar a redactar reivindicaciones más amplias, y siempre se debe tener presente la posibilidad de ampliar el alcance mediante la sustitución de un elemento estructural por uno funcional (por ejemplo, con una terminología más amplia).

En general, para cada elemento seleccionado o añadido se redacta una reivindicación dependiente. Ahora bien, en algunos casos —como en las fórmulas Markush— se seleccionan simultáneamente varios elementos, por ejemplo, valores químicos radicales (véase la sección 2.3 del presente módulo). Las reivindicaciones dependientes que añaden un elemento seleccionado de un grupo o que caracterizan un elemento pueden pender únicamente de las reivindicaciones precedentes en las que se establece un *antecedente* de dicho elemento. Las reivindicaciones dependientes en las que se agrega un elemento añadido no necesitan un antecedente, sino que pueden pender de cualquiera de las reivindicaciones precedentes del grupo y pueden (no necesariamente deben) tener una dependencia múltiple de varias o todas las reivindicaciones precedentes.

En las cadenas de dependencia, pueden añadirse elementos sucesivamente en orden de importancia decreciente.

A partir de estas ideas generales, a continuación se analiza un ejemplo (no necesariamente el mejor) de un método esquemático de redactar un único grupo de dependencia de reivindicaciones.

Este grupo de reivindicaciones se incluirá en la primera solicitud de patente desde la que se reivindica la prioridad en la solicitud PCT posterior presentada ante la OEP, que entre en las fases nacional y regional en China, el Japón, la República de Corea, los Estados Unidos de América y la propia OEP.

Ejemplo

Tras una fase de intercambio de ideas, el inventor y el redactor de la solicitud han extraído las conclusiones siguientes:

i) La expresión "un dispositivo para escribir" es adecuada para designar la materia reivindicada.
ii) Los inventores han elaborado un prototipo, "un dispositivo para escribir que comprende A11, B11, C1, D, E y F", que se divulgará en detalle en la

sección de la *descripción de las formas de realizar la invención* de la solicitud de patente (probablemente, acompañado de dibujos, si se trata de una invención electromecánica).

iii) Solo los elementos A11, B11 y C1 (como tal o ampliados) del prototipo se consideran elementos esenciales de la invención.

iv) El orden de importancia del resto de elementos del prototipo es D > E > F (lo cual significa que D es el más importante y que la importancia decrece de E a F, que es el menos importante). Si bien no se incluye en el prototipo, el elemento G también es interesante, pero es menos importante que el elemento F.

v) Los elementos con dos alternativas mutuamente exclusivas (H1 y H2) se consideran útiles para diferenciar dos sectores del mercado.

vi) El elemento conocido más reciente del estado de la técnica es un documento que divulga "un dispositivo para escribir que comprende A11 y B11".

vii) De los tres elementos esenciales del prototipo, se obtiene un fundamento más sólido si se amplía la terminología de A11 a A1 y de A1 a (A11 $\subset$ A1 $\subset$ A).

viii) Existe un verdadero fundamento para ampliar la terminología de B11 a B1 y de B1 a B (B11 $\subset$ B1 $\subset$ B)

ix) Es razonable pensar que una persona experta en la materia consideraría que el elemento C1 del prototipo es equivalente a C2, C3 y C4, en el que se hace un uso razonable de un grupo Markush consistente en los cuatro elementos.

A partir de estas premisas, se redacta directamente la siguiente reivindicación independiente:

[Formato estándar]

Reivindicación 1. Dispositivo para escribir que comprende:

- el elemento A;
- el elemento B; y
- el elemento C seleccionado del grupo consistente en C1, C2, C3 y C4.

La reivindicación 1 está redactada en el formato estándar.

En función de cada caso, los examinadores de la OEP pueden exigir que la reivindicación 1 se redacte en el formato de dos partes. Habida cuenta de que "un dispositivo para escribir que comprende A11 y B11" forma parte del estado de la técnica, la reivindicación 1 debería redactarse de la siguiente forma:

[Formato de dos partes]

Reivindicación 1. Un dispositivo para escribir que comprende: el elemento A; y el elemento B; y que se caracteriza por contener además el elemento C seleccionado del grupo consistente en C1, C2, C3 y C4.

Independientemente del formato que se utilice en la reivindicación 1 y antes de redactar las reivindicaciones dependientes que agregan elementos *adicionales*, el redactor de la solicitud de patente recomienda incorporar posturas alternativas, es decir, reivindicaciones dependientes que añaden elementos seleccionados de entre los elementos más amplios de la reivindicación 1.

En este caso, la adición de los valores seleccionados seguirá el orden A > B > C (es decir, el orden de importancia de los elementos), habida cuenta del distinto grado de fundamento en la ampliación respectiva de los elementos del prototipo A11, B11 y C1. En consecuencia, las dos primeras reivindicaciones dependientes serán las siguientes:

Reivindicación 2. El dispositivo para escribir conforme a la reivindicación 1 en el que A es A1.

Reivindicación 3. El dispositivo para escribir conforme a la reivindicación 2 en el que A1 es A11.

Hasta ahora, las reivindicaciones 1 a 3 forman una cadena de dependencia con una dependencia individual, como se recomienda cuando se añaden elementos sucesivos seleccionados.

Sin embargo, cuando se añade un elemento adicional a las reivindicaciones dependientes que se presentan a continuación, en la OEP se recomienda encarecidamente redactar la reivindicación en el formato de dependencia múltiple, por los motivos explicados en la sección 3.3 del presente módulo. En consecuencia, las reivindicaciones 4 a 6 serán las siguientes:

Reivindicación 4. El dispositivo para escribir conforme a una de las reivindicaciones 1 a 3 en el que B es B1.
Reivindicación 5. El dispositivo para escribir conforme a la reivindicación 4 en el que B1 es B11.
Reivindicación 6. El dispositivo para escribir conforme a una de las reivindicaciones 1 a 5 en el que C es C1.

A continuación se redactan las reivindicaciones que añaden el resto de los elementos en orden de importancia (D > E > F > G), y al final se establecen las dos alternativas mutuamente exclusivas, H1 y H2:

Reivindicación 7. El dispositivo para escribir conforme a una de las reivindicaciones 1 a 6, que además comprende el elemento D.
Reivindicación 8. El dispositivo para escribir conforme a una de las reivindicaciones 1 a 7, que además comprende el elemento E.
Reivindicación 9. El dispositivo para escribir conforme a una de las reivindicaciones 1 a 8, que además comprende el elemento F.
Reivindicación 10. El dispositivo para escribir conforme a una de las reivindicaciones 1 a 9, que además comprende el elemento G.
Reivindicación 11. El dispositivo para escribir conforme a una de las reivindicaciones 1 a 10, que además comprende el elemento H1.
Reivindicación 12. El dispositivo para escribir conforme a una de las reivindicaciones 1 a 10, que además comprende el elemento H2.

El conjunto de reivindicaciones tiene 12 reivindicaciones numeradas (tres por debajo del límite permitido por la OEP en el momento de escribir estas líneas sin que se exija una tasa añadida por las reivindicaciones), pero un sencillo cálculo pone de manifiesto que el conjunto abarca en realidad un total de 844 reivindicaciones.

El conjunto de reivindicaciones del ejemplo será adecuado para la OEP y para las oficinas de patentes que permiten múltiples dependencias de reivindicaciones dependientes múltiples, lo cual no se admite en la USPTO.

Antes de que la solicitud internacional en virtud del PCT que contiene el conjunto de reivindicaciones señalado entre en la fase nacional en los Estados Unidos de América, el solicitante debe aprovechar la oportunidad que brinda el PCT[27] para modificar las reivindicaciones a fin de ajustarlas a los requisitos nacionales. Conviene tener sumo cuidado al redactar un conjunto de reivindicaciones adecuado para la USPTO. Si esta tarea no la realiza la misma persona que redactó la solicitud en virtud del PCT, se debe dar al nuevo redactor instrucciones específicas sobre los detalles subyacentes al conjunto original de reivindicaciones. Al poner la solicitud en manos de otro experto en patentes, se corre el riesgo de que simplemente elimine todas las dependencias múltiples y sustituya todas las reivindicaciones que contienen "conforme a una de las reivindicaciones 1 a x" por reivindicaciones con la expresión "conforme a la reivindicación 1", lo cual constituiría una *pirámide de dependencia* cuyo vértice sería la reivindicación 1. Como se explicó en la sección 3, por lo general no se recomienda emplear esta estructura de pirámide, porque no ofrece posturas alternativas adecuadas si se determina que la reivindicación 1, en el vértice, no es novedosa.

A partir del último ejemplo, a continuación se examina un método sistemático (no necesariamente el mejor) para adaptar las reivindicaciones redactadas originalmente en el estilo de la OEP (formato de dos partes) a los grupos de dependencia con arreglo al estilo de la USPTO.

Ejemplo

En la primera situación, las reivindicaciones originales 1 a 3 también son adecuadas para la USPTO, puesto que no tienen dependencia múltiple.

En cambio, las reivindicaciones originales 4 y 6 a 12 *sí* están escritas en formato dependiente múltiple.

Para descomponer las dependencias múltiples y transformarlas en dependencias individuales adecuadas, quien redacta la solicitud ha de preparar:

i) cadenas de dependencia con el significado más amplio de los elementos;
ii) cadenas de dependencia con el significado más restrictivo de los elementos; y
iii) reivindicaciones con el significado intermedio de los elementos, siempre que el número total de reivindicaciones siga siendo razonable (idealmente, no debe superar las 20 reivindicaciones, para evitar la tasa añadida pagadera a partir de la vigésima reivindicación).

En este ejemplo concreto, las etapas i) y ii) son suficientes para redactar las siguientes 20 reivindicaciones adecuadas para la USPTO ("reivindicación estadounidense").

En primer lugar, la etapa i) resultaría en las siguientes reivindicaciones:

Reivindicaciones estadounidenses 1 a 3	= reivindicaciones 1 a 3 en el estilo de la OEP en formato estándar.
Reivindicación estadounidense 4.	El dispositivo para escribir *conforme a la reivindicación 1* en el que *el elemento B es B1.*
Reivindicación estadounidense 5.	El dispositivo para escribir conforme a la reivindicación 4 en el que el elemento B es B11.
Reivindicación estadounidense 6.	El dispositivo para escribir *conforme a la reivindicación 1* en el que el elemento C es C1.
Reivindicación estadounidense 7.	El dispositivo para escribir *conforme a la reivindicación 1*, que además comprende el elemento D.
Reivindicación estadounidense 8.	El dispositivo para escribir conforme a la reivindicación 7, que además comprende el elemento E.
Reivindicación estadounidense 9.	El dispositivo para escribir conforme a la reivindicación 8, que además comprende el elemento F.
Reivindicación estadounidense 10.	El dispositivo para escribir conforme a la reivindicación 9, que además comprende el elemento G.
Reivindicación estadounidense 11.	El dispositivo para escribir conforme a la reivindicación 10, que además comprende el elemento H1.
Reivindicación estadounidense 12.	El dispositivo para escribir conforme a la reivindicación 10, que además comprende el elemento H2.

En segundo lugar, la etapa ii) resultaría en lo siguiente:

Reivindicación estadounidense 13.	El dispositivo para escribir conforme a la reivindicación 3 en el que el elemento B es B11.
Reivindicación estadounidense 14.	El dispositivo para escribir conforme a la reivindicación 13 en el que el elemento C es C1.

Reivindicación estadounidense 15.	El dispositivo para escribir conforme a la reivindicación 14, que además comprende el elemento D.
Reivindicación estadounidense 16.	El dispositivo para escribir conforme a la reivindicación 15, que además comprende el elemento E.
Reivindicación estadounidense 17.	El dispositivo para escribir conforme a la reivindicación 16, que además comprende el elemento F.
Reivindicación estadounidense 18.	El dispositivo para escribir conforme a la reivindicación 17, que además comprende el elemento G.
Reivindicación estadounidense 19.	El dispositivo para escribir conforme a la reivindicación 18, que además comprende el elemento H1.
Reivindicación estadounidense 20.	El dispositivo para escribir conforme a la reivindicación 18, que además comprende el elemento H2.

Cabe señalar que la reivindicación estadounidense 4 pende de la reivindicación más amplia de las tres primeras (la reivindicación 1) y añade el elemento B1, el elemento más amplio seleccionado de B, mientras que la reivindicación estadounidense 13 pende de la reivindicación más restrictiva de las tres primeras (la reivindicación 3) y añade el elemento B11, el elemento más restrictivo seleccionado de B. En consecuencia, la reivindicación estadounidense 6 pende de la reivindicación más amplia (la reivindicación 1), mientras que la reivindicación estadounidense 14 depende de la 13, que tiene un alcance restringido, y ambas añaden el elemento seleccionado C1. La reivindicación estadounidense 7, que añade el elemento adicional D, pende de la reivindicación más amplia (la 1), por lo que las reivindicaciones estadounidenses 8 a 12, todas ellas subordinadas a la 7, tienen un alcance amplio. Sin embargo, la reivindicación estadounidense 15, mediante la que se añade el elemento adicional D, pende de la reivindicación estadounidense 14, más restrictiva, que hace referencia a la reivindicación 13, la cual, a su vez, pende de la reivindicación más restrictiva de las tres primeras (la 3). En consecuencia, las reivindicaciones estadounidenses 15 a 20, todas ellas subordinadas a la reivindicación estadounidense 14, tienen un alcance restringido.

Con este conjunto de 20 reivindicaciones y en virtud de la práctica estadounidense relativa a las modificaciones y a la adición de materia, es probable que la USPTO acepte, por medio de modificaciones, toda reivindicación que tenga un alcance entre el de la reivindicación estadounidense 1 (la más amplia) y las 19 y 20 (las más restrictivas).

Palabras clave

- reivindicación
- invención
- forma de realizar la invención
- reivindicaciones de alcance amplio y restringido
- regla de todos los elementos
- preámbulo
- frase de transición
- cuerpo de la reivindicación
- elemento
- limitación
- puntuación de la reivindicación
- antecedente
- reivindicación de dos partes
- elementos alternativos
- reivindicación de tipo Markush
- elemento funcional
- reivindicación de medio más función

- reivindicación independiente
- reivindicación dependiente
- reivindicación dependiente múltiple

Autoevaluación:

- ☐ Señale la distinción entre una invención y una forma de realizar la invención.
- ☐ ¿En qué parte de la patente se define el alcance de la protección otorgada por una patente?
- ☐ ¿Por qué quien redacta la solicitud de patente podría desear incluir tanto reivindicaciones amplias como restrictivas?
- ☐ Mencione las tres partes de una reivindicación y explique cada una de ellas.
- ☐ ¿Cuál es la diferencia entre una frase de transición abierta y una cerrada?
- ☐ Una reivindicación de patente puede consistir simplemente en una lista de partes (de la invención) sin relación aparente entre ellas. ¿Verdadero o falso?
- ☐ Explique qué constituye un antecedente adecuado respecto de una reivindicación de patente.
- ☐ Una reivindicación dependiente puede pender de otra reivindicación, que puede ser independiente o dependiente. ¿Verdadero o falso?
- ☐ ¿Qué es una reivindicación dependiente múltiple?
- ☐ ¿Qué es una reivindicación dependiente múltiple subordinada a otra del mismo tipo?
- ☐ ¿Qué es una reivindicación de tipo Markush?
- ☐ ¿Qué es una reivindicación de medio más función?

Módulo V
Tipos de reivindicaciones

En el contexto de numerosas invenciones, es necesario emplear reivindicaciones de más de una categoría para lograr una protección por patente integral. En la presente sección se estudian algunos de los distintos tipos de categorías de reivindicaciones que el redactor de una solicitud puede preparar para un cliente que desea obtener la cobertura más completa posible.

1. Tipos básicos de reivindicaciones

En ocasiones se afirma que solo existen dos tipos básicos de reivindicaciones, a saber, las relativas a una entidad física (un producto, un aparato) y las relativas a una actividad (un proceso, un uso).

Algunos ejemplos de *reivindicación de producto* son los siguientes:

- "Mecanismo de dirección que contiene un circuito de retroalimentación automático...".
- "Prenda tejida que comprende...".
- "Insecticida que consiste en X, Y, Z".
- "Sistema de comunicación que comprende una pluralidad de estaciones transmisoras y receptoras".

Las reivindicaciones de proceso se aplican a todo tipo de actividades que llevan implícito el uso de un determinado producto material para llevar a cabo el proceso. La actividad puede realizarse en relación con productos materiales, energía, otros procesos (como en los procesos de control) o seres vivos.

1.1 Reivindicaciones de producto

Las reivindicaciones de producto se refieren a:

i) sustancias o composiciones (por ejemplo, un compuesto químico o una mezcla de compuestos); o
ii) entidades físicas (por ejemplo, un aparato, un artículo, un objeto, un dispositivo, una máquina o un sistema en el que cooperan más de un aparato).

En la legislación de los Estados Unidos de América, las primeras se denominan "composiciones de sustancias" y las segundas, "máquinas y manufactura".

Por ejemplo, una reivindicación en la que se describa un trípode para una cámara o una manivela para ventanas es una reivindicación de producto relativa a una entidad física. Por motivos de brevedad, la denominaremos "reivindicación de aparato". Al redactar una reivindicación de aparato, quien redacte la solicitud de patente en primer lugar preparará un preámbulo en el que se mencione de qué aparato se trata y, en ocasiones, qué hace. A continuación, se enumerarán los elementos esenciales de la invención, es decir, aquellos necesarios para que el dispositivo inventivo funcione en su forma más básica (la esencia de la invención). La novedad de la invención reside en esos componentes esenciales.

Por lo general, se infringe una reivindicación de producto cuando un tercero no autorizado por el titular de la patente fabrica, utiliza, ofrece a la venta, vende o importa con estos fines el producto cubierto por la reivindicación.

Recomendación profesional

Una vez que se ha reflejado razonablemente la esencia de la invención, debe revisarse y volverse a revisar la reivindicación para determinar cuántas palabras pueden eliminarse sin que se pierda la esencia de la invención. Tal vez se desee invitar al inventor o inventores a que participen en este proceso, porque puede ayudarlos a conceptualizar la invención de manera más clara.

1.2 Reivindicaciones de proceso (o de método)

Las reivindicaciones de proceso se refieren a:

i) un proceso que tiene como resultado un producto (por ejemplo, un proceso de fabricación);
ii) un proceso que no culmine en un producto (por ejemplo, un proceso para computarizar datos o un proceso para diagnosticar la seguridad de un sistema).

Por lo general, en el ámbito de la redacción de reivindicaciones, se aceptan los términos "proceso" y "método" como sinónimos.

Una reivindicación de método podría tener el aspecto del ejemplo siguiente:

1. Método para preparar té que consiste en:

- hervir agua;
- añadir azúcar al agua hirviendo;
- añadir hojas de té al agua hirviendo para formar una mezcla;
- añadir leche a la mezcla; y
- filtrar la mezcla.

En el ejemplo, la serie de etapas del proceso de preparar té se mencionan de forma secuencial en el orden en el que deben realizarse. Sin embargo, en muchas jurisdicciones, se entiende que las etapas de una reivindicación de método pueden realizarse en cualquier orden, a menos que se establezca lo contrario, a los efectos del estado de la técnica y de la infracción. En el ejemplo mencionado, la etapa de hervir agua debe efectuarse antes de añadir azúcar al agua, pero esta etapa puede tener lugar después de cualquier otra etapa, por ejemplo, una vez añadida la leche. Desde el punto de vista de la infracción, quien redacta la solicitud debe buscar palabras y limitaciones que puedan eliminarse de las reivindicaciones. En el ejemplo, se debería tener en cuenta que añadir leche y azúcar siempre es necesario para preparar té de acuerdo con la invención del cliente.

En general, la infracción de una reivindicación de proceso se produce cuando un tercero no autorizado por el titular de la patente utiliza el proceso reivindicado. Además, si el proceso reivindicado tiene como resultado un producto, los actos no autorizados de utilización, oferta a la venta, venta o importación con estos fines del producto obtenido directamente por ese proceso también constituyen una infracción de la reivindicación de proceso.

Las reivindicaciones relativas a la utilización de un producto en un proceso, denominadas "reivindicaciones de uso", son una forma particular de reivindicaciones de proceso que se acepta en algunas jurisdicciones. Por ejemplo, en la Oficina Europea de Patentes (OEP), una reivindicación de uso redactada en los términos "el uso de la sustancia X como insecticida" se considerará equivalente a una reivindicación de proceso que diga "proceso para matar insectos mediante la sustancia X". Sin embargo, no todas las jurisdicciones permiten estas reivindicaciones. Por ejemplo, en los Estados Unidos de América, las reivindicaciones de uso deben redactarse en la forma de reivindicaciones de proceso.

Las reivindicaciones de uso se analizan más detalladamente en la sección 2.3.

1.3 Preámbulo con la expresión de propósito "para"

Si una reivindicación comienza con palabras como "aparato *para* llevar a cabo el proceso...", en muchas jurisdicciones puede interpretarse que se refiere simplemente a un aparato adecuado para llevar a cabo el proceso. En consecuencia, en estas jurisdicciones, un aparato que tenga todas las características especificadas en las reivindicaciones pero que no sea adecuado para el fin mencionado —o que requiera una modificación para facilitar su uso con tal fin— normalmente no debería considerase una anterioridad o una infracción de la reivindicación. A las reivindicaciones relativas a un producto destinado a un uso particular se aplican consideraciones similares. Por ejemplo, si una reivindicación se refiere a un "molde para acero fundido", llevará implícitas determinadas limitaciones para el molde; es decir, no estará comprendida en la reivindicación guna bandeja de plástico para cubitos de hielo con un punto de fusión mucho más reducido que el del acero.

Igualmente, una reivindicación sobre una sustancia o composición para un uso particular debe interpretarse en el sentido de una sustancia o composición que de verdad es adecuada para el uso mencionado. Un producto conocido que, a primera vista, es el mismo que la sustancia o composición definida en la reivindicación, pero que está en una forma que lo haría *inadecuado* para el uso señalado, no implicaría la falta de novedad de la reivindicación. Un producto conocido que esté en una forma que en realidad sí sea *adecuada* para el uso señalado (aunque nunca haya sido definido para ese uso) por lo general se traducirá en la falta de novedad de la reivindicación en muchas jurisdicciones. En algunas jurisdicciones existe una excepción a este principio general de interpretación que se aplica cuando haya en vigor normas especiales para las reivindicaciones relativas al uso de una sustancia o composición conocida en un método quirúrgico, terapéutico o diagnóstico.

A continuación se examina un modelo de reivindicación de aparato.

Ejemplo

1. Un aparato para sujetar una cámara que comprende:
   - una montura pivotante configurada para sujetar la cámara; y
   - una pluralidad de patas dispuestas para sujetar la montura pivotante.

En el preámbulo se menciona que la reivindicación se refiere a un aparato para sujetar una cámara, mientras que en el cuerpo de la reivindicación se señala que los elementos esenciales del aparato son una montura pivotante para la cámara y las patas dispuestas para sujetar la montura pivotante.

Si se recuerda que, desde la perspectiva de la infracción, quien redacta la solicitud de patente siempre debe plantearse si podrían eliminarse algunas palabras sin que la reivindicación dejara de estar completa, en este ejemplo podría cuestionarse si el adjetivo "pivotante" es estrictamente necesario en relación con la montura del trípode.

A diferencia de una reivindicación de aparato o producto, en el caso de las reivindicaciones de método que comienzan con las palabras "método para refundir capas galvánicas", la expresión "para refundir" no debe entenderse en el sentido de que el proceso solo es adecuado para refundir capas galvánicas, sino que debe interpretarse que es una característica funcional que consiste en la refundición de capas galvánicas y que, por lo tanto, define una de las etapas del método reivindicado.

Debe hacerse una distinción cuando la reivindicación está dirigida a un proceso (o un método) que comprende etapas físicas que dan como resultado un producto. En este caso, la mención del propósito significa que el proceso simplemente debe ser *adecuado* para producir el resultado esperado y que no es realmente una etapa indispensable para generar el producto en el método reivindicado. En consecuencia, si en el estado de la técnica se ha divulgado un método sin indicar el producto concreto que es el resultado esperado, se considera una anterioridad de la reivindicación relativa al mismo método en la que se menciona un producto determinado.

2. Tipos específicos de reivindicaciones

2.1 Reivindicaciones de producto definido por el proceso

Las reivindicaciones relativas a productos definidos en forma de un proceso de fabricación (por ejemplo, "el producto X obtenible mediante el proceso Y") son admisibles en algunas jurisdicciones, siempre que los productos propiamente dichos cumplan los requisitos de patentabilidad, es decir, que sean novedosos y tengan carácter inventivo, entre otros. Sin embargo, por lo general un producto no se considera novedoso simplemente porque se haya fabricado mediante un proceso nuevo, y una reivindicación que defina un producto en forma de proceso se interpretará en muchas jurisdicciones como una reivindicación relativa al propio producto. Independientemente del término utilizado —ya sea "obtenible", "obtenido", "obtenido directamente" o una expresión equivalente— en la reivindicación de producto definido por el proceso, esta se refiere al producto, por lo que le confiere una protección absoluta.

Cuando en una reivindicación de producto definido por el proceso se define un producto a través del método de fabricación, para cumplir el requisito de novedad el producto reivindicado no debe ser idéntico a un producto conocido. La carga de la prueba de las características supuestamente distintivas del producto definido por el proceso corresponde al solicitante, que debe aportar pruebas de que la modificación de los parámetros del proceso genera un producto diferente, por ejemplo, algo que muestre las diferencias en las propiedades de los productos. En jurisdicciones como la de la OEP, el *propósito* del proceso también se tendrá en cuenta al determinar las características de un producto obtenido mediante un proceso. Ello contrasta con la evaluación de un método o un proceso para obtener un producto en el que la indicación del propósito concreto del proceso (la preparación del producto) implica simplemente la *adecuación* para ese propósito.

En la mayor parte de las jurisdicciones, como la OEP, si la materia de una reivindicación es un proceso para obtener un producto, la protección concedida por la patente se extiende a los productos obtenidos directamente por ese proceso, lo cual se aplica tanto a los procesos que generan productos que se transforman completamente a partir de los materiales como a los procesos que solo generan cambios superficiales (por ejemplo, pintura o pulido).

Las reivindicaciones de producto definido por el proceso se utilizan habitualmente para reivindicar entidades cuya definición estructural es difícil o imposible, como los polímeros o los alimentos.

Sin embargo, en algunas otras jurisdicciones, se da a las reivindicaciones de producto definido por el proceso el mismo tratamiento que a las reivindicaciones de método. En el Japón, las reivindicaciones de producto definido por el proceso se consideran imprecisas (poco claras). Por ello, solo se utilizan en circunstancias especiales, como aquellas en las que resulta imposible o impracticable definir los elementos estructurales o característicos del producto reivindicado en la fecha de presentación.

Recomendación profesional

Siempre se debe comprobar que una reivindicación de producto definido por el proceso no solo es admisible, sino también la mejor manera de proteger la invención del cliente en una jurisdicción determinada. Es posible considerar este tipo de reivindicación como una de las opciones de la variedad formatos de la que más tarde se escogerán las reivindicaciones adecuadas, en función de la jurisdicción, el estado de la técnica, etc.

Ejemplo

Esta reivindicación de producto definido por el proceso tiene por objetivo proteger una bebida de avena concreta:

1. Una suspensión de cereal homogénea y estable con el sabor y el aroma de la avena natural que comprende los beta-glucanos (ß-glucanos) intactos del material inicial y tiene una viscosidad inferior a 0,5 Pa·s a temperatura ambiente, obtenible mediante:

- a) copos de avena molidos en seco o en húmedo o convertidos en harina mediante un tratamiento con calor y agua.
- b) suspensión de la harina de avena en agua, si la harina se ha preparado mediante molienda en seco;
- c) tratamiento de la suspensión con ß-amilasa;
- - [...]
- g) someter la suspensión a un tratamiento a temperatura ultra alta (UHT) para obtener un producto esterilizado y desactivar las enzimas añadidas.

2.2 Reivindicaciones de parámetros

Los *parámetros* son valores característicos de propiedades mensurables (por ejemplo, el punto de fusión de una sustancia, la resistencia a la flexión del acero, la resistencia de un conductor eléctrico) y en ocasiones pueden definirse mediante fórmulas matemáticas que expresan la combinación de una serie de variables.

En muchas jurisdicciones se admiten las reivindicaciones que definen los productos mediante parámetros cuando la invención solo puede definirse en esos términos o cuando no puede definirse de manera más precisa sin restringir indebidamente el alcance de las reivindicaciones, siempre que el resultado pueda comprobarse de manera directa y concluyente, sin efectuar una experimentación indebida, mediante pruebas o procesos especificados de manera adecuada en la descripción o conocidos por la persona experta en la materia.

Por ejemplo, la invención reivindicada puede ser un cenicero en el que un cigarrillo encendido acaba apagándose automáticamente debido a la forma y las dimensiones relativas del cenicero. Estas pueden variar considerablemente de una manera difícil de definir, pero que no impide lograr el efecto deseado. En la medida en que se especifique la construcción y la forma del cenicero de la manera más clara posible en la reivindicación, es posible definir las dimensiones relativas mediante una referencia al resultado que se alcanzará, siempre que en la memoria descriptiva se establezcan las instrucciones adecuadas para que la persona experta en la materia determine las dimensiones requeridas mediante ensayos rutinarios.

Por ejemplo, en la OEP, se permitirá caracterizar un producto principalmente mediante sus parámetros en las situaciones en las que la invención no puede definirse adecuadamente de otro modo, siempre que los parámetros puedan determinarse de forma clara y fiable mediante las indicaciones contenidas en la descripción o procedimientos objetivos habituales en ese ámbito de la técnica. Lo mismo se aplica a las características relativas a un proceso definidas por parámetros. Sin embargo, la OEP señala que, en ocasiones, esas reivindicaciones ocultan una falta de novedad. En consecuencia, quien redacta la solicitud puede esperar que los examinadores de patentes analicen exhaustivamente este tipo de reivindicaciones antes de admitirlas.

Recomendación profesional

Es fundamental observar el grado de protección que se obtiene mediante esta forma de reivindicación. Aunque se admita, cabe preguntarse si los competidores del cliente lograrían anularla igualmente mediante un elemento del estado de la técnica desconocido para el redactor y el cliente en el momento de presentar la solicitud. Debe recordarse que la prioridad de quien redacta la solicitud es proteger la invención *y* lograr los objetivos empresariales del solicitante, dos objetivos que a menudo son considerablemente más difíciles de conseguir que simplemente redactar una reivindicación en un formato mínimamente aceptable en una jurisdicción determinada.

Las reivindicaciones de parámetros también pueden estar justificadas en el caso de una invención relativa a un polimorfo. Los distintos polimorfos (formas cristalinas) de un compuesto químico no pueden reivindicarse mediante la fórmula, puesto que esta es la misma para todos. Lo que los distingue es la estructura cristalina, por lo que los polimorfos solamente pueden reivindicarse mediante parámetros que definan espectros infrarrojos o patrones de difracción de rayos X, por ejemplo.

2.3 Reivindicaciones de uso general

Si bien el objetivo de las reivindicaciones de producto es proteger todos los usos del producto, también puede solicitarse la protección de un uso nuevo e inventivo de un producto mediante una reivindicación de uso (un subtipo de la reivindicación de proceso básica). Toda reivindicación de uso se asocia con un propósito concreto de la utilización, y en algunas jurisdicciones dicho propósito es un elemento funcional o una característica técnica de la reivindicación.

En jurisdicciones como la de la OEP, las reivindicaciones de uso redactadas de forma similar a "el uso de la sustancia X como insecticida" se acepta cuando se trate de usos no médicos (es decir, aplicaciones en humanos o animales distintos de la terapia, la cirugía o el diagnóstico) y se considera equivalente a una reivindicación de proceso o de método expresada como "el proceso de matar insectos por medio de la sustancia X". En consecuencia, las reivindicaciones redactadas en esos términos no deberían interpretarse como reivindicaciones de producto relativas a la sustancia X, que se reconoce como insecticida gracias a otros aditivos, por ejemplo. De modo similar, la reivindicación de "el uso de un transistor en un circuito amplificador" sería equivalente a "un proceso de amplificación por medio de un circuito que contiene un transistor", y no debe interpretarse ni como una reivindicación de producto consistente en "un circuito amplificador en el que se utiliza un transistor" ni como una reivindicación de proceso relativa al "proceso de utilizar un transistor para construir ese circuito".

Sin embargo, no todas las jurisdicciones permiten las reivindicaciones de uso, en particular, los Estados Unidos de América, donde las reivindicaciones "de uso" no constituyen uno de los tipos previstos en la ley.

2.4 Reivindicaciones de indicación médica

Si la característica esencial de la invención es una manera nueva de utilizar un producto conocido con un fin médico (por ejemplo, para tratar una enfermedad concreta), quien redacta la solicitud de patente debe prestar especial atención a la legislación y las prácticas nacionales aplicables, porque puede ponerse en cuestión no solo el formato de reivindicación admisible, sino también la patentabilidad de la invención. Aunque el formato sea el mismo o más o menos similar, la protección real concedida a una patente puede variar de un país a otro en función de las distintas interpretaciones y decisiones acerca de la infracción directa e indirecta y, tal vez, de las exenciones de responsabilidad por infracción de patente.

En general, esas diferencias tienen su origen en la exclusión de la materia patentable de los métodos diagnósticos, terapéuticos y quirúrgicos para el tratamiento humano y animal. En algunos países cuya legislación prevé esta exclusión, a pesar de ello en la práctica han surgido formatos especiales de reivindicaciones que no cubren los métodos de tratamiento, sino los productos conocidos a los que se les da un nuevo uso médico.

Si se halla una sustancia en el estado de la técnica, la reivindicación relativa a "la sustancia X" no será patentable por falta de novedad. Si se descubre posteriormente que esa sustancia ya conocida —que hasta ahora se utilizaba con un propósito no médico determinado (como insecticida, tinte, alimento, producto de protección fitosanitaria, material de construcción, etc.)— es efectivo para tratar una enfermedad, puede presentarse una solicitud de patente en la que se reivindique la sustancia conocida específicamente para este uso médico, que se denominará "la primera indicación médica" (o "el primer uso" o "el nuevo uso"). Dicho de otro modo, la característica esencial nueva e inventiva de la reivindicación es un uso médico de la sustancia X.

Si vuelve a producirse la misma situación, salvo que se descubra que la sustancia X es efectiva para un uso médico completamente diferente, la reivindicación posterior de esa sustancia se referirá a una "segunda indicación médica" (o "segundo uso").

Esas reivindicaciones, si se admiten, protegen un producto conocido para un uso médico específico.

Si bien la legislación en materia de patentes de algunos países excluye de manera explícita la concesión de patentes a primeras, segundas u otras indicaciones médicas de un producto conocido, en algunas legislaciones se permiten estas reivindicaciones si se cumplen todos los requisitos de patentabilidad. Por lo general, en función de la jurisdicción, son admisibles uno o varios de los formatos de reivindicación que figuran a continuación (en el ejemplo que se plantea, se reivindica un nuevo uso de la cidovudina, 3-azido-2',3'didesoxitimidina o AZT para el tratamiento del SIDA).

Reivindicaciones de tipo suizo. Las reivindicaciones de tipo suizo adoptan la forma de "el uso de la sustancia X en la fabricación de un medicamento para el tratamiento de la enfermedad Y":

1. El uso de la 3-azido-2',3'didesoxitimidina en la fabricación de un medicamento para el tratamiento o la profilaxis del SIDA.

Este era el único formato permitido en la OEP entre 1985 y 2010 y todavía se acepta en muchos países. Se trata de una reivindicación de proceso que abarca el proceso de fabricación de un medicamento conocido para una indicación médica novedosa. En consecuencia, los infractores directos de las reivindicaciones de tipo suizo son quienes fabrican el producto farmacéutico patentado.

Reivindicaciones de producto limitadas por la finalidad. Las reivindicaciones de producto limitadas por la finalidad tienen la forma de "sustancia X utilizada para el tratamiento de la enfermedad Y":

1. La 3-azido-2',3'didesoxitimidina utilizada para el tratamiento o profilaxis del SIDA.

Este formato de reivindicación es obligatorio en la OEP desde 2011 y ha sido adoptado por varios países firmantes del Convenio sobre la Patente Europea (CPE), por ejemplo, España, con la Ley 24/2015 de Patentes.

Reivindicaciones de uso. En los países donde se acepta el formato de reivindicación de uso para la protección de las primeras, segundas u otras indicaciones médicas (por ejemplo, Alemania, Canadá y Australia), es posible redactar una reivindicación con la redacción "uso de la sustancia X para el tratamiento de la enfermedad Y":

1. Uso de la 3-azido-2',3'didesoxitimidina para el tratamiento o profilaxis del SIDA.

Sustancia utilizada para tratar una enfermedad concreta. Un ejemplo de este formato de reivindicación podría ser el siguiente:

1. La 3-azido-2',3'didesoxitimidina, cuando se utilice o esté destinada al uso para el tratamiento o profilaxis del SIDA en un ser humano.

Además, en algunos países se admiten las reivindicaciones consistentes en formulaciones farmacéuticas para un uso particular.

Reivindicaciones de método de tratamiento. Las reivindicaciones de método de tratamiento suelen adoptar la forma de "un método para tratar a un ser humano con [enfermedad Y] que comprenda la administración de una cantidad efectiva de [sustancia X]".

1. Un método para tratar a un ser humano con SIDA que comprenda la administración oral de una cantidad efectiva para tratar el SIDA de 3-azido-2',3'didesoxitimidina.

Este formato de reivindicación se admite en los Estados Unidos de América y en Australia, donde los métodos diagnósticos, terapéuticos y quirúrgicos para el tratamiento de humanos o animales no están excluidos de la materia patentable. En los Estados Unidos de América, los profesionales médicos están protegidos contra la responsabilidad por infracción de una patente. Por lo tanto, las reivindicaciones de métodos de tratamiento se hacen valer contra los fabricantes o distribuidores del producto patentado sobre la base de un uso indirecto de la patente, ya sea mediante contribución o inducción. En la legislación australiana no se prevé una disposición similar en la que se exima a los profesionales médicos de la responsabilidad por infracción de patente. Sin embargo, en la práctica, las compañías farmacéuticas que son titulares de esas patentes no tienen incentivos comerciales para demandar a sus clientes, es decir, a los médicos que prescriben los medicamentos infractores y los pacientes que los adquieren y los consumen.

Recomendación profesional

Para lograr la mejor protección disponible para usos médicos específicos, conviene asegurarse de que la descripción establecida en la primera solicitud en la que se basa la prioridad permita seleccionar los formatos de reivindicación más adecuados para las jurisdicciones en las que tal vez se desee presentar solicitudes posteriores.

Ejemplo

Un compuesto químico novedoso, la sustancia X, se prepara mediante un proceso específico, el proceso Z. Se presentan pruebas que respaldan el uso específico de la sustancia X en el tratamiento de la enfermedad Y. En este caso, la invención está relacionada con un nuevo producto y con su primer uso médico, por lo que la solicitud de patente que se presentará ante la OEP debe contener, al menos, los siguientes tipos de reivindicaciones.

Reivindicación de producto (es decir, el producto *en sí mismo*)

Reivindicación 1. Producto X.
- Reivindicación general o de primer uso médico:

Reivindicación 2. El producto X para su uso como ingrediente farmacéutico activo.
- Reivindicación específica o de segundo uso médico:

Reivindicación 3. El producto X para el tratamiento de la enfermedad Y.

En función de cada caso, puede ser conveniente añadir una reivindicación de proceso de preparación:

Reivindicación 4. El proceso de preparación del producto X que comprende... [etapas del proceso Z].

En este conjunto de reivindicaciones, si una reivindicación de producto (reivindicación 1) es novedosa y no evidente, todas las reivindicaciones relativas al uso de la sustancia X (reivindicaciones 2 y 3) y a un proceso de preparación de la sustancia X (reivindicación 4) se considerarán novedosas y no evidentes de manera automática.

De todos modos, aunque una reivindicación de producto proteja todos los usos de un producto y todos los procesos de preparación del producto, por lo general se recomienda que quien redacta la solicitud de patente incluya en el conjunto reivindicaciones de varios tipos, no solo para que las características esenciales de la invención puedan protegerse de manera integral, sino también para mitigar el riesgo de que la reivindicación de producto se declare inválida en un momento posterior.

Sin embargo, al hacerlo, el redactor de la solicitud siempre debe tener en cuenta que las legislaciones y las prácticas en este ámbito de las patentes varían considerablemente.

2.5 Reivindicaciones de composición

Las reivindicaciones relativas a las composiciones se emplean cuando la invención reivindicada está relacionada con la naturaleza química de los materiales o componentes utilizados. Por ejemplo, una reivindicación relativa a una solución de galvanoplastia de cobre puede redactarse de la siguiente manera:

1. Una solución de galvanoplastia de cobre que comprende:

a) una solución alcalina de sulfato de cobre a 30-50 gramos por litro;

b) ácido sulfúrico, en una cantidad doble o cuádruple respecto de la solución de acetato de cobre; y
c) una solución acuosa de un sustrato modificador del pH en una cantidad suficiente para ajustar el pH a un valor entre 3,5 y 5,0.

Al preparar las reivindicaciones, corresponde al redactor de la patente reivindicar cada uno de los elementos de manera tan restringida o tan amplia como sea necesario en función del estado de la técnica, el alcance de la invención y otros factores pertinentes. En la reivindicación del ejemplo, los elementos a) y b) son más restrictivos que el c), siempre que en la reivindicación se mencione el nombre exacto del compuesto de los elementos a) y b), pero solo se haga una referencia genérica al elemento c). En consecuencia, cualquier sustrato modificador del pH que desempeñe la función de ajustar el pH de la solución a un valor entre 3,5 y 5,0 estará comprendido en la limitación del elemento c).

2.6 Reivindicaciones biotecnológicas

La biotecnología, en general, se refiere a todos los usos prácticos de los organismos vivos. En 1873, Louis Pasteur obtuvo la patente 141.072, en la que se reivindicaba una "levadura libre de gérmenes orgánicos patógenos considerada como un artículo manufacturado". En ocasiones esta patente se considera la primera patente relativa a un microorganismo.

Los usos de las invenciones biológicas y de las ciencias de la vida pueden ser comerciales o terapéuticos. Por lo tanto, las invenciones biotecnológicas pueden consistir en ADN complementario (ADNc), ADN recombinante, fragmentos de ADN, proteínas, anticuerpos monoclonales, ADN y ARN antisentido, vectores recombinantes y vectores de expresión.

A continuación se presenta una muestra de un conjunto de reivindicaciones biotecnológicas relativas a una invención relacionada con ácidos nucleicos y proteínas codificadas.

1. Un polinucleótido aislado que comprende un miembro seleccionado de un grupo que consiste en:

a) un polinucleótido que codifica un polipéptido que comprende desde el aminoácido 1 hasta el aminoácido 255 según la secuencia n.º 2; y
b) un polinucleótido que se hibrida con el polinucleótido de a) y es complementario de este en al menos un 95 %.

2. El polinucleótido de la reivindicación 1 comprende desde el nucleótido 1 hasta el nucleótido 1080, según la secuencia n.º 1.

En este ejemplo, cabe señalar que en la reivindicación se hace referencia a la secuencia genética, que no se cita de manera integral.

En muchas jurisdicciones se exige el cumplimiento de requisitos especiales en relación con las invenciones biotecnológicas y con las listas de secuencias y las normas de depósito (véase también la sección 14 del módulo VI, sobre las exclusiones de la patentabilidad, y la sección 15 del módulo VI, sobre el requisito de aplicación industrial).

Cuando una invención comprende material biológico y las palabras no son suficientes para describir en la solicitud de patente cómo fabricar y utilizar la invención de manera que una persona experta en la materia logre hacerlo, puede ser necesario acceder al material biológico para satisfacer los requisitos de patentabilidad establecidos en la ley. Para permitir el acceso al material biológico a los fines del procedimiento de patente, en muchas jurisdicciones se ha establecido un sistema de depósito.

Un ejemplo de reivindicaciones que contienen ese tipo de material biológico podría ser el siguiente:

1. Una variedad de semilla de algodón denominada PHY 78 Acala, de la que se ha depositado ante la ATCC una muestra representativa con el n.º de acceso PTA5666.

Este ejemplo muestra que se depositó una muestra de la variedad de semilla de algodón en la American Type Culture Collection (ATCC) con un número de referencia (PTA-5666) que permite acceder a ella.

El Tratado de Budapest sobre el Reconocimiento Internacional del Depósito de Microorganismos a los fines del Procedimiento en materia de Patentes se estableció en 1977 para facilitar el reconocimiento del material biológico depositado de las solicitudes de patente de todo el mundo.[28] En virtud del Tratado, los Estados contratantes que permitan o exijan el depósito de microorganismos a los fines del procedimiento en materia de patentes deben reconocer, para estos fines, el depósito de un microorganismo ante una autoridad internacional de depósito, independientemente de que dicha autoridad esté dentro o fuera del territorio de ese Estado. Las autoridades internacionales de depósito son instituciones científicas (por lo general, una "colección de cultivos") que gozan de seguridades, proporcionadas por los Estados respectivos, según las cuales las instituciones reúnen y continuarán reuniendo los requisitos del Tratado.

2.7 Reivindicaciones de invenciones ejecutadas por computadora

En la mayor parte de las jurisdicciones, las ideas abstractas, el *software* o los programas informáticos como tales, los meros actos mentales y los métodos de hacer negocios en sí mismos no son materia patentable y están excluidos de la protección por patente. Si bien la patentabilidad de las invenciones ejecutadas por computadora en las distintas jurisdicciones excede el alcance del presente manual, quien redacta las solicitudes de patente debe ser consciente de cómo puede interpretarse la materia de las invenciones de sus clientes en las jurisdicciones de interés.

Las solicitudes de patente relativas a los programas informáticos o los dispositivos de *hardware* que ejecutan algoritmos especializados a menudo cuentan con reivindicaciones de producto (es decir, un aparato, un dispositivo, un sistema), de método y de uso.

Con frecuencia, la primera reivindicación (reivindicación 1) de una solicitud relativa a una invención ejecutada por computadora es una reivindicación de método. Ello se debe a que la mayor parte de esas patentes contienen los aspectos dinámicos (el comportamiento) de los programas informáticos. Dicho de otro modo, los programas informáticos ejecutan un algoritmo, lo cual, en esencia, constituye un método.

También es importante redactar reivindicaciones de producto en las solicitudes de patente relativas a este tipo de invenciones. Normalmente, las invenciones ejecutadas por computadora están implementadas en *hardware* de uso general (por ejemplo, una computadora personal o un dispositivo electrónico portátil), por lo que no es necesario formular las características especiales del aparato. En muchas jurisdicciones que permiten que en una reivindicación de producto se haga referencia a una o varias reivindicaciones de método (véase la sección 3.4 del módulo IV), una manera de redactar ese tipo de reivindicaciones de producto consiste en, simplemente, hacer referencia a las reivindicaciones de método independientes y dependientes precedentes. Ello permite al redactor de la solicitud hacer referencia a todo el conjunto de reivindicaciones de método en una única reivindicación de producto.

Ejemplo

1. Un método ejecutado por computadora que sirve para trasladar un servidor del modo de espera al modo de activación completa y que comprende las etapas siguientes:
   - envío desde el cliente hasta el servidor —que está en modo de espera— una señal de activación que está adaptada para trasladar el servidor del modo de espera al modo de activación completa;
   - recepción, por parte del servidor, de la señal de activación; y
   - traslado del servidor del modo de espera al modo de activación completa como respuesta a la recepción de la señal de activación.

Las reivindicaciones 2 a 10 también son reivindicaciones de método. El conjunto de reivindicaciones prosigue así:

11. Un sistema de procesamiento de datos que comprende medios para realizar [cada una de las etapas del] método de conformidad con una de las reivindicaciones 1 a 10.

Para adaptar el conjunto de reivindicaciones a las jurisdicciones en las que no se permite tal referencia, el redactor de la solicitud reformula cada etapa del método para incluir la expresión "medio para...":

11. Un sistema de procesamiento de datos que comprende:

- un medio para enviar desde el cliente hasta el servidor —que está en modo de espera— una señal de activación que está adaptada para trasladar el servidor del modo de espera al modo de activación completa;
- un medio para recibir, por parte del servidor, la señal de activación; y
- un medio para trasladar el servidor del modo de espera al modo de activación completa como respuesta a la recepción de la señal de activación.

En jurisdicciones como la de los Estados Unidos de América, donde es posible que las reivindicaciones que emplean el término "medio" no se interpreten en sentido amplio, quien redacta la solicitud de patente puede sustituir los términos genéricos como "un transmisor para enviar" por "un medio para enviar".

Los formatos de reivindicación aceptables para esas invenciones pueden variar de un país a otro y pueden contener reivindicaciones de medios legibles por computadora, de estructuras de datos, de señales propagadas y de productos como programas informáticos. En algunas jurisdicciones son frecuentes determinados formatos de reivindicación especializados para las invenciones ejecutadas por computadora, en particular, aquellas relativas a las artes del *software*. Normalmente, las modificaciones de los tipos de reivindicación más básicos sobrepasan el alcance del presente manual.

Las *reivindicaciones de medios legibles por computadora*, que en los Estados Unidos de América se denominan también "reivindicaciones Beauregard",[29] tratan de proteger una invención cuando esta consiste en un medio concreto (por ejemplo, un CDROM). Estas reivindicaciones, que pueden expresarse en cualquiera de los diversos formatos posibles, permiten al titular de la patente presentar una demanda de indemnización por daños y perjuicios no solo contra quienes fabriquen o utilicen el *software* infractor, sino también contra quienes lo vendan, ya sean minoristas o mayoristas.

Recomendación profesional

Debe recordarse que las prácticas en cada jurisdicción evolucionan a medida que la tecnología avanza en el ámbito de la técnica, lo que significa que el redactor de la solicitud de patente debe mantenerse al corriente de las últimas novedades jurídicas en esos ámbitos y en las jurisdicciones de su interés y del cliente.

Uno de los formatos más frecuentes para este tipo de reivindicaciones consiste en tomar el cuerpo de una reivindicación de método y añadirle un preámbulo con la expresión "medio legible por computadora".

1. Medio de almacenamiento legible por computadora que comprende unas instrucciones que, cuando las ejecuta una computadora, provocan que la computadora ejecute un método para que un sistema informático desempeñe [una función específica], y dicho método comprende: [...]

Las *reivindicaciones de estructura de datos*, que en los Estados Unidos de América también se denominan reivindicaciones Lowry,[30] tratan de obtener protección para las invenciones informáticas que contienen estructuras de datos informáticos novedosas. De los varios formatos posibles, uno de los más frecuentes es el siguiente:

1. Una memoria para almacenar datos a fin de que acceda a ellos un programa de aplicación ejecutado en un sistema de procesamiento de datos, que comprende:

- una estructura de datos que se almacena en la memoria, que contiene información residente en una base de datos utilizada por el programa de aplicación y que incluye:
  - un primer objeto de datos configurado para...;
  - un segundo objeto de datos configurado para...; y
  - un tercer objeto de datos configurado para...

Palabras clave

- reivindicaciones de producto, aparato o dispositivo
- reivindicaciones de método o proceso
- reivindicaciones de producto definido por el proceso
- reivindicaciones de parámetros
- reivindicaciones de uso
- reivindicaciones de indicación médica
- reivindicaciones de composición
- reivindicaciones biotecnológicas
- listas de secuencias
- depósito de material biológico
- reivindicaciones de invenciones ejecutadas por computadora
- reivindicaciones de medios legibles por computadora
- reivindicaciones de estructuras de datos

Autoevaluación:

- ☐ Señale la distinción entre una reivindicación de producto (aparato o dispositivo) y una reivindicación de método o proceso.
- ☐ Si el preámbulo de una reivindicación contiene la expresión "un molde para acero fundido", en muchos países la reivindicación hace referencia a un molde adecuado para el acero fundido. ¿Verdadero o falso?
- ☐ El producto X fabricado mediante el proceso A ya se conoce. Un inventor descubre un nuevo proceso de fabricación (B) para elaborar el producto X. Dado que el proceso B es nuevo, la reivindicación "producto X obtenido mediante el proceso B" cumple el requisito de novedad respecto del estado de la técnica en todos los países. ¿Verdadero o falso?
- ☐ Las reivindicaciones que definen la invención mediante el resultado que se obtendrá son fáciles de redactar y proporcionan una protección adecuada. ¿Verdadero o falso?
- ☐ Una reivindicación redactada en el formato "el uso de la sustancia ABC como..." sería admisible en todas las jurisdicciones. ¿Verdadero o falso?
- ☐ La sustancia se emplea como edulcorante desde hace muchos años. El concepto inventivo esencial de una nueva invención consiste en utilizar la sustancia X como un compuesto antiséptico. ¿Qué tipos de reivindicaciones podrían redactarse, teniendo en cuenta las diferencias entre las distintas prácticas nacionales?
- ☐ ¿En qué se parece una reivindicación de medios legibles por computadora a una reivindicación de método?
- ☐ ¿Qué se dispone en el Tratado de Budapest con respecto de las patentes biotecnológicas?
- ☐ ¿Qué problemas plantea el formato de la reivindicación siguiente?
- ☐ Aparato para cosechar maíz que comprende:

  - una trilladora de maíz;
  - trasladar el maíz cortado a una tolva; y
  - un eje rotatorio unido a la trilladora.

Módulo VI
Elaboración de las reivindicaciones de patentes

1. Primero, preparar las reivindicaciones

Cuando los redactores de solicitudes de patente preparan la solicitud, deben comenzar con las reivindicaciones, pues ello les ayuda tanto a ellos como al inventor a definir la idea de la invención. La redacción de la descripción y de otras partes de una solicitud de patente fluirá con naturalidad si la invención está claramente definida.

2. Reivindicaciones de alcance amplio y restringido

Redactar una combinación de reivindicaciones de mayor y menor amplitud contribuye a reflejar el pleno alcance de la novedad de la invención. Una manera ideal de proceder es redactar un conjunto de reivindicaciones que abarque desde la cobertura más amplia hasta la más restringida. En la práctica, puede resultar más sencillo comenzar con una reivindicación restringida para, a continuación, eliminar progresivamente algunos elementos o sustituir los términos restringidos por otros más amplios para llegar a la reivindicación más amplia. Una vez que el redactor de la solicitud de patente está seguro de haber elaborado la reivindicación más amplia posible, puede redactar un conjunto de reivindicaciones dependientes de ella.

Ejemplo

El cliente ha inventado un aparato nuevo para convertir plomo en oro. La realización física de la invención cuenta con un bastidor de metal en forma de caja, un motor eléctrico, un bol para recibir la viruta de plomo y un elemento de conversión de plomo en oro que provoca la transición de la materia. El cliente muestra la realización física de la invención al redactor de la solicitud de patente.

Esta forma de realizar la invención es el punto de partida de quien redacta la patente. La "invención" es un concepto abstracto y más amplio que la realización física de la invención, pero esta realización es lo que mejor conoce el redactor de la solicitud de patente. A partir de ella, redacta la reivindicación siguiente:

1. Aparato para convertir plomo en oro que comprende:
   - un bastidor de metal en forma de caja;
   - un motor eléctrico montado dentro del bastidor de metal en forma de caja;
   - un bol para recibir la viruta de plomo sobre una superficie del bastidor de metal en forma de caja; y
   - un elemento de conversión de plomo en oro unido por debajo del bol y hacia el interior del bastidor de metal en forma de caja y configurado para recibir energía eléctrica del motor eléctrico.

El redactor de la solicitud de patente revisa este primer borrador, en el que se describen de forma amplia y precisa los aspectos inventivos de la realización física de la invención del cliente.

Ya al redactar el primer borrador, el redactor ha omitido algunas características que sabe que no podrían ser una novedad patentable para esta invención concreta, como el color de la caja, y revisa exhaustivamente la reivindicación para ver si podría ser más amplia.

Observa, en primer lugar, que el "bastidor de metal en forma de caja" no es una característica esencial de la invención y que probablemente pueda eliminar por completo ese elemento, puesto que se ha empleado el conector "que comprende". A fin de cuentas, un competidor podría evitar infringir la patente si coloca el dispositivo en algo que no sea un "bastidor de metal en forma de caja". De modo que el redactor de la solicitud de patente vuelve a redactar la reivindicación de la siguiente forma:

1. Aparato para convertir plomo en oro que comprende:
   - un *motor eléctrico*;
   - un *bol para recibir viruta de plomo*; y
   - un elemento de conversión de plomo en oro *unido al bol de forma operativa* y configurado para recibir energía eléctrica del motor eléctrico.

El redactor vuelve a revisar la reivindicación con el objetivo de ampliarla aún más para reflejar plenamente la esencia de la invención.

Observa que "motor eléctrico" es un término bastante específico. Piensa en todos los términos relacionados que le vienen a la cabeza, como "motor", "fuente de energía" y "fuente de energía eléctrica", y se pregunta si es esencial que la invención funcione con un motor y si la fuente de energía debe ser eléctrica. Por varios motivos, conviene con el cliente en emplear el término "fuente de energía". La reivindicación se modifica en los siguientes términos:

1. Aparato para convertir plomo en oro que comprende:
   - *una fuente de energía*;
   - un bol para recibir viruta de plomo; y
   - un elemento de conversión de plomo en oro unido al bol de forma operativa y configurado para recibir *energía de la fuente de energía*.

El redactor de la solicitud de patente vuelve a revisar la reivindicación una vez más. Observa que el elemento "bol" no ha de ser necesariamente un *bol* para que la invención retenga el plomo de forma adecuada, y también advierte que se ha referido al "plomo" como "viruta de plomo", en lugar de decir simplemente "plomo". Como sabe que la invención funcionará con todo tipo de plomo, decide eliminar las palabras "viruta de", que representan una limitación innecesaria. Además, se da cuenta de que la invención funcionará adecuadamente con recipientes que tengan cualquier otra forma, y no solo con un bol. En consecuencia, decide utilizar el término abstracto "depósito de plomo" para referirse a *cualquier* recipiente que contenga el plomo, y vuelve a redactar la reivindicación:

1. Aparato para convertir plomo en oro que comprende:
   - una fuente de energía;
   - *un depósito de plomo*; y
   - un elemento de conversión de plomo en oro unido al *depósito de plomo* de forma operativa y configurado para recibir energía de la fuente de energía.

El redactor sigue revisando la reivindicación.

En un momento dado se da cuenta de que "fuente de energía" no es novedoso y, en realidad, no funciona junto con los otros elementos para producir un aparato nuevo. Por lo tanto, decide eliminar este elemento de la reivindicación más amplia. El redactor de la solicitud piensa lo mismo respecto de la contribución inventiva del "depósito de plomo", independientemente del grado de abstracción del término que se utilice. Ahora bien, si suprime de la reivindicación las expresiones "fuente de energía" y "depósito de plomo", el único elemento restante sería el conversor de plomo en oro, y el redactor sabe que en las jurisdicciones de interés para su cliente las reivindicaciones de patente deben mencionar más de un elemento.

En este punto, el redactor comienza a estudiar el "conversor de plomo en oro" en mayor detalle y advierte que esos elementos no existen en el estado de la técnica. En consecuencia, se da cuenta de que las reivindicaciones principales deben centrarse completamente en los elementos nuevos que comprenden el conversor de plomo en oro.

Tras redactar las reivindicaciones del "conversor de plomo en oro", el redactor de la solicitud vuelve a examinar la reivindicación del aparato relativa a todo el dispositivo que contenía el conversor de plomo en oro y decide incluirla por motivos estratégicos. Cabe recordar que la reivindicación había quedado redactada como sigue:

1. Aparato para convertir plomo en oro que comprende:
   - una fuente de energía;
   - un depósito de plomo; y
   - un elemento de conversión de plomo en oro unido al depósito de plomo de forma operativa y configurado para recibir energía de la fuente de energía.

Para agregar fácilmente reivindicaciones dependientes relativas a este aparato, el redactor de la solicitud de patente puede consultar los cambios que hizo cuando trataba de obtener la reivindicación más amplia posible. No vale la pena conservar todos los elementos que se suprimieron del borrador de reivindicación. El conjunto completo de reivindicaciones dependientes que el redactor elabora a partir de los elementos suprimidos o modificados es el siguiente:

2. El aparato descrito en la reivindicación 1, que comprende, además:
   - un bastidor de metal en forma de caja, en cuyo interior se alojan la fuente de energía y el conversor de plomo en oro.
3. El aparato descrito en la reivindicación 1, en el cual la fuente de energía es un motor eléctrico.
4. El aparato descrito en la reivindicación 1, en el cual el depósito de plomo es un bol.
5. El aparato de la reivindicación 4, en el cual el depósito de plomo está configurado para recibir viruta de plomo.

Una vez que el redactor de la solicitud ha elaborado este conjunto completo de reivindicaciones relativas al aparato para convertir plomo en oro, se ha dado cuenta de que debería redactar un conjunto de reivindicaciones centradas exclusivamente en el elemento de conversión de plomo en oro (por ejemplo, "Un conversor de plomo en oro, que comprende..."). Por lo tanto, la solicitud de patente contendrá dos conjuntos independientes de reivindicaciones.

El redactor añade un tercer conjunto que consiste en una serie de reivindicaciones de método que abarcan las operaciones del elemento conversor del plomo en oro y, posiblemente, otra serie de reivindicaciones referidas a todo el proceso de conversión del plomo en oro (por ejemplo, de forma análoga a la reivindicación del aparato).

Así, la solicitud de patente contiene cuatro conjuntos independientes de reivindicaciones (o grupos de dependencia).

El redactor podría tomar uno de los conjuntos de reivindicaciones, como el grupo de reivindicaciones del aparato, y convertirlo en dos conjuntos separados, cada uno de ellos centrado en un aspecto de la novedad. En primer lugar, podría volver a redactar la reivindicación independiente 1 para incluir en ella los elementos de la reivindicación dependiente 3. A continuación, podría modificarla de nuevo para incorporar los elementos de la reivindicación dependiente 4. De este modo, el redactor obtendría dos conjuntos de reivindicaciones, cada uno con un enfoque ligeramente diferente. Las nuevas reivindicaciones estarán redactadas de la siguiente forma:

1. Aparato para convertir plomo en oro que comprende:
   - un *motor eléctrico*;
   - un depósito de plomo; y
   - un elemento de conversión del plomo en oro unido al depósito de plomo de forma operativa y configurado para recibir energía eléctrica del motor eléctrico.

2. Aparato para convertir plomo en oro que comprende:
   - una fuente de energía;
   - un *bol* de depósito de plomo; y
   - un elemento de conversión del plomo en oro unido al bol de depósito de plomo de forma operativa y configurado para recibir energía de la fuente de energía.

Sin embargo, en la práctica los redactores de solicitudes de patentes solo deben recurrir a vías alternativas como las precedentes cuando cada una de ellas represente realmente una novedad independiente significativa desde el punto de vista comercial, o cuando el estado de la técnica sea poco claro o ambiguo.

Antes de redactar las reivindicaciones con el mayor alcance posible, el redactor de la solicitud de patente debe comprobar que el inventor haya previsto que la invención tenga un alcance viable considerablemente más restringido que el de las reivindicaciones propuestas. Si la solicitud de patente se refiere a un automóvil de tres ruedas y el cliente no estima en absoluto que la invención sea adaptable a, por ejemplo, otros tipos de vehículos, las reivindicaciones deben redactarse en términos restrictivos y ser específicas a los automóviles, sin extender la protección innecesariamente a todos los objetos móviles. Si el inventor piensa que la invención es adaptable o si el redactor de la solicitud puede predecir que eventuales infractores lograrían adaptar esta invención a otros vehículos, será prudente redactar las reivindicaciones en términos amplios para que abarquen cualquier vehículo y no solo los automóviles. De este modo, el redactor en ocasiones ayudará al cliente a reconocer el potencial de la invención. Muchos inventores están demasiado concentrados en un problema específico y no ven el alcance completo de su invención. Por ejemplo, las comunicaciones de banda ancha, una de las tecnologías más innovadoras del siglo XX, originalmente fueron concebidas como una solución a la congestión de señales de los torpedos controlados por radio. Esta tecnología se utilizó más adelante para desarrollar los teléfonos celulares CDMA (2G), lo cual resulta una aplicación de la tecnología muy alejada de los torpedos.

Recomendación profesional

Los redactores de solicitudes de patente siempre deben plantearse las cuestiones siguientes: *¿Cuáles son los objetivos de esta invención? ¿Qué trata de proteger el inventor? ¿Quién es probable que cometa una infracción y qué constituiría una infracción? ¿A quién podría concederse una licencia sobre la patente? ¿Para qué invención? ¿Estoy protegiendo la invención adecuadamente al redactar las reivindicaciones de esta forma?*

Los redactores de solicitudes de patente deben ser muy creativos y, mediante el conjunto de reivindicaciones, tratar de obtener la protección máxima para la invención y, al mismo tiempo, incorporar posturas alternativas.

Los redactores de solicitudes de patentes deben tener en cuenta que en algunas jurisdicciones existe el requisito de que las reivindicaciones sean "concisas". Este tipo de requisitos puede referirse tanto a las reivindicaciones individuales como a la totalidad del conjunto de reivindicaciones. En estos casos, la repetición innecesaria de texto entre una reivindicación y otra, por ejemplo, puede evitarse mediante la subordinación de las reivindicaciones.

Aunque en la mayor parte de las jurisdicciones no se ponen objeciones a la existencia de una cantidad razonable de reivindicaciones relativas a determinados aspectos preferidos de la invención, algunos examinadores de patentes pueden rechazar la concurrencia de múltiples reivindicaciones de naturaleza trivial. La cantidad de reivindicaciones que sería razonable y no razonable en cada caso concreto depende de los hechos y las circunstancias, y la redacción y la estructura de las reivindicaciones no deberían permitir al examinador reconocer de inmediato el objeto para el que se solicita protección. Los examinadores de patentes también pueden plantear objeciones si se presentan varias alternativas en una sola reivindicación de tal manera que ello dificulta la comprensión del alcance.

No en todas las jurisdicciones se limita el número de reivindicaciones, pero cuando una oficina de patentes prevé una limitación de este tipo, no lo hace para generar ingresos en forma de tasas adicionales por reivindicaciones excesivas, sino por motivos de eficiencia administrativa. Si un examinador plantea una objeción con la que el redactor de la solicitud de patente no está de acuerdo, este tiene el deber de defender el alcance de protección más adecuado para su cliente. Por supuesto, en toda jurisdicción siempre habrá un punto en el que las reivindicaciones adicionales no reviertan en el mejor interés del cliente, y cuanto más familiarizado esté el redactor de la solicitud con los requisitos exigidos en la jurisdicción correspondiente, más fácil le resultará reconocer ese punto y asesorar a su cliente al respecto.

3. Claridad, selección de la terminología e incoherencias en las reivindicaciones

Las palabras empleadas para describir la invención deben escogerse con atención. Deben reflejar no solo la invención en su forma más específica, sino también las variantes con las que un competidor podría eludir la protección por patente y aprovechar los beneficios de la invención sin que se le acuse de haber cometido una infracción o sin pagar una licencia. En cierto modo, el redactor de solicitudes de patente debe ponerse en el lugar de los posibles infractores y redactar las reivindicaciones desde esa perspectiva.

3.1 Definición de términos

La claridad de las reivindicaciones de la patente es de suma importancia, puesto que en ellas se define el objeto que se desea proteger. El redactor de la solicitud de patente debe garantizar que las reivindicaciones se redacten de manera que quede clara la categoría a la que pertenece la invención y, por lo tanto, también esté claro el alcance de la protección deseada, que varía en función de la categoría. Los términos escogidos deben expresar el significado que desea transmitir el redactor de la patente y deben referirse adecuadamente a la invención.

Por lo general, el significado de los términos utilizados en las reivindicaciones debe ser claro –o, al menos, no completamente desconocido– para una persona experta en la materia. Si algunos términos pudieran ser poco habituales o se utilizaran de forma inusual, el redactor de la patente haría bien en definirlos en la descripción. Deberá asegurarse de que todo significado nuevo o alternativo se exprese de manera clara en las reivindicaciones, puesto que estas deben ser autónomas (es decir, comprensibles sin necesidad de referirse a la descripción, aunque esta pueda orientar su interpretación).

En alguna ocasión, esas definiciones pueden elaborarse a partir del significado literal de los términos. Ahora bien, no deben basarse en un significado establecido en el ámbito técnico correspondiente, y el redactor de la solicitud debe garantizar que todos los significados sean adecuados a las circunstancias específicas en las que desea emplear el término.

En este caso, y de manera más general, el redactor deberá revisar el texto de cada reivindicación y centrar la atención no solo en el sentido técnico sino también en el significado y el alcance que se atribuirían normalmente a esa redacción, tanto en sentido literal como en el ámbito técnico correspondiente, puesto que así es como los examinadores –o los tribunales– interpretarán la reivindicación. En particular, el redactor de la solicitud debe ser precavido para evitar ambigüedades que puedan dar lugar a interpretaciones o caracterizaciones distintas de las deseadas.

Por ejemplo, el redactor de una solicitud de patente puede haber empleado en las reivindicaciones la palabra inglesa "*board*", que puede tener varios significados. Si el redactor decide utilizar esa palabra sin aclarar si se refiere a un "*circuit board*" (placa de circuito) o a un "*wooden board*" (tabla de madera), las reivindicaciones pueden ser ambiguas. Si bien todos los términos escogidos deben ser tan amplios como sea necesario para definir el alcance de protección adecuado, en algunas situaciones puede ser más apropiado utilizar una palabra que tenga un significado más claro y específico. En estos casos, dicho significado debe definirse en la descripción para evitar confusiones.

3.2 Elementos distintivos

Al redactar las reivindicaciones, cumplir la regla basada en "un mismo elemento, un mismo término, un mismo número" aportará claridad y garantizará que un elemento concreto se denomine y se numere de manera coherente en toda la solicitud de patente y que no se atribuya un mismo término o número a más de un elemento. En la práctica, si se utilizan habitualmente varios sinónimos para designar a un elemento determinado, la primera vez que el redactor mencione el elemento, deberá citar todos los sinónimos y confirmar cuál de ellos se utilizará en la solicitud. Igualmente, las abreviaturas deben acompañarse del término desarrollado la primera vez que se mencionan en la descripción y deben emplearse de forma uniforme a lo largo de esa parte de la solicitud. Habida cuenta de que las reivindicaciones deben ser autónomas, se aplica el mismo criterio si la abreviatura aparece de nuevo en una reivindicación.

Para distinguir varios elementos que comparten la misma etiqueta ("X"), pueden formarse varias oraciones con la etiqueta común en las que se utilicen palabras distintas que funcionen como adjetivos. El ejemplo más sencillo puede ser el de los ordinales, por ejemplo, "primer X", "segundo X", "tercer X", etc. Cuando los elementos etiquetados se refieran a un punto de referencia, el redactor puede utilizar "X frontal", después, "X dorsal" o "X proximal" y, posteriormente, "X distal". Las etiquetas ordinales también pueden utilizarse para excluir una serie de componentes. Por ejemplo, para reivindicar un aparato con tres o más antenas (debido, tal vez, a que el aparato con menos de tres antenas forma parte del estado de la técnica), el redactor puede establecer lo siguiente:

Aparato que comprende una primera, segunda y tercera antena, (...).

Cuando se mencionen varios pares de elementos, pueden emplearse las palabras "cada" y "respectivo" (por ejemplo, "cada emisor contiene su receptor respectivo").

3.3 Términos amplios

Las reivindicaciones deben redactarse con precisión y sin utilizar adjetivos con un significado relativo, es decir, palabras como "largo", "corto", "alto", "ancho", "rápido", "lento", "perfecto", etc. Estos términos a menudo representan una medición subjetiva y no ofrecen una delimitación clara, a menos que se utilicen relacionados con otro elemento de la reivindicación que funcione como referencia. Por ejemplo, "un trozo corto de madera" solo tiene sentido si se menciona en un contexto como el siguiente:

- un primer trozo de madera;
- un segundo trozo de madera, *más corto que* el primero.

Si el redactor de la solicitud de patente utiliza un término tan impreciso, es probable que el examinador de patentes se oponga a él o, simplemente, haga su propia interpretación; es decir, que por "un trozo corto de madera" no entienda nada más que "un trozo de madera", que en realidad no se distingue de "un trozo enorme de madera". O, lo que sería aún peor, si esa reivindicación acaba formando parte de una patente concedida que se impugna ante los tribunales, el presunto infractor puede alegar fácilmente que utiliza "trozos de madera, no trozos *cortos* de madera".[31]

En este sentido, en las reivindicaciones no deberían emplearse términos imprecisos como "delgado", "fuerte" o "alto", a menos que el término tenga un significado bien reconocido en ese ámbito concreto de la técnica (por ejemplo, "alta frecuencia" en relación con un amplificador) y ese sea el sentido buscado. Cuando el término no cuente con ese significado bien reconocido y el examinador hace objeciones, el redactor de la solicitud debería tratar de sustituirlo por una redacción más precisa que figure en otra parte de la divulgación original en la fecha de presentación de la solicitud o la fecha de prioridad. (Añadir una definición que no se sustente en la divulgación original puede ampliar de forma inadmisible la materia que se desea proteger.) Cuando la divulgación original no proporcione una base para sustentar una definición clara y el término no sea esencial para la invención, el redactor de la solicitud puede plantearse incluso suprimirla por completo; en definitiva, si el término es esencial, no debería plantear confusión.

Igualmente, el solicitante no puede emplear un término poco claro para distinguir su invención de lo que ya se encuentra en el estado de la técnica.

3.4 Imprecisiones

Se debe prestar una atención especial cuando se emplea la expresión "alrededor de" o términos similares como "aproximadamente". Tales palabras pueden aplicarse, por ejemplo, a un valor determinado (por ejemplo, "alrededor de 200 C") o a un intervalo (por ejemplo, "entre aproximadamente x y aproximadamente y"). Con frecuencia, los examinadores de patentes solo permiten esos términos si su presencia no impide que la invención se distinga sin ambigüedad del estado de la técnica con respecto de la novedad y la actividad inventiva. Aun cuando el examinador de patentes acepte el término, el redactor de la solicitud debe ser igualmente cuidadoso al utilizarlo, puesto que un tribunal podría considerarlo impreciso en un momento posterior.

Los términos relacionados con "aspectos optativos" (como las expresiones "de preferencia", "por ejemplo", o "más concretamente") deben analizarse con atención para asegurarse de que no generan ambigüedad. En algunas jurisdicciones, como la de la Oficina Europea de Patentes (OEP), las expresiones de este tipo no tienen un efecto limitativo del alcance de una reivindicación, es decir, los aspectos que se mencionen tras esas expresiones se consideran totalmente optativos. Ahora bien, este criterio no se aplica necesariamente en todas las jurisdicciones. En algunas, más estrictas que la de la OEP, utilizar esos términos hace que la reivindicación sea inadmisiblemente imprecisa. Lo que es más importante, en un litigio en materia de patentes, la parte denunciada probablemente alegará que esas expresiones *sí* tienen un efecto limitativo, porque de lo contrario no se habrían (es más, no se deberían haber) mencionado en la reivindicación. Si bien el titular de la patente puede acabar ganando el pleito, quien redacte la solicitud de patente tiene la responsabilidad de preparar reivindicaciones que minimicen la posibilidad de que surjan esos litigios (y los costos que conllevan).

3.5 La preposición "en"

En muchas jurisdicciones, conviene prestar especial atención al redactar reivindicaciones con la palabra "en" (y otras preposiciones) para definir la relación entre distintas entidades físicas (productos o aparatos), entre entidades y actividades (procesos o usos) o entre distintas actividades. A continuación se presentan algunos ejemplos:

i) "Cabeza de cilindro en un motor de cuatro tiempos".
ii) "En un aparato telefónico con marcado automático, detector del tono de invitación a marcar y controlador de funciones, el detector del tono de invitación a marcar comprende [...]".
iii) "En un proceso en el que se utilizan medios de alimentación de electrodo para un aparato de soldadura de arco, un método para controlar la corriente y la tensión de soldadura de arco que comprende los siguientes pasos: [...]" .
iv) "En un proceso/sistema/aparato, etc. [...] la mejora que consiste en [...]".

En los ejemplos i) a iii), el énfasis recae en las subunidades que están en pleno funcionamiento (la cabeza de cilindro, el detector del tono de invitación a marcar, el método de controlar la corriente y la tensión de la soldadura de arco) más que en la unidad completa dentro de la cual está contenida la subunidad (el motor de cuatro tiempos, el teléfono, el proceso).

Recomendación profesional

> También podría argumentarse que las reivindicaciones que contienen la preposición "en" limitan innecesariamente el alcance de la protección deseada por el cliente. En uno de los ejemplos, cabe preguntarse si el redactor de la solicitud estaba seguro de que la "cabeza de cilindro" reivindicada solamente funcionaría en un motor de cuatro tiempos. Antes de emplear la preposición "en", es importante reflexionar detenidamente sobre si es necesaria para proteger la invención del cliente.

En muchas jurisdicciones se objetará la falta de claridad respecto de si se busca protección para la subunidad en sí misma o si se pretende proteger la unidad en su totalidad. Por lo tanto, para mayor claridad, las reivindicaciones de este tipo generalmente se refieren a "una unidad *con* (o que comprende) una subunidad" (por ejemplo, "motor de cuatro tiempos *con* una cabeza de cilindro") o a la subunidad en sí misma, especificando su finalidad (por ejemplo, "cabeza de cilindro *para* un motor de cuatro tiempos").

En las reivindicaciones del tipo indicado en el ejemplo iv), el uso de la palabra "en" en ocasiones no aclara si se busca protección solamente para la mejora o para todos los aspectos definidos en la reivindicación. En este caso también es esencial asegurarse de que la redacción sea clara, aunque podrían aceptarse reivindicaciones como "uso de una sustancia [...] como ingrediente anticorrosivo en una composición de pintura o laca" sobre la base de las reivindicaciones de segundo uso no médico en jurisdicciones como la de la OEP (véase la sección 2.4 del módulo V).

3.6 Incoherencia

Las incoherencia entre la descripción y las reivindicaciones pueden sembrar dudas sobre el alcance de la protección y, por lo tanto, privar a las reivindicaciones de claridad o fundamento, lo cual las haría susceptibles a objeciones.

Veamos algunos ejemplos de incoherencias.

Simple incoherencia verbal: Una frase en la descripción sugiere que la invención se limita a una característica determinada, pero las reivindicaciones no tienen esta limitación y la descripción no pone un énfasis especial en ese aspecto, y no existen motivos para creer que este sea esencial para el funcionamiento de la invención.

En tal caso, para eliminar la incoherencia se puede ampliar la descripción o limitar las reivindicaciones. Además, si las reivindicaciones son más limitadas que la descripción, es posible ampliarlas o restringir la descripción. (Sin embargo, recuérdese que en muchas jurisdicciones no es posible ampliar la descripción después de la presentación de la solicitud, aun cuando "ampliar" no signifique añadir, sino *suprimir* material de la descripción.)

Incoherencia relativa a características aparentemente esenciales: El examinador considera, a partir de la base del conocimiento técnico general o de lo que se establece o se sugiere en la descripción, que una determinada característica técnica descrita y no mencionada en una reivindicación independiente es esencial para el funcionamiento de la invención, es decir, es necesaria para resolver el problema del que se ocupa la invención. Por el contrario, la reivindicación independiente puede contener características que no parecen esenciales para el funcionamiento de la invención.

El examinador no sugerirá que se amplíe el alcance mediante la omisión de características aparentemente no esenciales. La principal responsabilidad del redactor de la solicitud de patente es obtener una protección amplia de la reivindicación; el examinador solo tiene el deber de señalar que la reivindicación es "demasiado amplia", pero no está obligado indicar al solicitante que la reivindicación es demasiado restringida.

Parte de la materia objeto de la descripción o de los dibujos no está protegida por las reivindicaciones: Todas las reivindicaciones de una solicitud definen un circuito eléctrico en el que se utilizan dispositivos conductores, pero en una de las realizaciones que figuran en la descripción y en los dibujos se utilizan tubos electrónicos en su lugar.

En tal caso, la incoherencia normalmente se puede solventar si se amplía el alcance de las reivindicaciones (suponiendo que la descripción y los dibujos brinden un respaldo adecuado a dicha ampliación) o se suprime la materia "superflua" de la descripción y los dibujos.

Por otra parte, podría admitirse la inclusión en la descripción o en los dibujos de ejemplos que no forman parte de las reivindicaciones si estos no se presentan en forma de realizaciones de la invención, sino como antecedentes o ejemplos útiles para entender la invención. En algunas jurisdicciones, como en los Estados Unidos de América, introducir en la descripción materia que no aparece en las reivindicaciones por lo general no daría lugar a objeciones, pero la materia no reivindicada puede considerarse disponible para el público (es decir, pertenece al dominio público).

En esos ejemplos se reitera el requisito de que la descripción sustente las reivindicaciones (véase también la sección 10 del presente módulo).

3.7 Aplicación práctica

En la práctica, los métodos actuales para hacer cumplir el requisito de claridad pueden variar de una jurisdicción a otra.

En los Estados Unidos de América, las objeciones a las reivindicaciones por motivo de su indefinición (falta de claridad) suelen plantearse cuando falta un antecedente, es decir, cuando un análisis literal muestra que un determinado término reivindicado que se menciona por segunda vez, o más veces, va precedido de un artículo indeterminado ("un" o "una") en lugar de determinado ("el" o "la").

De conformidad con el Convenio sobre la Patente Europea (CPE), las reivindicaciones deben mencionar las características técnicas de la invención. En consecuencia, las reivindicaciones independientes deben mencionar *todas* las características esenciales necesarias para definir la invención. El examinador de la OEP puede oponerse a una reivindicación independiente por incumplimiento del requisito de claridad y exigir que la reivindicación contenga una característica divulgada en otro lugar, pero no reivindicada, una vez que se determine que dicha característica es "esencial" para la invención.

Además, en los países europeos donde es aplicable el CPE, la descripción debe divulgar el problema técnico que se pretende resolver, la solución al problema y el efecto ventajoso de la invención respecto del estado de la técnica. En ausencia de cualquiera de estos elementos, no se admitirá la solicitud por falta de claridad, y lo mismo sucederá si se presenta un número excesivo de reivindicaciones o si estas carecen de signos de referencia, lo cual tiende a dificultar el trabajo del examinador.

En el Japón, las reivindicaciones de productos definidos por el proceso se consideran carentes de claridad en principio, a menos que sea imposible o impracticable definir el producto reivindicado mediante elementos estructurales o característicos en la fecha de presentación.

Por último, cabe señalar que cuando una reivindicación se refiere a una aplicación terapéutica adicional de un medicamento y la enfermedad objeto del tratamiento se define en términos funcionales (por ejemplo, "cualquier enfermedad susceptible de ser aliviada o prevenida por la ocupación selectiva de un receptor específico"), en muchas jurisdicciones (como la de la OEP), solo se considera que la reivindicación cumple el requisito de claridad si en los documentos de la patente o en el conocimiento general se dispone de instrucciones en la forma de pruebas experimentales, o de criterios comprobables por medio de pruebas, que permitan al experto en la materia reconocer cuáles son las enfermedades que se contemplan en la definición funcional y, por lo tanto, dentro del alcance de la reivindicación.

Ejemplo

Las solicitudes de patente deben redactarse con claridad y brevedad. La redacción de solicitudes de patente es uno de los muchos ámbitos en los que se aplica el aforismo "hágalo fácil y sencillo" (principio KISS, por la frase en inglés "*keep it short and simple*"), que consiste en lo siguiente:

- utilizar un lenguaje sencillo, siempre que permita transmitir el mensaje;
- escribir oraciones breves sin alterar el orden habitual de las palabras; y
- evitar expresiones intrincadas y redundantes.

Compárense los dos textos que figuran a continuación:

[*Redacción original*]

Reivindicación 1. Dispositivo optoelectrónico modulable que emite luz y que comprende: un dieléctrico (1) con nanocristales integrados (2), caracterizado por el hecho de que el dispositivo optoelectrónico modulable que emite luz también comprende: un primer medio de inyección de carga (3) para inyectar cargas en el dieléctrico (1) de manera que ese primer medio de inyección de carga (3) pueda inyectar las cargas siguientes: [...]; un segundo medio de inyección de carga (4) que es diferente del primer medio de inyección de carga (3) y que funciona de manera que ese segundo medio de inyección de carga (4) pueda [...]; y que ese segundo medio de inyección de carga (4) pueda [...].

[*Redacción revisada*]

Reivindicación 1. Dispositivo optoelectrónico modulable que emite luz y que comprende: un dieléctrico (1) con nanocristales integrados (2); un primer medio de inyección de carga (3) que inyecta en el dieléctrico (1) las cargas siguientes: [...]; un segundo medio de inyección de carga (4) que puede [...] y [...].

¿Es necesaria la expresión "caracterizado por el hecho de que el dispositivo optoelectrónico modulable que emite luz también comprende" de la redacción original? ¿O tiene un nivel de detalle innecesario?

Además, si los términos "primer" y "segundo" se utilizan como etiquetas para distinguir dos elementos diferentes que se expresan con una misma expresión ("medio de inyección de carga") y que en los dibujos tienen asignados números de referencia distintos (3 y 4), ¿cuál es la finalidad de la oración "un segundo medio de inyección de carga (4) que es diferente del primer medio de inyección de carga (3)" de la redacción original? ¿No queda suficientemente claro que los términos "primer" y "segundo", junto con los números de referencia (3) y (4), indican que los medios de inyección de carga son diferentes?

4. Variaciones en las reivindicaciones y modificaciones de la invención

Al redactar reivindicaciones, es importante reflexionar constantemente sobre las variaciones de la invención. El término jurídico que designa estas variaciones es "*realizaciones*". El redactor de una solicitud de patente debe ponerse en el lugar de un posible infractor y preguntarse qué haría este para evitar cometer una infracción de la reivindicación. ¿Qué variaciones podría introducir un competidor para eludir la comisión de una infracción? Las variaciones o realizaciones alternativas que surjan en respuesta a la pregunta son las que deben incluirse en la descripción y en el borrador de reivindicaciones. También es importante no pasar por alto las realizaciones alternativas que puedan desempeñar la misma función, puesto que las reivindicaciones relativas a dichas realizaciones son cruciales para proporcionar una protección de amplio alcance.

Ejemplo

Un inventor ha creado un dispositivo que consiste en un lápiz con una goma de borrar incorporada. Las reivindicaciones relativas a la realización principal (o preferida) pueden redactarse como sigue:

1. Dispositivo que comprende:
   - un lápiz; y
   - una goma de borrar sujeta al lápiz.
2. El dispositivo de la reivindicación 1 en el que dicha goma está sujeta de forma desmontable al lápiz.
3. El dispositivo de la reivindicación 2 en el cual el lápiz es de color rojo.

Para la misma invención, las reivindicaciones referidas a una realización alternativa podrían ser las siguientes:

1. Dispositivo que comprende:
   - un crayón; y
   - una goma sujeta al lápiz de color.

2. El dispositivo de la reivindicación 1 en el que dicha goma está unida de forma desmontable al crayón.
3. El dispositivo de la reivindicación 2 en el que el crayón es de color rojo.

La comparación del conjunto de reivindicaciones del "crayón" con el conjunto del "lápiz" sugiere que el redactor de la solicitud podría redactar un conjunto de reivindicaciones aún más amplio referido a "un utensilio para escribir", y luego redactar reivindicaciones dependientes referidas al crayón y al lápiz.

Recomendación profesional

Al concebir las realizaciones alternativas, no conviene olvidar que el presupuesto del cliente debe tenerse siempre presente y que no se debe superar el alcance definido por el inventor.

5. Evitar limitaciones innecesarias

Según una norma básica de la redacción de reivindicaciones, estas deben revisarse continuamente para suprimir los elementos innecesarios (es decir, las limitaciones). Ya se ha mencionado la técnica que consiste en redactar una reivindicación como una única oración amplia que contenga todos los elementos razonables de una realización de la invención, para después revisar la oración y suprimir todos los elementos que no son esenciales a la invención, con la finalidad de expresar su esencia. De este modo, el redactor de la solicitud de patente puede elaborar una reivindicación que refleje la invención en su forma más amplia y evite toda limitación innecesaria. Esta única reivindicación puede complementarse con conjuntos de reivindicaciones que tengan un alcance distinto y que reintroduzcan algunos de esos otros elementos. El conjunto de reivindicaciones resultante relativo a la invención será amplio, igual que el alcance de la protección de la patente, si se concede.

Otra norma es la que exige que las reivindicaciones no se basen en referencias a la descripción o los dibujos para explicar los aspectos técnicos de la invención, a menos que sea absolutamente necesario. En la mayoría de las jurisdicciones no se aceptan las denominadas "reivindicaciones ómnibus", que hacen referencia a la descripción o a los dibujos sin proporcionar limitaciones específicas (por ejemplo, "El aparato para cosechar maíz que figura en la descripción" o "La máquina para hacer zumo que se muestra en la figura 4").

En todo caso, es deber del solicitante demostrar que es "absolutamente necesario" basarse en una referencia a la descripción o a los dibujos. Una excepción admisible sería la situación en la que la reivindicación se refiere a una invención con una forma peculiar que está bien ilustrada en los dibujos y que no puede reducirse a palabras fácilmente ni representarse mediante una simple fórmula matemática. Otro caso especial puede ser el de las invenciones relacionadas con productos químicos en las que algunos de sus aspectos solo pueden definirse por medio de gráficos o diagramas.

6. Limitaciones negativas y exclusiones

La materia objeto de una reivindicación normalmente se define mediante aspectos positivos e indicativos de la presencia de determinados elementos técnicos. En raras ocasiones, el redactor de la solicitud de patente puede restringir la materia objeto de la reivindicación mediante un elemento negativo que establezca expresamente la ausencia de una característica concreta (por ejemplo, "no es de madera)". Esos elementos negativos se pueden utilizar, por ejemplo, para descartar realizaciones no patentables divulgadas en la solicitud presentada inicialmente, o cuando de la solicitud presentada se pueda deducir la ausencia de una característica.

Además, en algunas jurisdicciones, como la de la OEP, se puede descartar un antecedente del estado de la técnica mediante una exclusión (*disclaimer*) que restablezca la novedad de una actividad inventiva que accidentalmente coincide con el antecedente. Una exclusión que no se base en la solicitud presentada solamente puede restablecer la novedad; no puede volver inventiva una materia evidente. Asimismo, es fundamental que la redacción de la exclusión no sea más extensa que el contenido de la solicitud presentada (véase también la sección 3 del módulo IX).

Desde una perspectiva más general, los elementos negativos o las exclusiones solo pueden utilizarse cuando añadir aspectos positivos a la reivindicación:

i) no definiría de forma más clara y concisa la materia que es igualmente susceptible de protección; y
ii) limitaría indebidamente el alcance de la reivindicación.

Por ejemplo, un proceso químico en el que podría utilizarse todo metal conocido excepto el cobre (y en realidad el propio inventor no sabe por qué no puede utilizarse este metal) podría expresarse mediante "un metal, excepto el cobre", aunque, incluso en ese caso, el redactor de la solicitud de patente puede acabar dando con una palabra adecuada que defina ese elemento de forma más positiva.

Asimismo, hay quien opina que los redactores de solicitudes de patente deberían evitar los elementos negativos y las exclusiones, porque la naturaleza protectora de invenciones propia de las reivindicaciones se refleja mejor por medio de un lenguaje elegante e ingenioso.

7. Las reivindicaciones y los productos de la competencia

El redactor de una solicitud debería interrogar a su cliente acerca de los productos de la competencia. Se puede hacer un buen uso de este conocimiento de los antecedentes para redactar reivindicaciones que abarquen productos de la competencia en el mercado, siempre que estos no pertenezcan al estado de la técnica.

Dado que la tramitación de la solicitud de patente puede durar varios años, el redactor de la solicitud debe estar al corriente de los productos competidores que surjan durante ese tiempo en el ámbito de la invención. Si el redactor de la solicitud toma conocimiento de un nuevo producto de la competencia mientras la solicitud de patente está en trámite, deberá modificar las reivindicaciones pendientes para que reflejen mejor *tanto* la invención del cliente *como* el producto competidor (si sabe con certeza que este último no figura ya en el estado de la técnica). De este modo, el alcance de las reivindicaciones de la patente concedida puede abarcar el producto del competidor, quien no tendría más remedio que obtener una licencia del cliente.

En la sección 3 del módulo IX se explican las modificaciones de las reivindicaciones y la solicitud de patente mientras se tramita la solicitud.

8. Las reivindicaciones deben superar el estado de la técnica

Los redactores de solicitudes de patente deben redactar reivindicaciones que superen el estado de la técnica relacionado con la invención que ya conoce. De lo contrario, la patente será declarada nula. La estrategia ideal consiste en redactar una reivindicación que sea más restringida que el estado de la técnica conocido en el momento, pero más amplia que los productos de la competencia.

Además, debe tenerse en cuenta que en algunas jurisdicciones, como en los Estados Unidos de América, se exige que el redactor de la solicitud de patente, el inventor y cualquier otra parte relacionada con la solicitud de patente revelen al examinador todo el estado de la técnica pertinente del que tengan conocimiento. El incumplimiento de este requisito puede tener como resultado, en algunas circunstancias, que la patente se declare nula y se inhabilite al redactor de solicitudes para seguir ejerciendo.

9. Utilizar varios tipos de reivindicaciones para la misma invención

Si la misma invención puede reivindicarse como método y como aparato, el redactor de la solicitud no debería dudar en hacerlo. No es cierto que las invenciones solo puedan reflejarse de una única forma. Es más, para lograr la protección más amplia posible de la invención, es recomendable reivindicarla de varias formas.

A continuación se examinan algunos ejemplos de reivindicaciones.

Ejemplo

Una invención consiste en un programa informático para efectuar búsquedas en Internet.

Una reivindicación de sistema podría ser la siguiente:

1. Sistema para efectuar búsquedas en Internet que comprende:
   - un módulo informático configurado para efectuar una búsqueda;
   - una base de datos configurada para guardar los resultados producidos por dicha búsqueda; y
   - una interfaz de usuario configurada para presentar los resultados de la búsqueda al usuario.

Cabe observar que en la reivindicación 1 se han enumerado los distintos componentes de la invención y la manera en que interactúan entre sí. Se han definido los tres elementos y establecido la función que realiza cada uno de ellos. Se ha indicado que el módulo informático efectúa la búsqueda, la base de datos almacena la búsqueda y la interfaz hace que dicha búsqueda esté disponible para el usuario.

Una reivindicación de método para la misma invención podría ser la siguiente:

2. Método para efectuar búsquedas en Internet que consiste en:
   - transmitir una solicitud de búsqueda por Internet desde un módulo informático;
   - recibir los resultados de la búsqueda por Internet correspondientes a la solicitud de búsqueda realizada por el módulo informático;
   - almacenar los resultados de la búsqueda en una base de datos; y
   - presentar los resultados de la búsqueda al usuario por medio de la interfaz con el usuario.

Puede observarse que en la reivindicación 2 se han introducido los distintos pasos que se siguen para efectuar la búsqueda y, al mismo tiempo, los componentes que realizan cada una de las funciones establecidas. Por ejemplo, el primer paso se define como la búsqueda en Internet efectuada por medio del módulo informático.

10. Asegurarse de que la descripción respalde las reivindicaciones

Como se ha mencionado, la descripción y los dibujos deben respaldar las reivindicaciones, lo cual significa que la materia objeto de cada reivindicación debe tener una base de sustento en la descripción. El requisito del respaldo no implica que el redactor de las solicitudes de patente deba redactar la descripción y las reivindicaciones de forma idéntica, sino que el alcance de las reivindicaciones por lo general no se interpretará de forma más amplia que la descripción y los dibujos y, en algunas jurisdicciones, que la contribución al estado de la técnica.

Recomendación profesional

Debe tenerse en cuenta que las únicas restricciones razonables a la amplitud de las reivindicaciones son las relativas al estado de la técnica (novedad y actividad inventiva), independientemente de que la divulgación esté o no respaldada, y no deben depender del juicio subjetivo de un determinado examinador de patentes sobre la importancia de la invención del cliente.

La mayor parte de las reivindicaciones son generalizaciones de uno o más ejemplos específicos. Al redactar las reivindicaciones de una solicitud de patente, el redactor tratará de generalizar las realizaciones concretas que se divulgaron en la descripción y los dibujos; el examinador de patentes interpretará el alcance de la generalización en cada caso concreto a la luz del estado de la técnica relevante. El grado admisible de generalización en las reivindicaciones puede variar en función del ámbito de la tecnología y del estado de la técnica relacionado. Por lo general, las reivindicaciones relativas a una invención que da origen a un ámbito completamente nuevo pueden ser más generalizadas que aquellas que constituyen una mejora en un ámbito conocido. Una reivindicación bien definida es aquella que no es tan amplia como para sobrepasar el alcance de la invención, ni tan restringida como para privar al solicitante de una recompensa justa por la divulgación de su invención. Normalmente, al solicitante se le permite tratar de proteger todas las modificaciones, equivalentes y usos evidentes de lo descrito. En particular, si es razonable pensar que todas las variantes protegidas por las reivindicaciones tendrán efectivamente las propiedades o los usos que el solicitante les asigna en la descripción, las reivindicaciones deben redactarse en consecuencia.

En la sección 1 del módulo IX se ofrece más información sobre la tramitación de las solicitudes de patente por parte del examinador.

Veamos algunos ejemplos de situaciones en las que las reivindicaciones podrían considerarse respaldadas o no.

Recomendación profesional

A lo largo del presente manual se ha reiterado que el redactor de solicitudes de patente siempre debe proporcionar un respaldo adecuado de las reivindicaciones del cliente en la descripción. Debe recordarse que no pueden aportarse materiales completamente nuevos en respuesta a las objeciones del examinador. El redactor debe tratar de anticipar todos los elementos más restringidos que pueda ser necesario añadir a las reivindicaciones posteriormente, es decir, debe intentar asegurarse de que en la descripción se dé respaldo a las reivindicaciones desde un primer momento.

Ejemplo 1

Una reivindicación se refiere a un proceso para tratar todo tipo de "plántulas vegetales" que consiste en someterlas a un choque de frío controlado para producir resultados específicos. La descripción revela un proceso aplicado a un único tipo de planta.

Habida cuenta de que las propiedades de las plantas varían en gran medida de unas a otras, el examinador de patentes tiene motivos para pensar que el proceso *no* es aplicable a todas las plántulas vegetales. A menos que el solicitante pueda proporcionar pruebas convincentes que demuestren lo contrario, deberá restringir su reivindicación al tipo particular de planta al que hace referencia en la descripción. No será suficiente una mera declaración para indicar que el proceso es aplicable a todas las plántulas vegetales.

Ejemplo 2

Una reivindicación se refiere a un método específico de tratamiento de "moldes de resina sintética" para obtener determinados cambios en sus características físicas. En todos los ejemplos descritos se mencionan resinas termoplásticas, y el método parece inapropiado para las resinas termoestables.

A menos que el solicitante pueda presentar pruebas de que el método es aplicable a las resinas termoestables, debe restringir su reivindicación a las resinas termoplásticas.

Ejemplo 3

Una reivindicación se refiere a composiciones mejoradas de fueloil que poseen una propiedad deseada. La descripción ofrece respaldo a una manera de obtener las composiciones de fueloil mediante la presencia de unas cantidades definidas de un determinado aditivo. No se divulgan otras maneras de obtener los combustibles con la propiedad deseada.

La reivindicación no hace mención alguna del aditivo. La reivindicación no cuenta con respaldo para todo su alcance, por lo que el examinador de la patente plantea objeciones.

Los redactores de solicitudes de patente no deben reivindicar un elemento si no tienen la certeza de que está incluido en el alcance de la invención. Deben tratar de obtener patentes válidas para sus clientes. El requisito del respaldo en la descripción no solo contribuye adecuadamente a proteger al público de reivindicaciones de patentes mucho más amplias de lo que el solicitante puede justificar, sino que también protegen al solicitante de las consecuencias que puede tener tratar de patentar una invención que no está respaldada en la descripción.

La medida en la que debe divulgarse la invención en la solicitud de patente es relativa y depende del alcance de la protección deseada. Para obtener una protección más amplia para la patente, en principio es necesario realizar una divulgación más extensa de la invención, y el requisito de la divulgación de respaldo sirve para prevenir que las reivindicaciones sean *demasiado* amplias en comparación con lo que se divulga en la descripción y los dibujos. En cambio, si se busca una protección limitada, puede bastar con una divulgación de la invención menos extensa (en ocasiones, una única realización).

En ambos casos, efectuar en las reivindicaciones una divulgación innecesariamente amplia de la invención no está prohibido como tal. Sin embargo, ello aumentará la carga y los costos para el solicitante y revelará al público más información sobre la invención de la que estará protegida por la ley.

11. Unidad de la invención

La *unidad de la invención* es el requisito según el cual las solicitudes de patente por lo general deben contener una sola invención o un grupo de invenciones vinculadas entre sí de modo que formen un único concepto inventivo general. La segunda de esas alternativas -el grupo de invenciones vinculadas con un único concepto- puede dar lugar a varias reivindicaciones independientes en la misma categoría, aunque lo más habitual es encontrarse con varias reivindicaciones independientes en distintas categorías. En los Estados Unidos de América, se utiliza la expresión "requisito de restricción" para referirse a un concepto similar.

El requisito, que se aplica esencialmente para garantizar que las estructuras de tasas sean justas y equitativas, impide que los solicitantes de patentes presenten una solicitud relativa a multitud de invenciones diferenciadas y paguen por ello una única tasa de presentación. Por lo tanto, la falta de unidad de la invención no suele ser un defecto gravísimo de las solicitudes de patentes. Si un examinador determina que las reivindicaciones en una solicitud de patente carecen de unidad de la invención, se solicitará al redactor de la solicitud que elija determinadas reivindicaciones y cancele o elimine las demás. Sin embargo, normalmente se permitirá que el redactor de la solicitud presente otra solicitud de patente, denominada "solicitud divisional", referida a las reivindicaciones que no incluyó en la primera solicitud. En la práctica, esto significa que el incumplimiento del requisito tiene consecuencias temporales y financieras para el cliente, que deberá pagar unas tasas más elevadas y esperar más tiempo para obtener la protección por patente.

Con el análisis que figura a continuación se pretende ayudar a los redactores de solicitudes de patente a comprender en qué situaciones el examinador de patentes puede considerar que no se cumple el requisito de la unidad de la invención. Los ejemplos provistos se refieren principalmente a invenciones químicas, pero los conceptos son aplicables a solicitudes de todos los ámbitos técnicos.

En algunas jurisdicciones, como la de la OEP, se considera que existe unidad de la invención en el contexto de productos intermediarios y finales cuando:

i) tienen el mismo elemento estructural esencial, es decir, sus estructuras químicas básicas son las mismas o sus estructuras químicas están estrechamente interrelacionadas desde un punto de vista técnico, y el producto intermediario incorpora un elemento estructural esencial al producto final; y
ii) están técnicamente interrelacionados, es decir, el producto final se elabora directamente a partir del intermediario o está separado de este por una pequeña cantidad de intermediarios, todos los cuales contienen el mismo elemento estructural esencial.

También puede haber unidad de la invención entre productos intermediarios y finales cuyas estructuras no sean conocidas; por ejemplo, entre un intermediario de estructura conocida y un producto final de estructura desconocida, o entre un intermediario de estructura desconocida y un producto final de estructura desconocida. En tales casos, debería haber suficientes pruebas para que un experto en la materia pueda concluir que los productos intermediarios y finales están estrechamente interrelacionados desde un punto de vista técnico, por ejemplo, cuando el intermediario contiene el mismo elemento esencial que el producto final o incorpora a este un elemento esencial.

En una solicitud se pueden reivindicar los diferentes productos intermediarios que se utilizan en los distintos procesos de preparación del producto final, siempre que contengan el mismo elemento estructural esencial. Un producto intermediario nuevo no debería interrumpir el proceso que lleva del producto intermediario al final. Cuando se reivindiquen diferentes intermediarios para distintas partes estructurales del producto final, no habrá unidad entre los intermediarios. Si los productos intermediarios y finales son familias de compuestos, cada compuesto intermediario debe corresponderse con uno de los reivindicados en la familia de los productos finales. En cambio, es posible que algunos de los productos finales *no* tengan un compuesto correspondiente en la familia de los productos intermediarios, por lo que no es necesario que ambas familias sean absolutamente concordantes. El mero hecho de que los productos intermediarios puedan tener efectos o posibles aplicaciones distintos de la función de contribuir a los productos finales no debería comprometer la unidad de la invención.

Cuando en una única reivindicación se definen varias alternativas (químicas o no químicas) –lo cual se denomina grupo Markush (véase la sección 2.3 del módulo IV)–, se considerará que existe unidad de la invención si las alternativas tienen una naturaleza similar y pueden sustituirse mutuamente con facilidad. De conformidad con el Tratado de Cooperación en materia de Patentes (PCT), cuando el grupo Markush se refiere a alternativas de compuestos químicos, se consideran "de naturaleza similar" si:

A. todas las alternativas tienen una propiedad o actividad en común, y

B.1. existe una estructura común, es decir, todas las alternativas tienen un mismo elemento estructural significativo, o

B.2. en los casos en los que la estructura común no pueda ser el criterio unificador, todas las alternativas pertenecen a una clase de compuestos químicos reconocida en el ámbito técnico al que pertenece la invención.[32]

Recomendación profesional

> Debe recordarse que la ausencia de unidad de la invención no es un defecto gravísimo. Por lo general, el redactor podrá presentar una solicitud divisional relativa a las reivindicaciones que han quedado fuera de la solicitud inicial (véase la sección 4.6 del módulo IX).

La condición que figura en el apartado B.1, "todas las alternativas tienen un mismo elemento estructural significativo", se refiere a las situaciones en las que los compuestos comparten en gran medida una estructura química común o a aquellas en las que los compuestos solo tienen en común una pequeña parte de sus estructuras, que es estructuralmente distintiva teniendo en cuenta el estado de la técnica y esencial a la propiedad o actividad común. El elemento estructural puede ser un componente único o una combinación de componentes individuales vinculados entre sí. La alternativa B.2, "una clase de compuestos químicos reconocida", significa que la persona experta en la materia tiene la expectativa de que los miembros de esa clase se comportarán de la misma forma en el contexto de la invención reivindicada, es decir, los miembros pueden sustituirse entre sí sin alterar el resultado esperado. Si puede demostrarse que al menos una alternativa Markush no es nueva, el redactor de la solicitud de patente debe volver a examinar si las reivindicaciones cumplen el requisito de la unidad de la invención.

En algunas jurisdicciones, como en la de la OEP, la ausencia de unidad de la invención puede ser evidente *a priori* (es decir, antes de que el examinador analice las reivindicaciones en relación con el estado de la técnica) o puede ponerse de manifiesto *a posteriori*, por ejemplo, cuando un documento hallado en el estado de la técnica demuestra la ausencia de novedad o de actividad inventiva en una reivindicación independiente, lo cual dejaría a dos o más reivindicaciones dependientes sin un concepto inventivo común.

12. Punto de vista de las reivindicaciones

Todas las limitaciones o elementos establecidos en una única reivindicación de patente deben tener un "punto de vista" coherente. Por ejemplo, todos los pasos descritos en una reivindicación de método deben ser efectuados por una única parte. El punto de vista coherente es importante porque indica quiénes podrían infringir directamente una reivindicación de patente. Si bien esta puede parecer una recomendación de sentido común, en ocasiones puede ser difícil de cumplir en la práctica, si los componentes inventivos de la invención abarcan una variedad de componentes físicos o actividades. También es importante contar con un único punto de vista coherente cuando la actividad comercial asociada con la invención está dividida entre varias partes.

Demostrar ante un tribunal la infracción directa de una patente suele ser más fácil que demostrar una infracción indirecta (que puede cometerse por contribución o por inducción activa a la infracción), puesto que generalmente las pruebas relativas al primer tipo de infracción están más disponibles que las de la infracción indirecta. En consecuencia, para que las reivindicaciones tengan un efecto disuasorio, en ellas debe especificarse que cualquier intento de imitar la materia objeto de la protección se considerará un acto de infracción directa. Cuando esto no sea posible (debido, por ejemplo, a que precisamente aquellos que por lo general no deberían ser demandados, como el público en general o los clientes comerciales, tienen probabilidades de cometer una infracción directa de la patente), en las reivindicaciones se debe anticipar la necesidad de detectar y demostrar la infracción indirecta.

Como se analizará más adelante, detectar y demostrar las infracciones directas e indirectas suele ser más sencillo cuando se trata de reivindicaciones de producto, en comparación con las relativas a procesos o métodos.

Veamos un ejemplo de reivindicación de producto.

Ejemplo

Una invención consiste en un nuevo compartimento en el que se colocan las baterías que alimentan de energía a una linterna. El inventor ha descubierto que la vida útil de la celda D de la batería es tres veces superior a lo normal si en una batería de celda D convencional se engancha una pequeña pieza de cobre en forma de caracol con un conector macho y todo el conjunto se inserta en una linterna que también tiene una pequeña pieza de cobre en forma de caracol, pero cuyo conector es hembra.

El redactor de la solicitud de patente podría elaborar la reivindicación siguiente:

1. Aparato para prolongar la vida útil de la batería de una linterna que comprende:
   - una pieza de cobre en forma de caracol que tiene un conector macho y que está adaptada para acoplarse operativamente a una batería;
   - una linterna que funciona con batería y cuenta con cableado eléctrico; y
   - una pieza de cobre en forma de caracol que tiene un conector hembra y está conectada con el cableado eléctrico de la linterna que funciona con batería,
   - y a la que se acopla de forma operativa la pieza de cobre en forma de caracol con el conector macho, la cual está adaptada para ello.

Si bien esta reivindicación puede definir adecuadamente el concepto inventivo esencial de la invención, carece de un punto de vista coherente. Algunas partes de la reivindicación se refieren a componentes relacionados con la batería, mientras que otras atañen a componentes de la linterna. (Si la batería durara toda la vida útil de la linterna, el punto de vista de la reivindicación plantearía menos problemas).

Ahora bien, ¿qué sucedería si la persona/entidad que comercializa la batería no fuera la misma que la que suministra la linterna? ¿Qué pasaría si una empresa solo comercializa baterías y otra, solamente linternas? Tal como está redactada la reivindicación, ni el vendedor de la batería ni el de la linterna podrían infringir directamente la patente.

La infracción directa cometida por una entidad a menudo es una condición previa para la existencia de cualquier otro tipo de infracción –como la infracción indirecta por contribución o por inducción– cometida por otra entidad. En numerosos sistemas jurídicos se exige, para considerar que se ha infringido la patente, que el titular de la patente demuestre que al menos una entidad ha cometido una infracción directa. Aunque en algunas jurisdicciones a menudo los litigantes más expertos pueden argumentar la comisión de una infracción directa incluso en relación con reivindicaciones como la del ejemplo, los redactores de solicitudes de patentes deben tratar de redactar las reivindicaciones de manera que el cliente no deba destinar cantidades considerables de dinero y tiempo en esas alegaciones.

Además, el redactor de la solicitud también debe preparar las reivindicaciones de tal forma que den respaldo a los derechos de licencia. En el contexto comercial, una empresa puede vender linternas y otra, baterías, y probablemente ninguna de ellas se sentirá obligada a solicitar una licencia si la reivindicación se redacta como en el ejemplo. Cada una de ellas puede creer sinceramente que tiene fundamentos jurídicos suficientes para evitar la infracción de la reivindicación, puesto que solo utiliza una parte de ella (véase "la regla de todos los elementos" en la sección 1.3 del módulo IV).

Ejemplo

El redactor de la solicitud de patente ha elaborado otros tres conjuntos de reivindicaciones:

- uno referido únicamente a la parte del sistema consistente en la linterna;
- uno referido únicamente a la parte del sistema consistente en la batería; y
- otro referido a la combinación de las piezas de cobre en forma de caracol.

El redactor puede elaborar las tres reivindicaciones adicionales que figuran a continuación, sin dejar de prestar atención para mantener la reivindicación original.

[*Reivindicación de la linterna*]

2. Aparato para prolongar la vida útil de la batería de una linterna que comprende:
   - una linterna que funciona con la batería y cuenta con cableado eléctrico; y
   - una pieza de cobre en forma de caracol que tiene un conector hembra y está conectada con el cableado eléctrico de la linterna que funciona con batería,
   - y que está adaptada para acoplarla de forma operativa a la pieza de cobre en forma de caracol con un conector macho enganchado a una batería.

[*Reivindicación de la batería*]

3. Aparato para prolongar la vida útil de la batería de una linterna que comprende:
   - una batería; y
   - una pieza de cobre en forma de caracol que tiene un conector macho y se acopla de forma operativa la batería,
   - y que está adaptada para acoplarla de forma operativa a una pieza de cobre en forma de caracol con un conector hembra, el cual está conectado al cableado eléctrico de una linterna.

[*Las piezas conectoras*]

4. Aparato para prolongar la vida útil de la batería de una linterna que comprende:
   - una pieza de cobre en forma de caracol que tiene un conector macho y que está adaptada para acoplarse eléctricamente a una batería; y
   - una pieza de cobre en forma de caracol que tiene un conector hembra y está adaptada para conectarse de forma operativa con el cableado eléctrico de la linterna que funciona con batería,
   - y a la que se acopla de forma operativa la pieza de cobre en forma de caracol con el conector macho, la cual está adaptada para ello.

Cabe señalar que, mientras que en las reivindicaciones 2 y 3 se menciona tanto la batería como la linterna, el "punto de vista" de cada reivindicación ha cambiado y se centra exclusivamente o en la batería, o en la linterna o en la combinación de las dos piezas conectoras. Por lo tanto, la reivindicación 2 debería ser más fácil de conceder en licencia a un proveedor de linternas infractor y constituir una base más sólida en un litigio contra este que la reivindicación 1; mientras que la reivindicación 3 debería ser más fácil de conceder en licencia a un proveedor de baterías infractor y constituir una base más sólida en un litigio contra este que la reivindicación 1. La reivindicación 4 se centra en las dos piezas con forma de caracol y se podría alegar contra la empresa que provee las partes con forma de caracol para su posterior ensamblaje por los proveedores de baterías o de linternas.

Recomendación profesional

Redactar reivindicaciones de patentes es un proceso iterativo de revisión y edición. Es poco frecuente redactar una reivindicación de patente excelente en el primer intento, aun después de años de experiencia. Ahora bien, el redactor aprenderá que este proceso acaba teniendo como resultado unas reivindicaciones de patente que reflejan plenamente el alcance de la invención del cliente y proporcionan una protección sólida.

A continuación se centra la atención en un ejemplo relativo al punto de vista en una reivindicación de proceso o método.

Ejemplo

Una invención basada en un sistema informático de tipo cliente-servidor consiste en una manera nueva de hacer pedidos de golosinas por Internet, donde el cliente puede usar una cámara y un brazo robótico para llenar una bolsa de golosinas que luego le será enviada. La computadora cliente (por ejemplo, una computadora personal) efectúa un pedido a una computadora servidor (el sistema informático de un proveedor de servicios de Internet), y dicha computadora servidor encuentra la información, la procesa y envía los resultados al cliente.

El redactor de la solicitud de patente podría elaborar la reivindicación siguiente:

1. Método para dispensar golosinas que consiste en:
   - efectuar un pedido de golosinas desde la computadora cliente a una computadora servidor que se encuentra en una tienda de golosinas;
   - enviar datos de video de la tienda de golosinas desde la computadora servidor a la computadora cliente;
   - mostrar los datos de video de la tienda de golosinas en la computadora cliente, y los datos de video de la tienda de golosinas visualizados ofrecen una representación visual de la tienda de golosinas para permitir que el usuario de la computadora cliente proporcione instrucciones a un brazo robótico ubicado en la tienda de golosinas;
   - enviar instrucciones para guiar al brazo robótico desde la computadora cliente a la computadora servidor;
   - convertir las instrucciones para guiar al brazo robótico en instrucciones nativas para guiar al brazo robótico situado en la tienda de golosinas, y dichas instrucciones nativas para guiar al brazo robótico accionan el brazo robótico para que llene una bolsa con las golosinas indicadas;
   - enviar una instrucción de envío desde la computadora cliente a la computadora servidor; y
   - convertir la instrucción de envío en una instrucción nativa de envío dirigida al brazo robótico, la cual acciona el brazo robótico para colocar la bolsa de golosinas en una caja abierta y sellarla para su envío.

Cabe señalar que la reivindicación carece de un punto de vista coherente. Algunos pasos los realiza la computadora cliente y otros, la computadora servidor. Esto significa que ni la persona responsable de la computadora cliente ni la persona responsable de la computadora servidor infringirían directamente la reivindicación.

Del mismo modo, en el contexto comercial, es posible que una empresa dirija la tienda de golosinas y el brazo robótico, otra empresa proporcione la computadora servidor y una tercera empresa, el programa informático para la computadora cliente. La tienda de golosinas y la empresa proveedora de la computadora servidor tendrán un convenio comercial entre ellas, pero la empresa proveedora del programa informático para la computadora cliente tal vez no haya firmado ningún contrato con ninguna de las partes. Además, la computadora servidor estará disponible para cualquiera que proporcione el número de una tarjeta de crédito para pagar los servicios. En esta situación, dado que ninguna de las partes utiliza por completo el objeto de la reivindicación, ninguna la infringe directamente, por lo que no es probable que sientan la necesidad de obtener una licencia del licenciatario.

Por lo tanto, el redactor de la solicitud puede preparar otros dos conjuntos de reivindicaciones, a saber, uno referido únicamente a la parte del sistema correspondiente al cliente y otro centrado solo en la parte del sistema dirigido al servidor. (Una vez más, el redactor de la solicitud de patente prestará atención para mantener la reivindicación original).

Las dos nuevas reivindicaciones son las siguientes:

[*Reivindicación para la computadora cliente*]

2. Método para dispensar golosinas que consiste en:
   - recibir en la computadora cliente los datos de video de una tienda de golosinas;
   - mostrar los datos de video de la tienda de golosinas en la computadora cliente, y los datos de video de la tienda de golosinas visualizados ofrecen una representación visual de una tienda de golosinas para permitir que el usuario de la computadora cliente proporcione instrucciones a un brazo robótico ubicado en la tienda de golosinas;
   - enviar instrucciones para guiar al brazo robótico desde la computadora cliente, que hacen que el brazo robótico en la tienda de golosinas llene una bolsa con las golosinas indicadas; y
   - enviar una instrucción de envío desde la computadora cliente, y dicha instrucción de envío hace que el brazo robótico coloque la bolsa de golosinas en una caja abierta y la selle para su envío.

[*Reivindicación para la computadora servidor*]

3. Método para dispensar golosinas que consiste en:
   - enviar datos de video de una tienda de golosinas desde una computadora servidor a una computadora cliente, y dichos datos de video ofrecen una representación visual de una tienda de golosinas para permitirle a un usuario de la computadora cliente dar instrucciones a un brazo robótico ubicado en la tienda de golosinas;
   - recibir instrucciones para guiar al brazo robótico en la computadora servidor desde la computadora cliente;
   - convertir las instrucciones para guiar al brazo robótico en instrucciones nativas para guiar al brazo robótico situado en la tienda de golosinas, y dichas instrucciones nativas accionan el brazo robótico para que llene una bolsa con las golosinas indicadas;
   - recibir una instrucción de envío en la computadora servidor desde la computadora cliente; y
   - convertir la instrucción de envío en una instrucción nativa de envío dirigida al brazo robótico, la cual acciona el brazo robótico para colocar la bolsa de golosinas en una caja abierta y sellarla para su envío.

Cabe observar que en las reivindicaciones 2 y 3 se mencionan ambas computadoras servidor y cliente, pero en cada reivindicación la acción se ha desplazado exclusivamente ya sea hacia el cliente o hacia el servidor. Por lo tanto, la reivindicación 2 debería ser más fácil de conceder en licencia a un proveedor infractor de programas informáticos para el cliente y constituir una base más sólida en un litigio contra este que la reivindicación 1; mientras que la reivindicación 3 debería ser más fácil de conceder en licencia a un proveedor infractor de programas informáticos para la computadora servidor y constituir una base más sólida en un litigio contra este que la reivindicación 1.

13. Limitar el alcance de una reivindicación de patente durante su tramitación

Existen varios motivos por los que el redactor de una solicitud de patente deba limitar el alcance de una reivindicación de patente durante su tramitación, y uno de ellos es que la limitación sea necesaria para que la reivindicación obtenga la protección por patente.

Algunas de las maneras de restringir el alcance de una reivindicación son las siguientes:

i) incorporar elementos nuevos;
ii) incorporar una limitación a un elemento descrito previamente; o
iii) definir de forma más precisa el modo en el que interactúan los elementos mencionados.

Retomemos el ejemplo del lápiz.

Ejemplo

> El alcance de la reivindicación se puede limitar mediante la incorporación de un elemento adicional, como un capuchón para el lápiz. La reivindicación puede redactarse así:
>
> 1. Aparato que comprende:
>   - un lápiz con una estructura alargada que consta de dos extremos y una parte central entre los extremos;
>   - una goma de borrar sujeta a un extremo del lápiz;
>   - una luz unida al centro del lápiz; y
>   - un capuchón amovible unido a un extremo del lápiz.
>
> El elemento adicional del capuchón limita la reivindicación. Por consiguiente, la reivindicación ya no se refiere a un lápiz que solamente tiene una luz y una goma de borrar unidas a él; los tres elementos deben estar presentes en un dispositivo infractor para que la reivindicación coincida exactamente con este y le sea oponible.

La mayor parte de las oficinas de patentes exigen que el redactor de la solicitud muestre con claridad los cambios que se han introducido para modificar una reivindicación mientras el examinador la está tramitando. Por lo tanto, en función de las normas nacionales en materia de patentes, podría enviarse a la oficina de patentes la modificación de la reivindicación anterior que figura a continuación:

1. [Modificada] Aparato que comprende:

   - un lápiz con una estructura alargada que consta de dos extremos y una parte central entre los extremos;
   - una goma de borrar sujeta a un extremo del lápiz;
   - una luz unida al centro del lápiz; y
   - un capuchón amovible unido a un extremo del lápiz.

En esta reivindicación, las palabras entre corchetes describen la intervención editorial (es decir, la reivindicación se ha modificado), el texto tachado indica las palabras suprimidas y el subrayado señala lo que se ha añadido.

Cuando se limita el alcance de una reivindicación mediante la incorporación de un elemento nuevo, este debe definir con más detalle un elemento estructural o funcional existente o bien funcionar como un elemento relacional (es decir, que define la relación entre los elementos existentes). Sin embargo, el elemento nuevo solo debe serlo en relación con la reivindicación, esto es, debe estar presente en la descripción, puesto que no es admisible crear relaciones nuevas entre partes que no se divulgaron en la descripción en la fecha de presentación de la solicitud. Además, el redactor de la solicitud no debe agregar elementos que reduzcan significativamente la amplitud de una reivindicación sin considerar primero las posibles modificaciones alternativas y sin consultar al cliente acerca del impacto probable de dichas modificaciones.

A menudo, el redactor de la solicitud de patente puede superar el estado de la técnica sin agregar una limitación completamente nueva a la reivindicación. Para ello, puede definir con mayor detalle los elementos ya descritos o profundizar en la relación entre esos elementos, por ejemplo, modificar una reivindicación para añadir que "A recibe lo producido por B".

Ejemplo

El alcance de la reivindicación del lápiz también podría limitarse mediante la definición del elemento luminoso, en los siguientes términos:

1. Aparato que comprende:
   - un lápiz con una estructura alargada que consta de dos extremos y una parte central entre los extremos;
   - una goma de borrar sujeta a un extremo del lápiz; y
   - una luz unida a la parte central del lápiz y orientada para que ilumine desde el extremo del lápiz donde se sujeta la goma hacia fuera.

En la sección 3 del módulo IX figura más información sobre la modificación de las reivindicaciones y de las solicitudes en general durante la tramitación de estas.

14. Exclusiones de la patentabilidad

En la mayor parte de las jurisdicciones se excluyen determinadas materias de la protección por patente. Algunas jurisdicciones cuentan con listados de exclusiones sustancialmente más extensos que otras. Por ejemplo, en la jurisprudencia de los Estados Unidos de América pueden encontrarse varias excepciones judiciales a la idoneidad de la materia patentable. En la sección 2.4 del módulo II figura más información sobre la idoneidad de la materia patentable.

Con cierta frecuencia, el redactor de la solicitud de patente verá que sus reivindicaciones se han denegado sobre la base de alguna exclusión de la patentabilidad. En algunas situaciones, la invención puede obtener igualmente protección por patente si se vuelven a redactar las reivindicaciones. Esta es otra muestra de que el redactor debe ser diligente y creativo para alcanzar los objetivos del cliente.

En el caso de las invenciones relacionadas con programas informáticos, algunas denegaciones se deben más a la forma que al fondo. En ocasiones, el redactor solo deberá volver a formular las reivindicaciones de una manera determinada para evitar una exclusión por motivos de patentabilidad, aunque no se modifique sustancialmente la descripción.

Los redactores de solicitudes de patente con frecuencia deben proceder con especial cuidado en relación con las invenciones biotecnológicas. En este ámbito pueden surgir problemas, puesto que las "invenciones" biotecnológicas no pueden protegerse como invenciones o descubrimientos científicos si su explotación es contraria al orden público o a las buenas costumbres (por ejemplo, el uso de embriones para fines comerciales, en algunas jurisdicciones). Las legislaciones nacionales y regionales relativas a las exclusiones de la materia patentable varían considerablemente, y los redactores de solicitudes de patente en el ámbito de la biotecnología deberán mantenerse al corriente de los avances jurídicos y las tecnologías emergentes en las jurisdicciones de su interés (y del de sus clientes).

Como se ha señalado en la sección 2.4 del módulo II, en muchas jurisdicciones se excluyen de la idoneidad de la materia patentable los métodos de tratamiento del cuerpo humano o animal. No obstante, en muchos de esos casos se permitirá al solicitante buscar protección para su invención si se reformulan las reivindicaciones. Por ejemplo, los métodos de ensayo en general se consideran invenciones susceptibles de aplicación industrial, al menos en el contexto de la OEP, por lo que son patentables si el ensayo es aplicable a la mejora o el control de un producto, aparato o proceso que por sí mismo es susceptible de aplicación industrial. En particular, podría patentarse la utilización de determinados animales para fines como el ensayo de productos industriales (por ejemplo, para comprobar la ausencia de efectos pirogénicos o alérgicos) o de fenómenos (por ejemplo, para determinar si existe contaminación del agua o del aire).

Asimismo, cabe recordar que, a pesar de la exclusión general de los métodos de tratamiento o de diagnóstico, pueden patentarse los productos nuevos que se utilizan en dichos métodos (en particular, las sustancias o composiciones). Igualmente, la fabricación de prótesis o miembros artificiales puede patentarse aunque exista una exclusión general. Por ejemplo, es posible patentar un método de fabricación de plantillas de calzado para corregir la postura o un método para fabricar miembros artificiales. La toma de la impresión de la planta del pie o de un molde del muñón sobre el que se ajustará el miembro artificial carece claramente de naturaleza quirúrgica y no requiere la presencia de un profesional médico. Además, tanto las plantillas como el miembro artificial se fabrican fuera del cuerpo. Por el contrario, tal vez no sea patentable un método de fabricación de una endoprótesis que requiera una intervención quirúrgica para tomar medidas.

15. El requisito de aplicación industrial

Es posible que, cada cierto tiempo, los redactores de solicitudes de patentes deban revisar las reivindicaciones de sus clientes para que cumplan el requisito de aplicación industrial (véase la sección 2.3 del módulo II). Por ejemplo, en determinadas jurisdicciones podría considerarse que un dispositivo que da consejos de moda no es susceptible de aplicación industrial. En una situación de este tipo, el redactor de la solicitud de patente quizás pueda cumplir el requisito si reformula las reivindicaciones, por ejemplo, para presentar la invención como un dispositivo que mantiene los niveles de inventario en un almacén de ropa.

En general, la OEP requiere que la descripción de una solicitud de patente indique la manera en que la invención puede ser objeto de explotación industrial cuando no sea evidente. En relación con las secuencias genéticas completas y parciales, este requisito general adopta una forma específica, puesto que la aplicación industrial de dichas secuencias genéticas debe divulgarse en la solicitud de patente. Una simple secuencia de ácido nucleico sin indicación de su función no es una invención patentable. En los casos en los que se emplea una secuencia genética completa o parcial para producir una proteína o una parte de una proteína, se debe especificar la proteína o la parte de la proteína que se produce y la función que cumple. Por otra parte, cuando no se usa una secuencia de nucleótidos para producir una proteína o parte de una proteína, la función indicada podría ser, por ejemplo, que la secuencia muestra una determinada actividad del promotor de la transcripción.

16. "Contrastar" una reivindicación de patente

Una reivindicación puede contrastarse (*read on*) con un elemento presente en el estado de la técnica o con una forma de realizar la invención que infringe la patente (es decir, un producto o proceso que supuestamente infringe una patente concedida). Para evaluar la novedad de las reivindicaciones, estas se contrastan con el estado de la técnica. Durante un litigio de infracción de patente, las reivindicaciones se contrastan con el producto o proceso acusado de infractor para evaluar si se ha infringido la patente.

Para considerar que una reivindicación coincide exactamente con un producto o proceso acusado de infracción, todos los elementos de la reivindicación deben estar presentes en dicho producto o proceso (en la sección 1.3 del módulo IV figura más información sobre la "regla de todos los elementos"). Por lo tanto, el redactor de la solicitud de patente debe asegurarse de que al menos una de las reivindicaciones de la solicitud (de ser posible, todas ellas) coincidan exactamente con las realizaciones de la invención elaboradas, utilizadas y comercializadas por el cliente. Entre otras cosas, si las reivindicaciones no coinciden exactamente con la realización de la invención del cliente, es posible que el redactor de la solicitud no haya comprendido la invención (o que el diseño o práctica del cliente haya cambiado). Además, una vez concedida la patente, el cliente no puede utilizar de buena fe marcas para publicitar que el producto está protegido por patente si no satisface todos los elementos de una reivindicación. Peor aún, puede tener dificultades para obtener de un infractor una indemnización por daños y perjuicios –en particular, por lucro cesante–, si bien sí podría cobrar unas regalías razonables. Ahora bien, la diferencia entre las regalías razonables y la indemnización por lucro cesante puede ser una cantidad considerable.

17. Interpretación judicial de la reivindicación

La prueba más importante que deben superar las reivindicaciones de una solicitud de patente posiblemente no sea la revisión del examinador de patentes sino la de los tribunales, si la patente llega a ser objeto de un litigio. En los litigios en materia de patentes, la interpretación de las reivindicaciones suele ser el factor más decisivo para determinar si se ha infringido la patente o si esta es válida teniendo en cuenta el estado de la técnica. Ese análisis de las reivindicaciones se denomina "interpretación de la reivindicación". El alcance de la protección que brinda una patente queda determinado con frecuencia por el significado de solo unos pocos términos específicos usados en una reivindicación.

Para interpretar las patentes, los tribunales suelen leer las reivindicaciones y la descripción. Si en estas no se expresa con claridad un concepto, los tribunales recurrirán al significado general que un experto en la materia atribuiría a los términos. En particular, en los Estados Unidos de América, cada vez es más frecuente que los tribunales utilicen diccionarios para esclarecer el significado de los términos ordinarios al interpretar las reivindicaciones. Sin embargo, en este país, inicialmente se atribuye a los términos de las reivindicaciones su significado ordinario, y solo en un momento posterior se examina la descripción y el expediente de tramitación para determinar si se ha dado a los términos un significado diferente o especial. En estos casos, los tribunales también pueden emplear diccionarios técnicos, enciclopedias y tratados para establecer el significado de los términos específicos del ámbito técnico de la invención.

En general, los tribunales atribuyen a los términos de las reivindicaciones su significado ordinario más amplio según lo entendería un experto en la materia. Por ejemplo, si la invención es química y se debe interpretar el término "amorfo", es probable que el tribunal decida tener en cuenta el significado ordinario que atribuiría al término un químico con conocimientos normales y recurrir a un diccionario especializado reconocido por profesionales del ámbito de la química. Igualmente, si en una invención basada en programas informáticos el término de la reivindicación que debe interpretarse judicialmente es "caché", el tribunal tendrá en cuenta el significado ordinario que le asignaría un programador normalmente versado en la materia. Precisamente, cuando se llevan ante un tribunal las cuestiones de la validez y la infracción de una reivindicación, el testimonio de un perito puede ayudar a interpretar la reivindicación.

Cuando en una solicitud de patente se crea un término nuevo, cuando se utiliza un término polisémico para expresar únicamente uno de los significados o cuando el término empleado es ambiguo, el término en cuestión debe definirse con precisión en la parte de la descripción de la solicitud de patente. La descripción puede funcionar a modo de glosario relativo a la terminología especial de una reivindicación y, si bien los examinadores y tribunales luego pueden recurrir a diccionarios, manuales, tratados, enciclopedias y, en ocasiones, a su conocimiento general común para interpretar una reivindicación, es preferible tratar de elaborar una solicitud de patente que sea autónoma (es decir, que pueda comprenderse sin necesidad de un contexto externo).

Recomendación profesional

> La interpretación de reivindicaciones según la doctrina de equivalentes puede ser impredecible. Para que las reivindicaciones disuadan a los posibles infractores o constituyan un buen fundamento para defenderse de forma eficaz contra las infracciones, el redactor de la solicitud de patente deberá redactar dichas reivindicaciones como si no existiera la doctrina de equivalentes. Dicho de modo resumido, solo debe atribuirse a los términos el significado ordinario que normalmente les asignaría un experto en la materia.

Es habitual que las palabras empleadas en las reivindicaciones tengan múltiples significados en el diccionario. Algunos de los significados no guardan relación con la invención reivindicada. Si un término determinado tiene más de un significado posible, en ausencia de otros factores, lo más probable es que los tribunales se decanten por el significado que normalmente se asigna al término en un ámbito técnico específico, en lugar de por el significado del lenguaje común. Al interpretar una reivindicación, el tribunal puede incluso examinar las pruebas intrínsecas -es decir, las que proporciona el contenido de la patente, a saber, las reivindicaciones, la descripción, los dibujos, etc., así como el expediente de tramitación o historial de la patente- con el objetivo de hallar el significado del término que sea más coherente con la intención del redactor de la solicitud de patente. El redactor siempre debe actuar con suma cautela para detectar cualquier posible ambigüedad en el texto de la solicitud de patente y en las respuestas a las actuaciones de las oficinas (véase el módulo IX) -denominadas opiniones escritas o informes de examen en algunas jurisdicciones- recibidas durante la tramitación de la patente.

La legislación de algunas jurisdicciones ofrece una protección jurídica más amplia que el alcance literal de las palabras utilizadas en una reivindicación de patente. Esta protección adicional se concede en virtud del principio denominado "doctrina de equivalentes", que no proporciona necesariamente el mismo alcance de protección en todas las jurisdicciones.

Ejemplo

> En una reivindicación se describe que un "clavo" sujeta el dispositivo A al dispositivo B. Un presunto infractor de la patente ha realizado la invención de forma idéntica a la reivindicación, salvo que en lugar de sujetar el dispositivo A al dispositivo B mediante un clavo, como se expresa en la reivindicación, ha utilizado un "tornillo".
>
> Según la doctrina de equivalentes, el titular de la patente puede alegar que un tornillo es equivalente a un clavo a los efectos de la invención patentada. Si el tribunal acepta el argumento del titular, quedaría demostrada la infracción.

En algunos países, la doctrina de equivalentes se entiende de forma amplia, sobre la base de la idea de que puede resultar prácticamente imposible hallar las palabras que describan de manera adecuada el pleno alcance de una invención compleja. En esas circunstancias, el titular del ejemplo podría incluso argumentar que "adhesivo" es equivalente a "clavo" a los efectos de la invención.

En cambio, en otras jurisdicciones no se aplica la doctrina de equivalentes y se deja completamente en manos del inventor y del redactor de la solicitud de patente definir la invención en las reivindicaciones. En este contexto, la judicatura sostendría que el titular de la patente del mismo ejemplo podría haber empleado en las reivindicaciones de la patente un término que abarcara tanto los clavos como los tornillos, como "sujeción metálica", y consideraría que no se ha infringido la patente.

La doctrina de equivalentes es una cuestión jurídica compleja, y las normas que determinan el concepto de equivalencia varían considerablemente de un país a otro. Compete al redactor de la solicitud de patente averiguar qué régimen se aplica en las jurisdicciones en las que presenta dicha solicitud y, en particular, si las comunicaciones que presenta durante la tramitación de la patente pueden utilizarse para impedir la aplicación de la doctrina de equivalentes. En las jurisdicciones donde es aplicable ese "impedimento a causa del expediente de tramitación", si el redactor de la solicitud del ejemplo ha afirmado, en respuesta al requerimiento de una oficina, que en la invención "solo" se utilizan clavos, el titular de la patente difícilmente podrá alegar después lo contrario, es decir, que "adhesivo" o "tornillo" es equivalente a "clavo".

Palabras clave

- Preparación de la reivindicación
- Conjunto de reivindicaciones
- Claridad de las reivindicaciones
- Limitaciones innecesarias
- Exclusiones
- Superar el estado de la técnica
- Unidad de la invención
- Punto de vista de las reivindicaciones
- Contrastar las reivindicaciones
- Interpretación de reivindicaciones
- Doctrina de equivalentes

Autoevaluación:

- ☐ ¿Por qué al redactar una solicitud de patente deben prepararse las reivindicaciones en primer lugar, antes que las demás partes de la solicitud?
- ☐ Mencione ejemplos de maneras en las que el redactor de la solicitud puede ampliar el alcance de una reivindicación.
- ☐ Al redactar las reivindicaciones, el redactor de la solicitud debe evitar las palabras con un sentido amplio, como "corto", "alto", "rápido", "lento" o "perfecto". ¿Verdadero o falso?
- ☐ El redactor de la solicitud de patente puede definir las palabras de forma distinta a la definición habitual de los diccionarios. ¿Verdadero o falso?
- ☐ ¿Por qué es importante evitar los elementos innecesarios al redactar las reivindicaciones?
- ☐ ¿Qué es la unidad de la invención?
- ☐ Explique cómo puede "contrastarse" (*read on*) una reivindicación con el estado de la técnica.
- ☐ ¿Qué es la interpretación de reivindicaciones? ¿Qué es el punto de vista o de referencia en la interpretación de reivindicaciones?
- ☐ ¿Por qué es importante que una reivindicación tenga un punto de vista único?
- ☐ El inventor X afirma que su invención consiste en una puerta con un cierre basado en un programa informático que emplea un sistema de reconocimiento facial. El redactor de la solicitud de patente solo debe redactar una reivindicación de producto que describa una puerta. ¿Verdadero o falso?

Módulo VII
Elaboración de la descripción, los dibujos y el resumen

En los módulos anteriores se ha estudiado cómo redactar las reivindicaciones de una solicitud. En el presente módulo, se analiza la manera de elaborar la descripción, los dibujos y el resumen de las solicitudes de patente.

1. Principal público destinatario de las solicitudes de patente

Al preparar una solicitud de patente, siempre se debe recordar quién es el público destinatario. Los examinadores de patentes y los jueces son los destinatarios más obvios, pero también lo son el cliente y el inventor. En consecuencia, quien redacta la solicitud de patente debe asegurarse de que el inventor entienda su propia solicitud. Otros destinatarios pueden ser los competidores, los posibles infractores y los inversores. Muchos inversores examinarán exhaustivamente la cartera de patentes de una empresa tecnológica antes de adoptar una decisión de inversión.

Como se ha explicado en la sección 2.2 del módulo III, la parte de las solicitudes dedicada a la descripción suele dividirse en varias secciones. Habida cuenta de que el título de cada sección varía en función de la jurisdicción, antes de preparar la descripción, quien vaya a redactar la solicitud debe comprobar el formato exigido en la jurisdicción en la que se solicita protección. Por ejemplo, las descripciones en las solicitudes internacionales en virtud del Tratado de Cooperación en materia de Patentes (PCT) se estructuran de la siguiente forma:

i) "Título de la invención"
ii) "Sector técnico"
iii) "Técnica anterior"
iv) "Reseña de la invención" o "divulgación de la invención"
v) "Breve descripción de los dibujos"
vi) "Mejor manera de realizar la invención", "Manera(s) de realizar la invención" o "Descripción de las formas de realizar la invención"
vii) "Aplicación industrial" (si procede)
viii) "Lista de secuencias" (si procede)
ix) "Texto libre de la lista de secuencias" (si procede)

Se espera que las solicitudes internacionales en virtud del PCT se organicen de esta manera, excepto si la invención requiere otro método que respalde la construcción o presente la sustancia de forma más eficaz.

Recomendación profesional

Debe recordarse que la manera en la que se redacta la descripción o una de sus partes puede afectar a la interpretación de las reivindicaciones. También conviene tener presente que las normas de la presentación de la descripción no son las mismas en todas las jurisdicciones. Por ello, se deben investigar cuidadosamente los requisitos concretos y las prácticas consuetudinarias aplicables a cada sección de la descripción en la jurisdicción o jurisdicciones de interés para el cliente.

2. Orden en el que se redactan las solicitudes de patente

Antes de redactar una solicitud de patente, se debe conocer la invención y tener claro cuáles son las características inventivas en comparación con el estado de la técnica. Solo entonces se podrá tener un panorama completo de las formas de realizar la invención, los ejemplos o los dibujos que pueden ser necesarios para respaldar suficientemente la invención reivindicada. Si se adopta un método integral, se garantizará la coherencia en toda la solicitud, lo cual es fundamental para su interpretación. Por ejemplo, si se utiliza un mismo término en las reivindicaciones y en la descripción detallada, quien lea la solicitud de patente comprenderá rápidamente que el término se refiere siempre al mismo concepto técnico.

No existe una única forma "correcta" de redactar u ordenar una solicitud de patente. Además, aunque en las distintas jurisdicciones se pueden establecer variaciones del orden mencionado en la sección precedente, las solicitudes raramente se redactan de esa forma secuenciada. A continuación, se presentan las preferencias de redactores de solicitudes de patente con experiencia, pero otros métodos pueden ser igualmente eficaces en determinados contextos. Por ejemplo, algunos profesionales tal vez prefieran intercambiar el orden de los elementos ii) y iii).

i) Redactar en primer lugar las reivindicaciones principales más amplias y mencionar en ellas las características inventivas es una manera eficaz de formular el concepto inventivo esencial (véase también la sección 1 del módulo VI). Aunque puede ser tentador redactar primero la sección relativa a la técnica anterior, tal vez no sea la mejor opción, porque existe el riesgo que resulte demasiado extensa y detallada. En cambio, quien redacta la solicitud de patente debe emplear su tiempo (necesariamente limitado) en otras partes más importantes de la solicitud de patente que ofrecen una divulgación suficiente de la invención reivindicada, como la descripción detallada de las formas de realizar la invención, los dibujos y una reseña de la invención.
ii) Tras redactar las reivindicaciones, es lógico elaborar la primera parte de la descripción —esto es, el título, el sector técnico, la técnica anterior y la reseña de la invención—, aunque puede ser igualmente eficaz elaborar la reseña posteriormente, cuando esté terminada la descripción de las formas de realizar la invención y se hayan revisado las reivindicaciones.
iii) A continuación, se redacta la segunda parte de la descripción, es decir, la breve descripción de las figuras, la descripción detallada de las formas de realizar la invención y los dibujos. Estas secciones están interrelacionadas, por lo que se redactan conjuntamente.
iv) Una vez que se han elaborado la descripción y los dibujos, quien redacta la solicitud debe revisar las reivindicaciones, porque es probable que después de redactar la descripción se tenga una comprensión más profunda de la invención. Por ejemplo, se estará en mejores condiciones para detectar en las reivindicaciones elementos superfluos que podrían ser un obstáculo para establecer la reivindicación más amplia posible. En este momento, quien redacta la solicitud puede darse cuenta de que en las reivindicaciones no se describe la invención de la forma más precisa posible, e incluso es posible que se le ocurran nuevas reivindicaciones.
v) Cuando el redactor de la solicitud termina las reivindicaciones, debe revisar los dibujos y la descripción para comprobar que los elementos de la reivindicación se hayan divulgado y respaldado de manera adecuada y que se guarde la coherencia entre los términos y los significados. Supóngase que el redactor de la solicitud ha empleado una expresión muy abstracta, "pieza que se apoya en el suelo", para referirse a la pata de una silla. Tal vez desee definir estos términos abstractos en la descripción, por ejemplo, "el asiento está unido a la primera pata, que es un mero ejemplo de pieza que se apoya en el suelo que puede utilizarse en una forma de realizar la invención".

3. Redacción de las partes de la descripción

En este apartado se ofrecen más detalles sobre la redacción de cada una de las partes de una descripción. Si bien se sigue el orden establecido en la sección 1, es posible que quien redacta la solicitud ordene los elementos de otra manera, como se señala en la sección 2.

3.1 Título de la invención

En el *título*, o *título de la invención*, debe describirse la materia de la invención de forma amplia pero concisa. En algunas jurisdicciones (como la del Reino Unido), el título se publica poco después de presentar la solicitud, mientras que el resto de la memoria descriptiva suele publicarse 18 meses después de la fecha de presentación (o prioridad). En consecuencia, muchos redactores de solicitudes de patente deciden establecer un título amplio.

Si bien es prudente evitar una redacción demasiado restrictiva del título de la invención para no limitar indebidamente el alcance implícito de esta, en el título deberá indicarse de manera suficiente la materia de la invención. En ocasiones, los examinadores de patente pueden plantear objeciones con el argumento que el título no describe la invención suficientemente.

Por el contrario, si bien en el título de la invención debe describirse adecuadamente la invención reivindicada, no debe —y, debido al número de palabras permitido, no suele poder— caracterizar plenamente la propia invención reivindicada. Por ejemplo, si una invención reivindicada consiste en un "dispositivo semiconductor" y un "método para fabricar un dispositivo semiconductor" que contiene características novedosas, el título podría ser "DISPOSITIVO SEMICONDUCTOR Y MÉTODO PARA FABRICARLO".

En algunas jurisdicciones, como la de los Estados Unidos de América, se prefiere la denominación "título" a "título de la invención", puesto que mencionar la palabra "invención" en la cabecera de la sección genera el riesgo de restringir la interpretación de la reivindicación.

3.2 Sector técnico

En la sección del *sector técnico* se menciona el sector técnico al que pertenece la invención. Esta parte no suele consistir en más de un único párrafo o dos o tres oraciones donde simplemente se señala el sector técnico en el que se espera que el lector de la patente tenga determinados conocimientos especializados (es decir, la técnica en la que supuestamente es experta la persona que sigue las reivindicaciones). En esta parte se indica una clasificación general en la que se puede integrar la invención. Por ejemplo, en una invención que pertenezca a una mejora de un sistema de combustible para un motor de combustión podría señalarse lo siguiente: "La presente invención consiste en un sistema de combustible para un motor de combustión interna. En concreto, es un sistema de inyección de combustible controlada electrónicamente para motores de combustión interna".

Como sucede en relación con el título, en la parte del sector técnico no se debe reflejar la propia invención reivindicada, es decir, no se debe expresar el concepto inventivo ni las características de la invención.

3.3 Técnica anterior

En la sección de la *técnica anterior* se establece el contexto de la invención. Se señala brevemente el estado de la técnica general del sector al que pertenece la invención. Lo más importante es que en esta sección se indica el problema que trata de resolver la invención, es decir, de qué manera es insuficiente la tecnología existente. El estado de la técnica que ha de mencionarse aquí debe ser el antecedente más reciente conocido por el inventor antes de la fecha de presentación de la solicitud.

Al elaborar esta sección, el redactor de la solicitud debe volver a comprobar si el inventor menciona efectivamente el estado de la técnica accesible al público antes de la fecha de presentación. No es poco frecuente que un inventor presente un estado de la técnica que, en realidad, no se considera como tal en virtud del Derecho de patentes, tal vez debido a que el inventor ha supuesto erróneamente que una determinada idea o tecnología a su parecer evidente debe constituir estado de la técnica. El estado de la técnica señalado en la descripción debe referirse únicamente a lo que está publicado y tiene una importancia directa para comprender la invención y el problema que resuelve.

Recomendación profesional

> Comprender el problema que resuelve la invención puede ayudar a quien redacta la solicitud a elaborar una presentación concentrada de la técnica anterior que evite mencionar la extensa historia de la tecnología de que se trata. Es importante evitar modificadores como "ampliamente conocidos" o "comunes" que constituyan suposiciones sobre el estado de la técnica y sobre los conocimientos de los destinatarios al respecto.

En algunas jurisdicciones, como la de los Estados Unidos de América, el contenido divulgado en la sección de la técnica anterior puede referirse al estado de la técnica del propio inventor, a lo que el examinador denominará "estado de la técnica del solicitante que se ha admitido". Aunque es posible presentar argumentos admisibles contra esa caracterización, es más seguro tratar de evitar ese tipo de discusiones con los examinadores. Si algo se califica erróneamente de estado de la técnica, es posible que ello no pueda enmendarse mediante una modificación o supresión, y el examinador de la patente podría rechazar oportunamente las reivindicaciones del solicitante.

Otra advertencia relativa a la sección de la técnica anterior es que, en ocasiones, la propia invención está íntimamente relacionada con una "nueva comprensión" del estado de la técnica. Ahora bien, si esta nueva comprensión se describe en la sección de la técnica anterior, algunos de los elementos novedosos de la invención pueden considerarse presentes en el estado de la técnica. La sección de la técnica anterior debe estar redactada de manera que solamente divulgue el problema, y no la solución que representa la invención (la solución debe aparecer más adelante en la descripción).

Si la invención reside en el reconocimiento de un problema (es decir, si se considera que el propio problema es novedoso), en lugar de señalarse el problema únicamente, en la sección de la técnica anterior debe reflejarse su ausencia en el estado de la técnica.

Recomendación profesional

> No conviene dedicar demasiado tiempo a preparar la sección relativa a la técnica anterior. En la práctica actual de redacción de solicitudes de patente, es habitual incluir únicamente una breve mención en la que se describa el estado de la técnica de manera muy general.

Una buena sección relativa a la técnica anterior debe ser relativamente breve y limitarse a sentar las bases para la divulgación técnica que se realizará en la sección de la descripción detallada. La sección de la técnica anterior debe concluirse con una indicación sucinta de las carencias del estado de la técnica y debe estar redactada de manera que lleve al lector a preguntarse cómo podría alguien resolver el problema que se plantea.

Sin embargo, en algunas jurisdicciones por lo general no es conveniente mencionar elementos concretos del estado de la técnica.

En algunas solicitudes de patente antiguas se introducían párrafos relativos a los "objetos de la invención" en la sección de la técnica anterior o en la de la reseña. Este tipo de indicaciones deben evitarse, de ser posible. Si lo exige la legislación de la jurisdicción donde se presentará la solicitud, debe prestarse atención para no indicar más que el problema que se trata de superar o mitigar con la invención y que se menciona en la sección de la técnica anterior. Este tipo de indicaciones genera el riesgo de limitar la invención —por ejemplo, indicar que "el objeto de la invención es mejorar la seguridad" cuando otro de sus objetos es el ahorro de costos— y, en jurisdicciones como la de los Estados Unidos de América, si un competidor logra alegar que su producto no tiene por objeto mejorar la seguridad, sino que responde a otro objetivo, podría evitar infringir la patente. Otro riesgo es que esas indicaciones tienden a fomentar argumentos "fraudulentos", por ejemplo, afirmar que "un objeto de la invención es curar el cáncer" cuando sería más preciso señalar que tiene por objeto aliviar los síntomas de un tipo concreto de cáncer.

Cita de referencias del estado de la técnica

Si bien en algunas jurisdicciones no suele ser obligatorio describir y enumerar las referencias concretas del estado de la técnica en la sección de la técnica anterior, en otras, como la del

Japón, se exige que los solicitantes describan y enumeren *al menos una* referencia del estado de la técnica conocida por el inventor o el solicitante antes de presentar la solicitud. De acuerdo con el formato común de solicitud (véase la sección 2.6 del módulo III), la enumeración de los documentos específicos del estado de la técnica no debe situarse en la sección de la técnica anterior sino en la descripción.

3.4 Reseña de la invención

En la sección relativa a la *reseña de la invención* se debe resumir lo que se ha inventado en todo su alcance y explicar cómo el inventor ha solucionado el problema o problemas establecidos en la sección de la técnica anterior. La función de la reseña de la invención es definir la invención dentro de un contexto, de manera que se siente la base de las reivindicaciones amplias que figuran más adelante.

La brevedad de esta sección puede llevar a los redactores de solicitudes de patente poco experimentados a cometer una variedad de errores. Muchos de ellos pueden evitarse si, simplemente, se resumen las reivindicaciones. De hecho, para preparar la sección de la reseña, algunos redactores de solicitudes expresan cada una de las reivindicaciones independientes de la solicitud en un párrafo, lo cual garantiza que en la descripción aparezcan las palabras exactas de las reivindicaciones. Ello se aplica tanto a las reivindicaciones independientes como a las dependientes, puesto que representan, respectivamente, las características esenciales y opcionales que resuelven el problema.

Es habitual mencionar los efectos ventajosos de la invención, lo cual ayuda a demostrar la actividad inventiva o la no evidencia en comparación con el estado de la técnica. Esas ventajas deben mencionarse junto con el análisis de la reivindicación (independiente) más amplia con la que se corresponden. Sin embargo, como se señaló en relación con la técnica anterior (véase la sección 3.3), existe el riesgo de explicar excesivamente esos efectos y, de este modo, restringir la interpretación de la invención reivindicada. De ser así, un posible infractor podría alegar que su producto no tiene ninguno (o tiene pocos) de los efectos ventajosos de la invención reivindicada que se mencionan en la patente.

Recomendación profesional

> Para redactar los efectos ventajosos, deben evitarse las expresiones absolutas que puedan ser objeto de alegaciones u objeciones ("Con la presente invención, el ruido puede eliminarse por completo"). En cambio, han de emplearse expresiones relativas ("La presente invención permite reducir el ruido" o "De conformidad con la presente invención, puede generarse menos ruido").

En algunas jurisdicciones, la sección de la reseña se divide además en subsecciones tituladas "Problema técnico", "Solución al problema" y "Efecto ventajoso". La manera en la que se redactan los problemas que deben resolverse afectará al grado de espíritu inventivo (concepto inventivo) observado por el examinador o los tribunales. Quien redacta la solicitud debe expresar cuidadosamente los problemas técnicos en la reseña de la invención, de manera que la solución se presente como algo inventivo respecto del estado de la técnica (es decir, no evidente).

También se debe evitar presentar una amplia "metareseña" que supere el alcance de las reivindicaciones de cualquier forma. En primer lugar, este tipo de reseñas siempre insinúan la existencia de un elemento adicional del estado de la técnica que puede utilizarse contra la invención. Al vincular la invención a una materia más amplia de forma explícita y por escrito, posteriormente será difícil, si no imposible, alegar que el estado de la técnica no es una anterioridad de la invención reivindicada. En segundo lugar, una reseña amplia y global a menudo contiene, de manera aparentemente secundaria o irrelevante, otro concepto que por lo demás no está bien explicado en la solicitud. Ello ofrece un punto de entrada a alguien que trate de invalidar la patente, especialmente en un proceso judicial, con el argumento que la divulgación del inventor es incompleta debido a que las cuestiones mencionadas en la reseña no están divulgadas en las demás partes de la solicitud. De forma similar, una reseña amplia de este tipo puede insinuar que las reivindicaciones no abarcan el máximo alcance de la invención.

En algunas jurisdicciones, como en los Estados Unidos de América, se prefiere la denominación "reseña" a "reseña de la invención", puesto que mencionar la palabra "invención" en la cabecera de la sección genera el riesgo de restringir la interpretación de las reivindicaciones.

3.5 Breve descripción de los dibujos

A menudo se introduce una *breve descripción de los dibujos* justo antes de la descripción detallada de las formas de realizar la invención. Las solicitudes de los sectores mecánico, eléctrico y electrónico contienen dibujos casi invariablemente, mientras que las que pertenecen a los sectores de la química o la biotecnología pueden no llevar dibujos. Lo más habitual es que los dibujos representen ejemplos prácticos específicos del aparato o dispositivo, en lugar de principios generales, por lo que constituyen una buena presentación de las formas de realizar la invención.

Cuando los dibujos forman parte de la solicitud de patente, en la breve descripción de los dibujos debe indicarse lo que representa cada figura y cómo se relaciona cada uno de los dibujos con los demás. Los dibujos son una parte importante de la divulgación, puesto que ayudan a cumplir el requisito de la descripción completa de la invención. En esta breve sección simplemente se determina de manera general qué son los dibujos y qué muestran; la descripción detallada se presenta más adelante.

En cada una de las breves descripciones se debe definir el tipo de dibujo (fotografía, dibujo lineal, gráfico, representación esquemática, flujograma, etc.) y las perspectivas visuales (por ejemplo, vista superior, vista lateral, vista en perspectiva, vista en despiece, etc.) y se debe añadir una nota sucinta sobre lo que retrata la figura (por ejemplo, un dispositivo, un gráfico en el que se presentan datos, etc.).

En algunas jurisdicciones, para evitar que se haga una interpretación más restrictiva que limite las reivindicaciones a aquello que se muestra en los dibujos, la breve descripción de los dibujos debe comenzar con una declaración en la que se confirme que los dibujos solamente presentan una o más formas de realizar la invención, y no la propia "invención".

Ejemplo

> En los dibujos adjuntos se presenta una forma ejemplar de realizar la presente invención, y los números de referencia indican elementos idénticos o similares. Los dibujos consisten en lo siguiente:
>
> - la figura 1 es una representación diagramática de un dispositivo ejemplar en el que se instala la presente forma de realizar la invención; y
> - la figura 2 es una vista transversal del dispositivo de la figura 1.

3.6 Descripción de las formas de realizar la invención

En la sección relativa a la *descripción de las formas de realizar la invención* se explican ampliamente las distintas formas de realizar la invención o ejemplos de la invención reivindicada. Por lo tanto, las formas de realizar la invención tienen un alcance más restringido que la reseña de la invención, que representa únicamente el concepto inventivo novedoso. En las secciones precedentes de la descripción —a saber, el título, el sector técnico, la técnica anterior y la reseña de la invención— y en las reivindicaciones se analiza la invención en general. En cambio, en la presente sección se amplía y profundiza esa información mediante uno o más ejemplos de la invención (por ejemplo, el prototipo específico de un dispositivo). Dicho de otro modo, la descripción de las formas de realizar la invención da sentido a las reivindicaciones y ofrece una explicación suficiente de la invención reivindicada que una persona experta en la materia podría reproducir, utilizar y comprender.

Recomendación profesional

> *En ningún caso* debe adoptarse la costumbre de tratar de modificar las solicitudes de patente tras haberlas presentado. De lo contrario, se acabará cometiendo un error que no puede enmendarse sin presentar una solicitud completamente nueva, lo cual privaría al cliente de la fecha de presentación original.

Si la solicitud contiene dibujos, la descripción de las formas de realizar la invención debe estar estrechamente relacionada con ellos. Por ejemplo, para explicar cada uno de los elementos de un dispositivo ejemplar y las conexiones entre esos elementos, quien redacte la solicitud debe hacer referencia a cada uno de los elementos mostrados en el dibujo (véase la sección 2.2 del módulo IV para obtener más información sobre los números de referencia en este contexto).

La descripción de las formas de realizar la invención no puede modificarse sustancialmente después de la fecha de presentación, porque durante la tramitación no es posible modificar las solicitudes de patente para divulgar un nuevo elemento técnico. En consecuencia, quien redacta la solicitud debe asegurarse de que la sección es suficiente y completa en el momento en el que se presenta la solicitud de patente. Véase la sección 3 del módulo IX para saber más sobre la modificación de la solicitud de patente durante su tramitación.

Por lo tanto, quien redacta la solicitud de patente debe asegurarse de que en ella:

i) se refleje el material de divulgación suministrado por el inventor;
ii) se proporcione información suficiente para permitir que una persona experta en la materia reproduzca la invención; y
iii) se ofrezca información suficientemente exhaustiva y detallada para que, de ser necesario, se pueda restringir el alcance de las reivindicaciones durante la tramitación de la solicitud de patente con la finalidad de evitar las referencias del estado de la técnica que puedan citar los examinadores.

Ejemplo

> El inventor cree que su invención es nueva y extraordinaria y, por lo tanto, sobradamente patentable. Antes de presentar una solicitud de patente, elabora un modelo práctico de la invención que se convierte en el prototipo de toda una generación de productos de éxito. En este prototipo, el inventor conecta el dispositivo A con el dispositivo B mediante cables de cobre. Desde un punto de vista abstracto, la combinación de dispositivos es un ejemplo de subcomponente X. Los otros subcomponentes abstractos de la invención son Y y Z.
>
> La reivindicación presentada puede estar redactada de la siguiente manera:
>
> Una máquina que comprende:
> – un subcomponente X;
> – un subcomponente Y unido a X de forma operativa; y
> – un subcomponente Z unido a X y a Y de forma operativa.
>
> El inventor convence al redactor de la solicitud de que la combinación de X, Y y Z es tan novedosa que no es necesario incluir en la solicitud más detalles sobre la invención que los imprescindibles para dar respaldo a las reivindicaciones más amplias posibles, puesto que el inventor desea ahorrar costos y presentar la solicitud rápidamente. Por lo tanto, en la solicitud no se hace mención alguna de los dispositivos A o B.
>
> El examinador de la patente halla referencias del estado de la técnica publicados por el Dr. Q, de la empresa Acme Corp., en las que se divulgan los subcomponentes X, Y y Z. Estas referencias del estado de la técnica son anteriores a la invención reivindicada en la solicitud.
>
> Al analizar la decisión de la oficina y el estado de la técnica, el redactor de la solicitud observa que absolutamente todos los detalles de la invención del cliente están divulgados en el estado de la técnica del Dr. Q, excepto el hecho que en la invención de este se divulga que el subcomponente X debe estar compuesto por los dispositivos C y D; además, el Dr. Q

(como muchos otros) afirma que esta es la única manera de construir un subcomponente X satisfactorio.

En consecuencia, el redactor de la solicitud de patente podría superar el estado de la técnica citado por el examinador y obtener una patente para la invención de su cliente si modificara las reivindicaciones de la siguiente manera:

Una máquina que comprende:
- un subcomponente X formado por la combinación de los dispositivos A y B;
- un subcomponente Y unido a X de forma operativa; y
- un subcomponente Z unido a X y a Y de forma operativa.

Además, el redactor de la solicitud sospecha no solo que esta reivindicación será patentable, sino que una reivindicación que consista únicamente en la combinación del subcomponente X con los dispositivos A y B también podría serlo (y, de hecho, podría constituir la verdadera invención del cliente).

Desafortunadamente, el cliente insiste en que la solicitud de patente no debe divulgar que el subcomponente X puede estar formado por los dispositivos A y B. Por lo tanto, quien redacta la solicitud no puede superar la referencia del estado de la técnica ni modificar las reivindicaciones para citar la combinación extraordinariamente novedosa concebida por su cliente.

En este caso, es probable que se abandone la solicitud de patente, a menos que al redactor de la solicitud se le ocurra otra manera de modificar las reivindicaciones. Podría redactar otra solicitud de patente que contenga una divulgación técnica adecuada, siempre que no se impida su protección debido a las actividades del inventor o la publicación de la solicitud original del inventor, entre otros motivos.

A continuación, se examinan otras consideraciones relativas al alcance y la importancia de la descripción de las formas de realizar la invención.

Terminología y selección de palabras

Si quien redacta la solicitud de patente utiliza un término sumamente abstracto en las reivindicaciones, debe plantearse la posibilidad de utilizar el mismo término en la sección de la descripción de las formas de realizar la invención, aunque de un modo que vincule el término con una forma específica de realizar la invención. Debe guardarse la coherencia en toda la solicitud de patente, tanto en los aspectos generales como en los específicos. Por ejemplo, si en las reivindicaciones se emplea el término "dispositivo de advertencia" para designar una bocina de automóviles, la descripción de las formas de realizar la invención podría ser "Un ejemplo de dispositivo de advertencia 102 es una bocina de automóviles. Pueden emplearse otros dispositivos que sean coherentes con el espíritu de la invención"[33] o "La bocina de automóviles 102 constituye un dispositivo de advertencia. Pueden emplearse muchos otros dispositivos de advertencia siempre que sean coherentes con el espíritu de la invención". Ofrecer ejemplos alternativos de un dispositivo de advertencia (por ejemplo, una sirena o un timbre) puede ser un fundamento incluso más sólido para una interpretación más amplia del término.

Quien redacta la solicitud debe utilizar un lenguaje técnico sencillo y evitar la jerga o la terminología especializada y compleja. El lenguaje sencillo facilita a los competidores y a los jueces la comprensión de los términos y reduce el riesgo de inferir otro significado que el inventor no deseaba transmitir. El lenguaje sencillo también reduce los problemas al traducir la primera solicitud para presentarla en otras jurisdicciones.

Materia no reivindicada

Quien redacta la solicitud debe utilizar su mejor criterio para hallar un equilibrio entre los riesgos de una descripción demasiado escueta de las formas de realizar la invención y los de divulgar demasiada materia no reivindicada. Esta no está protegida por un derecho de patente y se considera que el inventor la "brinda al público", a menos que se reivindique en un momento posterior. Redactar las reivindicaciones *antes* que la descripción de las formas de realizar la invención puede ayudar al redactor de la solicitud a asegurarse de que adapta la descripción al contenido de las reivindicaciones.

Al redactar esta sección, por lo general será preferible pecar por exceso de inclusión. Si en la fecha de presentación no se aportan detalles suficientes en la descripción de las formas de realizar la invención, no será posible restringir el alcance de las reivindicaciones para superar la objeción por falta de novedad o actividad inventiva si un examinador encuentra nuevas referencias en el estado de la técnica.

La mayor parte de los sistemas de patentes, entre ellos el PCT, cuentan con una norma de "unidad de la invención", según la cual en una solicitud de patente solo se permite incluir una invención o varias invenciones que tengan un único "concepto inventivo" (véase la sección 11 del módulo VI). En consecuencia, si se determina que la materia divulgada contiene, junto con el conjunto de reivindicaciones original, una invención no reivindicada que carece de unidad de la invención, el redactor de la solicitud no puede solucionarlo mediante la introducción de otro conjunto de reivindicaciones. En tal caso, el problema solo puede resolverse si se presenta una solicitud divisional o de continuación, según proceda y con la aprobación del cliente, en la que se reivindiquen las invenciones que previamente no se reivindicaron.

Recomendación profesional

> Es importante recordar que se debe consultar con el cliente todo aspecto sustantivo relativo a la solicitud pendiente y que no se deben hacer suposiciones.

El uso del término "invención"

Especialmente en algunas jurisdicciones, quien redacta la solicitud de patente debe evitar utilizar en la descripción de las formas de realizar la invención frases como "la invención es...". En cambio, debe emplear formulaciones como "una forma de realizar la invención" o "un ejemplo de la invención" o, incluso, "una forma de realizar la invención/ejemplo del aparato/método". Esto garantizará que las reivindicaciones reciban la interpretación más amplia posible. Si no se indica lo contrario, por lo general se entiende que en la sección relativa a la descripción de las formas de realizar la invención se divulga "una forma de realizar la invención", y no la propia invención. Ahora bien, si quien redacta la solicitud excluye esta lectura más amplia al indicar que "la invención es X" en lugar de "una forma de realizar la invención es X", el alcance de la invención reivindicada puede restringirse de forma innecesaria.

Funciones conocidas

Quien redacta la solicitud de patente no debe mencionar en ella la materia conocida que sería necesaria para fabricar o utilizar un producto asociado con la invención reivindicada. Las solicitudes de patente no deben ser una guía detallada, y al menos un tribunal ha afirmado que es preferible que en las patentes se omita información que ya se conoce en la técnica. Por ejemplo, si todos los polímeros X deben endurecerse durante cinco horas a una temperatura de 200 grados y este es un hecho conocido en la técnica, el método de endurecer el polímero X no debe mencionarse en la solicitud de patente, a menos que la invención modifique el método de alguna manera.

Evitar la "limitación" de las reivindicaciones

Además de describir los componentes que se emplean en una forma de realizar la invención y la manera en la que funcionan esos componentes, quien redacta la solicitud tal vez también desee añadir a la solicitud uno o varios dibujos y divulgaciones conexas que aporten un contexto a la invención o la describan en funcionamiento. En este caso, es aconsejable condicionar estos análisis para que el contexto no sea necesariamente limitante, es decir, para que no pase a formar parte de la invención.

En el presente manual se ha reiterado que quien redacta la solicitud de patente debe emplear el lenguaje con mucha cautela. Las decisiones lingüísticas pueden tener consecuencias no solo durante la tramitación de la solicitud de patente, sino también —y especialmente— si la patente es objeto de un proceso judicial. En cuanto a las ventajas de la invención descritas en la sección de la reseña, el redactor de la solicitud debe prestar especial atención al emplear las palabras que tengan un carácter absoluto de cualquier tipo al preparar la descripción de las formas de realizar la invención. Si en la solicitud de patente se emplean palabras como "debe" o "siempre", deben indicar de manera muy precisa y exacta que los componentes o funciones a los que se refieren son características "esenciales" de la invención reivindicada. Dicho de otro modo, si en la divulgación de la invención se afirma que un dispositivo "siempre" hace algo, quien redacte la solicitud debe asegurarse de que es así (es decir, de otro modo la invención no funcionaría).

Recomendación profesional

> Dado que quien redacta la solicitud de patente probablemente lo haga con una computadora, le resultará sencillo recopilar una lista de palabras indispensables para luego buscarlas y reemplazarlas en la solicitud cuando esté casi finalizada.

Características preferidas u opcionales

La materia o las características de las reivindicaciones dependientes (también denominadas "reivindicaciones subsidiarias" o "subordinadas") deben describirse como formas de realizar la invención *preferidas* u *opcionales*. De no ser así, podrían considerarse características "esenciales" de la invención reivindicada (que en realidad deben figurar únicamente en la reivindicación más amplia). En la sección también deben mencionarse las ventajas de las reivindicaciones, que pueden ser importantes si posteriormente se hace necesario modificarlas durante la tramitación o durante un procedimiento de oposición. Si en una reivindicación se establece un elemento o intervalo preferidos, también puede ser útil mencionar otras características de ese elemento o intervalos preferidos aún más restringidos.

En los Estados Unidos de América, los profesionales evitan hablar de formas de realizar la invención o elementos "preferidos", puesto que la jurisprudencia ha establecido que raramente se determinará la existencia de infracción de la patente cuando el supuesto infractor no ponga en práctica los elementos "preferidos" de la invención.

Incorporación por referencia

En algunas jurisdicciones, como la de los Estados Unidos de América, es admisible incorporar a una solicitud de patente materia por medio de una referencia, por ejemplo, a un manual de química conocido. También se permite incorporar a la solicitud de patente materia procedente de otras fuentes, como publicaciones de patentes. La incorporación por referencia debe utilizarse con moderación.

Número de formas de realizar la invención o de ejemplos

El número necesario de formas de realizar la invención o de ejemplos en una solicitud de patente depende del alcance de las reivindicaciones. En el caso de muchas invenciones —en particular, en los sectores de la mecánica y la ingeniería— bastará con una única forma de realizar la invención que contenga alternativas para los elementos importantes. Por su parte, en las invenciones químicas y biológicas, tal vez sea necesario aportar numerosos ejemplos que sean suficientes para que la divulgación dé respaldo a las reivindicaciones amplias.

Recomendación profesional

> Para redactar la descripción de la forma de realizar la invención, se puede recurrir al dictado. Si se ha preparado el borrador de los dibujos y un bosquejo de la sección, tal vez resulte posible describir oralmente los dibujos. Muchos profesionales consideran que con este método pueden por lo menos duplicar los resultados.

4. Elaboración de los dibujos

Quien redacta la solicitud de patente debe preparar un buen material visual que contribuya a describir la invención reivindicada. Algunos redactores de solicitudes consideran que los *dibujos* son la parte más importante de la solicitud de patente después de las reivindicaciones, especialmente en los sectores mecánico, eléctrico y electrónico.

4.1 Tipos de dibujos

En jurisdicciones como la de los Estados Unidos de América, el Derecho de patentes exige que todos los elementos reivindicados figuren en los dibujos. Los dibujos (si procede incluirlos) deben servir para explicar la invención con suficiente detalle para que al leer la sección de la descripción de las formas de realizar la invención simplemente se confirme con palabras la información que ofrecen los dibujos. Sin embargo, esto no siempre es posible.

En ocasiones, se emplean dibujos para representar el principio de una invención en lugar de una forma específica de realizar la invención. Otras veces, se presentan los resultados obtenidos del uso de la invención, como gráficos relativos a experimentos químicos concretos en los que se muestra cómo la alteración de una condición de reacción modifica los resultados del proceso.

4.2 Indicadores de referencia

Los elementos que se muestran en los dibujos de una patente suelen ir acompañados de una breve descripción textual y un indicador de referencia (por ejemplo, un número de referencia), por ejemplo, "reloj (102)". El indicador, "102", debe mencionarse en la sección correspondiente a la descripción de las formas de realizar la invención.

El redactor de la solicitud de patente debe utilizar un sistema de numeración coherente, en el que a los números de referencia se les asigne, la primera vez que se mencionan, un número principal que coincida con el de su figura seguido de, por ejemplo, dos dígitos únicos. Por ejemplo, es posible que en la "figura 2" de una solicitud de patente el redactor ya haya etiquetado dos elementos. El tercer elemento (por ejemplo, una memoria de computadora) se numerará con la cifra "203". Todas las referencias futuras a esta memoria de computadora en los dibujos y la memoria descriptiva de la solicitud de patente se expresarán con la expresión "memoria de computadora (203)" o, simplemente, "memoria (203)". Si se presenta otra memoria de computadora, debe llevar otro número de referencia para evitar confundir una con otra. Una variación de este sistema de numeración es utilizar únicamente números impares (por ejemplo, 101, 103, 105) en los primeros borradores. Esto simplifica el proceso de añadir nuevos elementos cuando se revise la solicitud.

De acuerdo con otro sistema de numeración, puede asignarse a un componente principal un número de referencia de un único dígito y a los subcomponentes, dígitos adicionales que se añadan al número de referencia del componente principal. Por ejemplo, la "computadora 8" puede tener un subcomponente, la "memoria 82", donde el 8 de la numeración se refiere a la computadora 8 y el 2 significa que es el segundo elemento que se ha numerado.

Recomendación profesional

> Sea cual sea el sistema de referencias que se escoja, debe utilizarse de forma coherente.

4.3 Grado de detalle

Al preparar los dibujos, quien redacte la solicitud debe reflexionar sobre la información que desea transmitir y sobre cómo hacerlo. También debe pensar en el grado de detalle necesario para realizar una divulgación habilitante y de respaldo. Por ejemplo, una caja negra denominada "motor de dispositivo" que no tenga subcomponentes será una explicación insuficiente para una solicitud de patente que pretenda divulgar un "motor de dispositivo". Por el contrario, quien redacta la solicitud de patente debe evitar aportar demasiados detalles en los dibujos, a menos que la explicación que los acompaña en la sección de la descripción de las formas de realizar la invención aclare que los detalles añadidos pertenecen únicamente a una forma concreta de realizar la invención. Si se introducen demasiados detalles, existe el riesgo de que posteriormente —quizás en un litigio— se alegue que los detalles mostrados son esenciales para la invención, lo cual restringiría la interpretación de las reivindicaciones. Esto cobra especial importancia en jurisdicciones como la de los Estados Unidos de América cuando las solicitudes contienen una reivindicación de medio más función (véase la sección 2.4 del módulo IV), puesto que los demandados en un proceso posterior por infracción de patente alegarán que todos los detalles innecesarios de los dibujos son medios esenciales de ejecutar la función mencionada.

Los dibujos deben ser completos y no deben omitir ningún detalle indispensable. Por ejemplo, en un dibujo que muestre la sucesión de etapas de un proceso, se deben representar adecuadamente las flechas. Si una flecha apunta en una sola dirección cuando debería indicar ambos sentidos, puede resultar difícil convencer al examinador de que la transición de un componente a otro es reversible. Quien redacta la solicitud puede incluir en la descripción de las formas de realizar la invención una explicación escrita suficiente para superar las deficiencias de los dibujos, pero esta práctica no es la solución más adecuada.

Sin embargo, el redactor de la solicitud debe recordar que no se ha de dedicar demasiado tiempo a perfeccionar los dibujos. No se espera que sea un dibujante profesional, aunque puede servirse de la ayuda de un dibujante cualificado. El diseño asistido por computadora puede ser de utilidad para preparar los dibujos y, en ocasiones, es más rápido y menos costoso que un simple dibujo en un papel.

Recomendación profesional

> Quien redacta la solicitud debe dedicar su tiempo y sus capacidades a crear dibujos claros y originales, no a darles una apariencia atractiva.

4.4 Dibujos proporcionados por el inventor

El cliente o el inventor a menudo transmiten sus propios dibujos a quien va a redactar la solicitud. Esos dibujos pueden serle de utilidad para contar la historia de la invención, pero es probable que contengan elementos innecesarios para la divulgación. Por lo tanto, el redactor de la solicitud de patente tal vez prefiera volver a dibujar o adaptar los dibujos del inventor.

Es importante garantizar que todos los detalles que aparecen en los dibujos, también el texto, sigan siendo inteligibles cuando se reduzca la escala de los dibujos para adaptarla a la publicación de la patente. Por ejemplo, los clientes pueden enviar capturas de pantalla para mostrar el funcionamiento de la invención, pero estas imágenes rara vez pueden descifrarse cuando se modifica la escala para adaptarla a la página impresa.

5. Redacción del resumen

El propósito del *resumen* es sintetizar los elementos esenciales de la invención. En muchos casos, una versión del primer párrafo de la sección relativa a la reseña de la invención constituirá un buen resumen, que puede reflejar el contenido de la reivindicación principal (independiente). El objetivo primordial del resumen es servir de ayuda a la búsqueda. Por lo general, se publica en la portada de las publicaciones de patente, se introduce en las bases de datos y a menudo proporciona las palabras clave para las herramientas de búsqueda automatizada. Cuando una búsqueda proporciona varias solicitudes de patentes y patentes concedidas, a menudo se consulta el resumen para saber si conviene seguir leyendo. Por este motivo, el resumen debe ser breve y, sobre todo, preciso.

En muchas jurisdicciones se exige que el resumen no supere un determinado número de palabras. En numerosos países donde el inglés es idioma oficial, el resumen no puede tener más de 150 palabras. En otras jurisdicciones, como las del Japón, la República de Corea y China, la extensión del resumen está limitada a un determinado número de caracteres. El examinador puede objetar a los resúmenes que excedan esos límites.

En la mayor parte de los países, el resumen se limita a presentar información técnica y no debe tenerse en cuenta para ningún otro fin, como la interpretación del alcance de las reivindicaciones o la determinación de la patentabilidad. Incluso los tribunales de la mayor parte de las jurisdicciones rara vez prestan atención al resumen para interpretar la invención reivindicada. Sin embargo, los Estados Unidos de América son una excepción, por lo que los resúmenes de las solicitudes presentadas en este país deben redactarse en términos amplios para evitar las limitaciones.

En consecuencia, en la mayor parte de las jurisdicciones, las oficinas de patentes solo examinan el resumen para comprobar que cumplen los requisitos relativos al número de palabras o caracteres y apenas hacen una evaluación sustantiva de esta parte de la solicitud, aunque ello no significa que el resumen pueda inducir a error o estar mal redactado.

Puede ser recomendable incluir en el resumen los indicadores de referencia que se muestran en los dibujos (por ejemplo, "reloj (102)"), si ello facilita al público la comprensión de la invención. Sin embargo, en los Estados Unidos de América se considera que estos signos de referencia restringen la interpretación de las reivindicaciones, porque limitan las características reivindicadas a las divulgadas en los dibujos. En consecuencia, deben omitirse o suprimirse del resumen.

Los redactores de solicitudes de patente con poca experiencia a menudo cometen el error de preparar el resumen en una etapa temprana. Ello comporta el riesgo de que se presenten algunas características patentables de la invención que no aparecen en las demás partes de la solicitud de patente. Muchos redactores de solicitudes de patente prefieren preparar el resumen al final del proceso de redacción y, para ello, se plantean la pregunta siguiente: "¿Todos los elementos del resumen se divulgan en la descripción?". Si la respuesta no es un "sí" rotundo, se debe añadir en la descripción o en las reivindicaciones el elemento que falta, o se ha de modificar el resumen.

Palabras clave

- descripción
- título
- sector técnico
- técnica anterior
- reseña de la invención
- (divulgación de la invención o descripción detallada)
- breve descripción de los dibujos
- descripción de las formas de realizar la invención (modos de poner en práctica la invención)
- orden en el que se redactan las solicitudes de patente
- preparación de los dibujos
- redacción del resumen

Autoevaluación

- ☐ En su jurisdicción, ¿cómo se divide la parte de las solicitudes relativa a la descripción?
- ☐ ¿Qué tipo de información debe proporcionarse en la sección relativa a la "técnica anterior"? ¿Qué debe evitar el redactor de la solicitud de patente al preparar esa sección?
- ☐ ¿Qué tipo de información debe contener la sección relativa a la "reseña de la invención"?
- ☐ En la parte de la solicitud relativa a la descripción debe describirse al menos una forma de realizar la invención que funcione. ¿Verdadero o falso?
- ☐ Una forma de realizar la invención que se divulga en la descripción pero que no figura en las reivindicaciones de la patente concedida pasa a formar parte del dominio público. ¿Verdadero o falso?
- ☐ Se recomienda a quien redacta la solicitud de patente que utilice palabras absolutas, como "debe" o "siempre", en la parte de la solicitud relativa a la descripción, porque ello facilitará una mejor comprensión de la invención. ¿Verdadero o falso?
- ☐ En la sección de la "descripción de las formas de realizar la invención" no solo deben describirse las formas de realizar la invención con características esenciales de la invención, sino también las que tienen tengan características opcionales. ¿Por qué?
- ☐ Los dibujos que un cliente pueda ofrecer al redactor de la solicitud pueden ser sumamente útiles al preparar los dibujos que se introducirán en la solicitud de patente, pero deben utilizarse con precaución. ¿Qué cuestiones debe tener en cuenta el redactor de solicitudes de patente?

Módulo VIII Presentación de solicitudes de patente

Antes de presentar una solicitud de patente, quien la haya redactado debe asegurarse de que el cliente la examina, la comprende y la aprueba. Los inventores raramente comprenden los requisitos jurídicos aplicables y un número aún menor de inventores entienden y aprecian el lenguaje consuetudinario de las solicitudes de patente (véase la sección 2 del módulo IV). Por lo tanto, corresponde al redactor de la solicitud la tarea de explicar al cliente las partes de la solicitud sobre las que el cliente pueda tener dudas. Quien redacta la solicitud no debe modificar la solicitud de patente para hacerla más accesible a las personas que no están familiarizadas con el lenguaje de las solicitudes de patente si, al hacerlo, se compromete el alcance o la validez de la patente reivindicada. Ahora bien, debe asegurarse de que el lenguaje empleado sea lo más correcto y sencillo posible. En ocasiones, las reivindicaciones extremadamente abstractas pueden resultar confusas a las personas que no sean especialistas en patentes, pero el lenguaje abstracto a veces puede ser lo más adecuado para garantizar que las reivindicaciones sean tan amplias como permite la ley.

A lo largo del presente manual se ha señalado que el redactor de la solicitud de patente debe conocer los requisitos de la presentación de solicitudes de patente en todos los países de interés para sus clientes, incluidas las normas relativas al formato y los dibujos. Un redactor de solicitudes proactivo preparará una lista de comprobación —para cada una de las distintas jurisdicciones en las que presenta solicitudes habitualmente— con determinados elementos que constituyen las partes necesarias de una solicitud, y, a continuación, comparará cada una de las solicitudes con la lista correspondiente. También pueden ser útiles otras listas de comprobación relativas a la revisión de una solicitud antes de presentarla ante una determinada oficina de patentes (ya sea por vía electrónica o por correo postal) o a las cuestiones que deben resolverse antes de contestar a una decisión de la oficina. Estas listas de comprobación pueden reducir el riesgo de cometer omisiones o errores involuntarios.

Recomendación profesional

> No se debe permitir que toda la ardua labor de redactar la solicitud se eche a perder porque se pasó por alto un requisito menor relativo a la solicitud que podría haberse percibido y cumplido fácilmente.

En muchas jurisdicciones, el redactor de la solicitud de patente debe acompañar la solicitud presentada de un poder y del justificante del pago de las tasas de presentación en los distintos países. En función de los requisitos jurídicos específicos de cada jurisdicción, es posible que también presenten una declaración sobre la calidad de inventor o un documento en el que se confirme que el inventor ha asignado la invención al solicitante o se declare de otro modo el derecho del solicitante de la patente. Algunas oficinas nacionales de patentes permiten enviar estos documentos oficiales después de presentar la solicitud de patente sin que ello afecte a la fecha de presentación.

En los Estados Unidos de América, la *declaración sobre la calidad de inventor* es una comunicación mediante la cual el inventor declara que ha leído y comprendido la solicitud de patente y que se considera el inventor (o uno de los inventores, de haber varios) de la invención que se describe.

El *poder* es un documento mediante el que se concede a otra persona (normalmente, un agente o abogado de patentes habilitado para ejercer ante la oficina de patentes interesada) la potestad de representar al solicitante en los procedimientos ante la oficina de patentes relativos a su solicitud.

El *documento de cesión* es un contrato entre el inventor y otra persona (que suele ser su empleador) en el que se indica la transmisión de los derechos de patente del inventor a esa persona. (El redactor de la solicitud debe comprobar que su cliente tiene derecho a solicitar la patente antes de representar a esa otra parte en los procedimientos.)

Otros de los documentos oficiales que el redactor de la solicitud tal vez deba presentar están relacionados con la defensa nacional. En algunos países, como los Estados Unidos de América, el Reino Unido, China, la India y Francia, se exige el cumplimiento de requisitos específicos para la presentación de solicitudes de patente que puedan ser de interés para la seguridad nacional. En países como los Estados Unidos de América, un inventor residente debe obtener la autorización del Estado para presentar una solicitud de patente en el extranjero. Igualmente, en muchos países existen normas relativas a la exportación de datos técnicos. Como mínimo, el redactor de la solicitud debe estar familiarizado con las normas de su jurisdicción en la materia, para evitar participar involuntariamente en la transmisión transfronteriza ilegal de datos técnicos sensibles.

1. Presentación de solicitudes internas o de prioridad

Habida cuenta de que los inventores y sus empleadores habitualmente desean obtener protección por patente en el país en el que trabaja el inventor, los clientes por lo general piden al redactor de la solicitud que presente la primera solicitud de patente en ese país, es decir, de manera interna. También es posible que el inventor o su empleador deseen presentar solicitudes de patente en otros países de conformidad con el Convenio de París (véase la sección siguiente). Dado que la primera presentación de una solicitud de patente fija la fecha de prioridad para la familia de solicitudes de patente extranjeras de la misma invención que pueden presentarse posteriormente, es habitual que el cliente desee presentar la solicitud lo antes posible.

Se ha observado que, por lo demás, los requisitos concretos de presentación de solicitudes de patente pueden variar en función de la jurisdicción y que quien redacta la solicitud debe tener un conocimiento excelente de los requisitos específicos de su propia jurisdicción. Esta información a menudo está disponible en línea[34] y en otros recursos disponibles al público.

2. Presentación de solicitudes en el extranjero

Tras preguntar al cliente en qué países desea presentar las solicitudes de patente, el redactor debe revisar los requisitos de presentación en todas las jurisdicciones de interés para el cliente y proporcionarle una estimación de los costos. Por ejemplo, el redactor de la solicitud debe determinar si los países de interés son Estados contratantes del Convenio de París o miembros de la Organización Mundial del Comercio (OMC).

El Convenio de París es un tratado internacional que, entre otras ventajas, reconoce el derecho de prioridad entre las solicitudes de patente. El Convenio permite a un solicitante de patente de un Estado contratante ejercer el derecho de prioridad basado en la primera presentación en ese Estado, siempre que la solicitud posterior en la que se reivindica la misma invención se presente dentro de los 12 meses inmediatamente posteriores a la fecha de presentación de la primera solicitud. El *derecho de prioridad* significa que la solicitud posterior no podrá invalidarse en virtud de acontecimientos acaecidos entre la fecha de prioridad y la de presentación de la solicitud posterior. Por ejemplo, si una solicitud de patente relativa a la misma invención se presenta en el Japón antes de que transcurran 12 meses desde que se presentó la solicitud de patente inicial en el Canadá, la solicitud presentada en el Japón no se invalidará en virtud de la publicación de la invención en una revista durante esos 12 meses. Por lo tanto, de conformidad con el Convenio de París, la fecha de presentación de la primera solicitud relativa a esa invención se denomina "fecha de prioridad". También es posible que se exija presentar una copia certificada de la solicitud inicial en cada uno de los países en los que se reivindica la prioridad, para demostrar la existencia del derecho.

De acuerdo con el Acuerdo sobre los Aspectos de los Derechos de Propiedad Intelectual relacionados con el Comercio (Acuerdo sobre los ADPIC), los solicitantes también pueden ejercer el derecho de prioridad en los miembros de la OMC que no sean signatarios del Convenio de París.

El mismo derecho de prioridad en virtud del Convenio de París puede reclamarse no solo entre los Estados contratantes y los miembros de la OMC, sino también cuando el solicitante presente posteriormente una solicitud internacional con arreglo al Tratado de Cooperación en materia de Patentes (PCT). El Tratado, que es un arreglo particular en virtud del artículo 19 del Convenio de París, se estudia en mayor profundidad en la sección 4.3 del presente módulo.

Recomendación profesional

Es importante comprobar todas las fechas en las que deben haberse presentado las solicitudes extranjeras, y conviene recordarle al cliente esas fechas con bastante antelación, para que tenga tiempo de tomar decisiones.

Ejemplo

Un redactor de solicitudes de patente del país A presenta una solicitud de patente el 8 de marzo de 2020. El país A es parte en el Convenio de París. El cliente desea presentar solicitudes homólogas en los países B, C y D. Dado que estos países también son parte en el Convenio de París, el redactor de la solicitud tiene de plazo hasta el 8 de marzo de 2021 para presentar en los países B, C y D solicitudes de patente homólogas que se beneficiarán del derecho de prioridad.

El inventor divulga la invención por primera vez dos semanas después de presentar la solicitud en el país A, es decir, el 22 de marzo de 2020. En virtud del Convenio de París, las solicitudes presentadas en los países B, C y D consideran que la fecha de prioridad es el 8 de marzo de 2020. En consecuencia, la divulgación pública

no compromete la patentabilidad de las solicitudes homólogas presentadas en los países B, C y D.

Sin embargo, si el inventor hubiera divulgado públicamente su invención *antes* de la fecha de presentación de la primera solicitud (es decir, la fecha de prioridad), el derecho de prioridad en virtud del Convenio de París sería irrelevante para la cuestión de la patentabilidad. En el ejemplo, si el inventor divulga al público cada uno de los aspectos de la invención dos semanas antes de presentar la solicitud de patente en el país A (el 17 de febrero de 2020), esa divulgación puede afectar a la patentabilidad de las solicitudes presentadas en los países A, B, C y D. Ello dependerá del Derecho de patentes aplicable en cada país y, especialmente en este caso, de las disposiciones relativas al plazo de gracia (véase la sección 2.1 del módulo II).

En cuanto a las jurisdicciones que no son Estados contratantes del Convenio de París ni miembros de la OMC, antes de presentar la primera solicitud (interna), el redactor de esta debe determinar los requisitos concretos de la presentación de solicitudes, que pueden variar en gran medida. Sin embargo, habida cuenta de que el 8 de agosto de 2020 el Convenio de París contaba con 177 Estados contratantes, esta situación es poco frecuente.

A menudo, en el momento de la presentación de la primera solicitud el cliente no sabe con certeza si desea presentar solicitudes de patente en el extranjero ni en qué países. Los conocimientos de quien redacta la solicitud le permiten aconsejar al cliente adecuadamente y explicarle las ventajas de la prioridad en virtud del Convenio de París, los riesgos que se plantearían si el cliente decidiera presentar solicitudes en países que no son parte en el Convenio de París ni miembros de la OMC y las ventajas de presentar una solicitud PCT en el plazo de 12 meses para obtener el derecho de prioridad en virtud del Convenio de París.

Es improbable que se permita al redactor de la solicitud representar a su cliente ante una oficina de patentes directamente, por lo que deberá buscar un abogado de patentes habilitado en esa jurisdicción. Existen al menos dos modelos de relación profesional entre los redactores de solicitudes y los abogados y agentes de patentes.

- En el modelo *sin intervención*, el abogado o agente extranjero se encarga de la correspondencia oficial y proporciona información sobre las normas locales, pero no participa en los aspectos de fondo del asunto. El redactor que presentó la solicitud original de prioridad adopta todas las decisiones importantes.
- En el modelo *con intervención*, el abogado o agente extranjero redacta propuestas de contestación a las decisiones de la oficina y las envía al redactor de la solicitud para que las apruebe.

El redactor de la solicitud puede utilizar modelos diferentes en las distintas jurisdicciones, por ejemplo, con intervención en unas y sin intervención en otras.

Recomendación profesional

> Si el redactor de solicitudes de patente prevé que su labor conllevará con frecuencia la presentación de solicitudes en el extranjero, debe plantearse la posibilidad de establecer relaciones profesionales regulares con abogados extranjeros asociados en los países correspondientes.

3. Procedimientos y tasas de las oficinas de patentes

3.1 Procedimientos de las oficinas de patentes

Una vez presentada la solicitud de patente, la oficina de patentes examina la solicitud presentada para asegurarse de que solo aquellas que cumplen con los requisitos establecidos en la legislación aplicable puedan obtener una patente. Los procedimientos varían considerablemente de un país a otro, por lo que resulta imposible ofrecer un resumen exhaustivo y detallado. El redactor de la solicitud debe conocer, al menos, el procedimiento de la oficina de su país.

Por lo general, los tres ámbitos principales de los procedimientos de las oficinas son los siguientes:

i) examen de forma;
ii) búsqueda del estado de la técnica; y
iii) examen de fondo.

En algunas oficinas, solo se realiza la etapa i), mientras que, en otras, solo la i) y la ii).

En cada caso, el examinador de patentes y el solicitante (o su representante, ya sea el redactor de la solicitud u otra persona) entablan un diálogo, principalmente por escrito. El representante recibe las comunicaciones de la oficina de patentes, asesora al solicitante respecto de las medidas adecuadas que deben adoptarse, recibe instrucciones del solicitante y contesta en consecuencia a las comunicaciones de la oficina de patentes.

En el examen de forma (etapa i)) se comprueba que la solicitud satisfaga todos los requisitos formales establecidos en la legislación, como que se haya rellenado correctamente el formulario del petitorio, que se cumplan las normas relativas a la redacción de la descripción, las reivindicaciones, los dibujos y el resumen y que se hayan presentado otros documentos exigidos, como el poder de representación o una declaración del inventor. La oficina de patentes da al solicitante la oportunidad de subsanar los errores que se detecten durante el examen de forma, y si el solicitante no los subsana en un plazo determinado, la oficina de patentes rechaza la solicitud.

En función del procedimiento de examen que se prevea en la legislación aplicable, la búsqueda del estado de la técnica (etapa ii)) se realiza bien de forma separada y previa al examen de fondo o bien en el marco del proceso del examen de fondo. Si se realiza la búsqueda separadamente, se enviará al solicitante un informe de búsqueda en el que se señalen los documentos pertinentes del estado de la técnica que se han hallado.

En el examen de fondo (etapa iii)), se comprueba que la solicitud satisfaga los criterios de patentabilidad y que la invención se haya divulgado de manera suficiente, clara y completa en la solicitud presentada. Como en la etapa i), la oficina de patentes brindará al solicitante la oportunidad de subsanar las objeciones que se planteen durante el examen de fondo (generalmente, mediante la modificación de las reivindicaciones y la descripción). Si el solicitante no las subsana en un plazo determinado, la oficina de patentes no concederá la patente.

En muchos países, las solicitudes de patente se publican 18 meses después de la fecha de presentación (o de prioridad).

Si (o cuando) el proceso de examen concluye de manera favorable al solicitante, la oficina de patentes concede la patente. La información sobre la patente se inscribe en el registro de patentes y se publica en un boletín oficial. Muchas oficinas de patentes ya publican las solicitudes de patente y las patentes concedidas en sus sitios web. El solicitante recibe un *certificado de concesión de patente*, que es un documento oficial en el que se establece la titularidad de la patente.

En algunas legislaciones nacionales y regionales se prevé la oposición y otros mecanismos de revocación administrativa e invalidación que permiten a terceros intervenir en el proceso de examen de la patente antes de que se conceda o impugnar una patente concedida. Si bien la configuración de esos mecanismos puede variar en función del país, el objetivo común es proporcionar un medio sencillo, rápido y comparativamente poco costoso de mejorar la calidad de las patentes al integrar una contribución añadida al proceso de concesión de la patente.

En algunos lugares existen oficinas regionales de patentes que conceden patentes regionales. Algunas de esas oficinas son la Organización Regional Africana de la Propiedad Intelectual (ARIPO), la Oficina Eurasiática de Patentes (EAPO), la Oficina Europea de Patentes (OEP), la Oficina de Patentes del Consejo de Cooperación del Golfo (Oficina de Patentes CCG) y la Organización Africana de la Propiedad Intelectual (OAPI).

3.2 Tasas y otras consideraciones relativas a los costos

Quien redacta la solicitud de patente siempre debe tratar de ofrecer al cliente información suficiente sobre las tasas y los costos para que este pueda concebir una estrategia de patentes coherente con las limitaciones presupuestarias. También debe informar al cliente, si es el caso, de que esas tasas y costos deben evaluarse en momentos determinados. Por ejemplo, es importante decirle al cliente que presentar solicitudes de patente en cinco países y mantener las patentes concedidas hasta el final de su plazo de protección puede costar cerca de 150 000 euros. Será aún más útil transmitirle que en los primeros cinco años desde la presentación de la solicitud local inicial solo deberá pagar una parte de la cantidad total y que el resto comprende gastos variables que pueden surgir a lo largo de un período de 20 años.

En algunas jurisdicciones se prevén reducciones de las tasas cuando el solicitante es un inventor único, una universidad, una institución de investigación o una pequeña empresa. Por ejemplo, en los Estados Unidos de América se aplica un descuento del 50 % a la mayor parte de las tasas de los inventores únicos, las organizaciones sin ánimo de lucro (como las universidades) y las pequeñas empresas. El redactor de la solicitud debe investigar esas opciones y actuar de conformidad con los intereses del cliente.

En la figura 9 se muestra un resumen de las fases habituales de la tramitación de patentes desde la perspectiva de los costos. Las tasas que pueden conllevar las distintas etapas del procedimiento son las tasas de presentación, de publicación, de petición de examen, de búsqueda, de tramitación, de emisión y de mantenimiento. Sin embargo, el procedimiento de concesión de patentes y las tasas correspondientes pueden variar en función de las oficinas de patentes y de las leyes aplicables.

Figura 9: **Resumen general del procedimiento de concesión de patente y las tasas correspondientes**

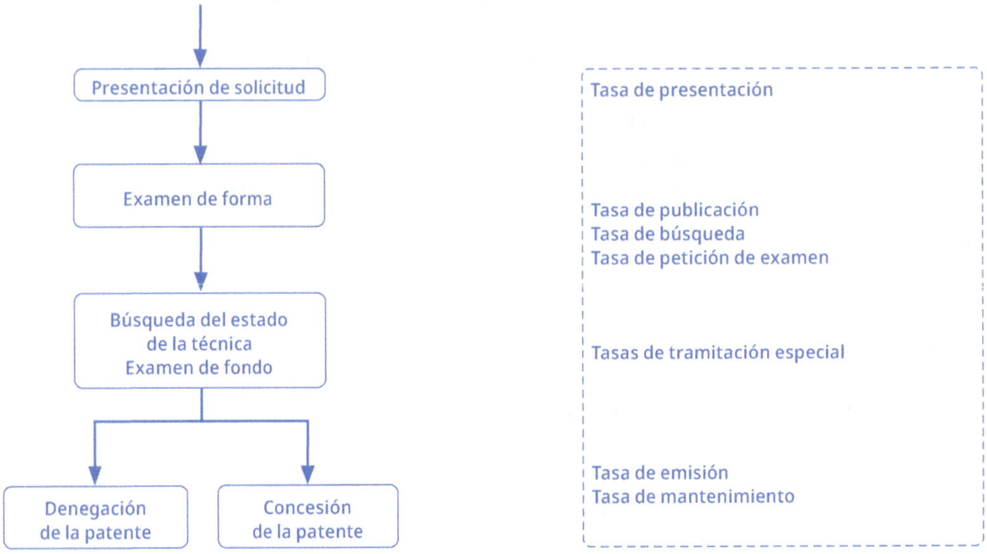

No todas las oficinas exigen el pago de todas las tasas mencionadas, y algunas oficinas pueden imponer otros tipos de tasas. Cada una de esas tasas puede llevar asociado un costo por los servicios profesionales (por ejemplo, los honorarios de especialistas) y, en general, estos costos son superiores a las tasas oficiales de presentación de solicitudes. Algunas de esas tasas, como las relativas a la petición de examen, no se aplican en todas las jurisdicciones, porque no todas las oficinas tienen un sistema de "petición de examen". En muchas jurisdicciones se aplican tasas específicas a determinados procedimientos especiales durante la tramitación de una solicitud. Por ejemplo, algunas oficinas ofrecen un examen acelerado de la patente a cambio del pago de una tasa; otras aceptan la prórroga de un plazo si se dan determinadas condiciones, como el pago de una tasa adicional. Es posible que en la etapa del examen de fondo se genere una cantidad considerable de honorarios profesionales, porque en esta etapa el redactor de la solicitud desempeña tareas como la revisión del estado de la técnica mencionada por el examinador de patentes o la modificación de las reivindicaciones para superar la objeción. En la mayor parte de las jurisdicciones se impone una tasa de emisión para que la patente entre en vigor y algún tipo de tasa de mantenimiento para mantener la vigencia de la patente.

Si el cliente desea presentar solicitudes de patente en varias oficinas nacionales y regionales, el costo del conjunto de las tasas y los honorarios profesionales puede ser importante. Para presentar una solicitud de patente ante una oficina extranjera, es posible que el cliente deba preparar una traducción de la solicitud local a uno de los idiomas admitidos por esa oficina. Preparar esa traducción puede llevar más o menos tiempo en función del país. Ahora bien, la traducción profesional de un complejo documento jurídico o técnico como una solicitud de patente puede ser muy costosa. Si el cliente tiene interés en presentar solicitudes homólogas en otros cinco países y ninguno de ellos acepta un idioma común con los demás —incluido el de la solicitud inicial—el cliente deberá conseguir la traducción a otros cinco idiomas, lo cual conlleva un gasto considerable.

Asimismo, es posible que se exija la traducción de una solicitud de patente regional en ese mismo sistema regional. Por ejemplo, la OEP admite solicitudes en inglés, en francés o en alemán y permite la tramitación de esas solicitudes en uno de esos tres idiomas. Sin embargo, una vez que se ha admitido la solicitud para concederla, la OEP exige al solicitante que escoja los países en los que desea validar la patente europea y que abone una tasa de validación a las oficinas de cada uno de esos países. Este proceso puede exigir la traducción de la solicitud a un idioma distinto del de la solicitud original.

Ejemplo

> Se ha presentado ante la OEP una solicitud en inglés. El solicitante ha designado cuatro países en la solicitud ante la OEP, a saber, España, Italia, Austria y Portugal.

Una vez finalizada la tramitación de la solicitud ante la OEP de manera favorable al solicitante, este debe pagar la tasa de validación a las oficinas de patente de esos países y presentar las traducciones al español, italiano, alemán y portugués de la solicitud en inglés.

Si bien las tasas de validación y los costos de traducción varían en función del país, el costo total de proteger una patente en cuatro países europeos durante todo su período de vigencia supera los 200 000 euros.

Si el solicitante tiene interés en presentar una solicitud de patente en varios países, recurrir al sistema del PCT puede ser una buena opción desde la perspectiva de los costos. Las solicitudes PCT pueden presentarse en cualquiera de los idiomas aceptados por la oficina receptora. Sin embargo, es posible que se deba traducir la solicitud PCT si está redactada en un idioma distinto del alemán, árabe, chino, coreano, español, francés, inglés, japonés, portugués o ruso. No obstante, el PCT es un mecanismo eficaz para posponer los importantes costos mencionados de la tramitación de solicitudes de patente en países extranjeros.

Habida cuenta de que los costos de obtener patentes en el extranjero pueden ser muy sustanciales, el solicitante de patente (el cliente) debe adoptar decisiones empresariales constantemente durante el proceso de presentación de solicitudes en el extranjero. En consecuencia, el redactor de la solicitud debe prestar un asesoramiento sensato sobre los costos de la protección por patente en todo el mundo y proponer ideas sobre las maneras en las que el cliente puede limitar los costos si solamente presenta solicitudes de patente en los países donde la protección por patente es indispensable para el negocio. Dicho de otro modo, es importante adoptar esta decisión de forma estratégica (véase el módulo X).

Recomendación profesional

Además de las reducciones específicas de las tasas relativas a solicitudes presentadas por determinados solicitantes que se prevén en algunos países, el redactor de la solicitud debe asesorar al cliente de manera adecuada respecto de los instrumentos internacionales que tienen por objeto reducir los costos de la traducción de solicitudes de patente, como el Acuerdo de Londres,[35] que exime total o parcialmente del cumplimiento del requisito de la traducción de las patentes europeas.

4. Procedimientos de presentación de solicitudes en determinadas jurisdicciones

Los procedimientos para presentar una solicitud pueden variar de un país a otro. La información que figura a continuación se presenta a fines ilustrativos y no pretende constituir una guía exhaustiva universal para la presentación de solicitudes. Muchas oficinas de patentes publican en sus sitios web información sobre los procedimientos de presentación de solicitudes, los requisitos para ello y los formularios oficiales.[36]

4.1 Presentación de solicitudes ante la Oficina de Patentes y Marcas de los Estados Unidos de América (USPTO)

La Oficina de Patentes y Marcas de los Estados Unidos de América (USPTO) es el organismo encargado de recibir y examinar las solicitudes de patente en los Estados Unidos de América. Decide en última instancia si debe concederse o denegarse una patente. Preparar una solicitud de patente y los documentos anexos en esta jurisdicción puede ser complicado, por lo que quien va a redactar la solicitud debe estudiar los requisitos de la USPTO antes de hacerlo.

En los Estados Unidos de América, una solicitud de patente no provisional debe contener reivindicaciones, un resumen, una descripción, una atestación bajo juramento o una declaración y, en la mayor parte de los casos, dibujos. Las solicitudes *no provisionales* de patente de utilidad contienen reivindicaciones, mientras que las *provisionales* no siempre las tienen y se emplean principalmente para establecer la fecha de prioridad. Las solicitudes de patente deben estar en inglés o ir acompañadas de una traducción a este idioma y una certificación de la exactitud de la traducción.

El *formulario de envío de una solicitud de patente de utilidad* (o *carta de envío*) debe presentarse junto con la solicitud. El objetivo de este formulario o carta es informar a la USPTO de los tipos de documentos que se presentan (por ejemplo, la descripción, las reivindicaciones, los dibujos, la declaración relativa a la divulgación de información y otras declaraciones). En el formulario de envío también se indica el nombre del solicitante y el tipo de solicitud, el título de la invención, el contenido de la solicitud y los anexos adjuntos.

Se puede utilizar un *formulario de pago de tasas* para calcular las tasas de presentación establecidas e indicar el método de pago, ya sea mediante cheque, tarjeta de crédito o pago electrónico. La cantidad pagadera depende del número y el tipo de reivindicaciones presentadas y de si el cliente puede proporcionar una aseveración escrita de la condición de pequeña entidad, como es el caso de los inventores individuales, lo cual por lo general puede reducir a la mitad las tasas oficiales.

Las tasas de presentación, búsqueda y examen de una solicitud de patente deben pagarse en el momento de la presentación. Si se presenta una solicitud sin pagar las tasas exigidas, se envía al solicitante una notificación en la que se le pide que abone las tasas en un plazo determinado. Si en el momento de la presentación no se ha pagado la tasa de presentación básica, se añadirá un recargo por aceptación tardía.

La *ficha de datos sobre la solicitud* contiene datos bibliográficos, es decir, información sobre el solicitante y para la correspondencia, así como sobre la solicitud, la representación, la prioridad nacional, la prioridad extranjera y las cesiones.

La solicitud de patente debe contener una atestación bajo juramento o una declaración firmada por el inventor en la que afirme que se considera el inventor original de la materia objeto de la solicitud. Esta atestación bajo juramento o declaración debe estar redactada en un idioma que el inventor comprenda. Si está en un idioma distinto del inglés, se deberá presentar una traducción a este idioma junto con una certificación de la exactitud de la traducción.

4.2 Presentación de solicitudes ante la Oficina Europea de Patentes (OEP)

La Oficina Europea de Patentes (OEP) se creó en virtud del Convenio sobre la Patente Europea (CPE), que establece el marco para la concesión de patentes europeas mediante un procedimiento único y armonizado ante la OEP. Es decir, la OEP funciona como la oficina de examen común a las solicitudes de patente presentadas en virtud del CPE. Cuando una solicitud cumple los requisitos establecidos en el CPE —la utilización de formularios específicos, el pago de tasas y la presentación de varios documentos y su traducción, de ser necesaria—, la OEP concede una patente europea para cada uno de los Estados contratantes designados por el solicitante. Sin embargo, la concesión de una patente europea no equivale a la protección automática en los Estados contratantes designados, que tienen la facultad de conceder o denegar las patentes nacionales solicitadas directamente en los respectivos países.

Habida cuenta de que las solicitudes presentadas ante la OEP tienen carácter regional, deben contener una indicación de los Estados contratantes en los que el solicitante desea obtener protección por patente. El solicitante puede designar un solo Estado, todos o algunos de ellos. De conformidad con la estructura de tasas de la OEP vigente a partir de abril de 2009, se exige una sola tasa de designación independientemente de cuántos países se designen. Por lo tanto, quien redacta la solicitud puede designar a todos los Estados, lo que permite al solicitante tomar una decisión sobre los países de interés una vez concedida la patente europea.

Cuando la solicitud haya superado favorablemente el proceso de examen de la OEP y se haya concedido la patente europea, el solicitante debe validarla en cada uno de los Estados contratantes donde desea obtener la protección por patente. El proceso de validación suele conllevar el pago de otras tasas, así como la presentación de determinados documentos y la traducción de la patente (de ser necesaria) en un plazo específico contado a partir de la fecha de la concesión de la patente europea.

La publicación de la patente europea también da inicio al transcurso del plazo para presentar oposiciones contra ella.

4.3 Presentación de solicitudes en virtud del Tratado de Cooperación en materia de Patentes (PCT)

Procedimientos generales

El PCT es un tratado multilateral administrado por la Organización Mundial de la Propiedad Intelectual (OMPI), cuya sede está en Ginebra (Suiza). El 15 de enero de 2020, el PCT contaba con 153 Estados contratantes.

El PCT permite a un solicitante de patente presentar una única solicitud *internacional* para obtener protección en cualquiera o en todos los Estados contratantes del PCT. La solicitud internacional de patente equivale a presentar una solicitud *nacional* ordinaria en cada Estado designado. El término "Estados designados" se refiere a todos los países que son miembros del PCT en el momento de la presentación de la solicitud. El plazo de la protección por patente concedida en virtud del PCT es de 20 años a partir de la fecha de presentación internacional (o de prioridad).

Es importante comprender que la OMPI no emite una "patente PCT" ni una "patente internacional" que otorgue protección en todos los Estados contratantes, sino que cada oficina nacional o regional puede conceder o denegar la patente de conformidad con su Derecho de patentes nacional. Por lo tanto, el solicitante debe tramitar la solicitud internacional de patente en cada uno de los países o regiones en los que desean obtener protección y pagar las tasas nacionales o regionales correspondientes.

El procedimiento del PCT consiste en dos fases principales, a saber, la fase internacional y la nacional.[37]

La fase internacional consiste en las etapas siguientes:

i) **Presentación de una solicitud internacional.** Los solicitantes a menudo presentan la primera solicitud de patente ante una oficina nacional de patentes y, posteriormente, una solicitud internacional en virtud del PCT en la que reivindica la prioridad basada en la primera solicitud. En principio, la presentación de una solicitud PCT equivale a la designación de todos los Estados contratantes que estén obligados por el Tratado en la fecha de presentación internacional.

ii) **Búsqueda internacional.** Con arreglo al PCT, la búsqueda internacional se confía a una de las *Administraciones encargadas de la búsqueda internacional (ISA)* competentes[38] y, tras ella, se redacta un *informe de búsqueda internacional (ISR)*, es decir, una enumeración de los documentos publicados que podrían afectar a la patentabilidad de la invención reivindicada en la solicitud internacional o ser importantes para la invención. Además, a la luz de los resultados del informe de búsqueda, también se emite una opinión escrita preliminar y no vinculante sobre si la invención parece satisfacer los criterios de patentabilidad. El ISR y la opinión escrita se comunican al solicitante, que podrá examinar su contenido y decidir retirar la solicitud, en particular si dicho contenido indica que es poco probable que se conceda la patente. Por otra parte, el solicitante puede optar por modificar las reivindicaciones de la solicitud.

iii) **Publicación de la solicitud PCT, el ISR y la opinión escrita.** Si no se retira la solicitud internacional en los 18 meses posteriores a la fecha de presentación (o prioridad), la Oficina Internacional de la OMPI la publica junto con el ISR. La opinión escrita también se hará pública a partir de ese momento.

iv) **Petición de búsqueda internacional suplementaria (SIS)** [facultativa]. Además de la búsqueda internacional (la "búsqueda internacional principal"), el solicitante tiene la opción de pedir que una *Administración designada para la búsqueda internacional suplementaria (SISA)* —es decir, una ISA que desee prestar este servicio— haga una búsqueda añadida del estado de la técnica centrada específicamente en los documentos en el idioma concreto en el que se especializa esa SISA, por ejemplo. La SIS ha de presentarse antes de que hayan transcurrido 22 meses a partir de la fecha de prioridad. El objetivo es reducir la probabilidad de que salgan a la luz otros elementos del estado de la técnica en la fase nacional posterior que puedan obstaculizar la concesión de la patente.

v) **Petición de examen preliminar internacional** [facultativa]. Si el solicitante desea efectuar modificaciones en la solicitud (para, por ejemplo, superar los documentos del estado de la técnica señalados en el informe de búsqueda y dar respuesta a las conclusiones formuladas en la opinión escrita) y obtener otra opinión sobre la posible patentabilidad de la solicitud reivindicada "modificada", podrá solicitar de manera facultativa un examen preliminar internacional. De ese examen emana el *informe de examen preliminar internacional* sobre la patentabilidad (en virtud del Capítulo II del PCT[39]), elaborado por una de las *Administraciones encargadas del examen preliminar internacional (IPEA)* competentes con arreglo al PCT,[40] que contiene una opinión preliminar y no vinculante sobre la patentabilidad de la invención reivindicada. Este informe proporciona al solicitante un criterio aún más sólido para evaluar las posibilidades de obtener la patente y, si es favorable, fundamentos para continuar con la tramitación de la solicitud ante las oficinas nacionales y regionales de patentes. Si no se solicita el examen preliminar internacional, la Oficina Internacional establecerá el informe preliminar internacional sobre la patentabilidad (en virtud del Capítulo II del PCT[41]) a partir de la opinión escrita que haya elaborado la ISA y procederá a comunicarlo a las oficinas designadas.

Figura 10: **Resumen del Sistema del Tratado de Cooperación en materia de Patentes (PCT)**

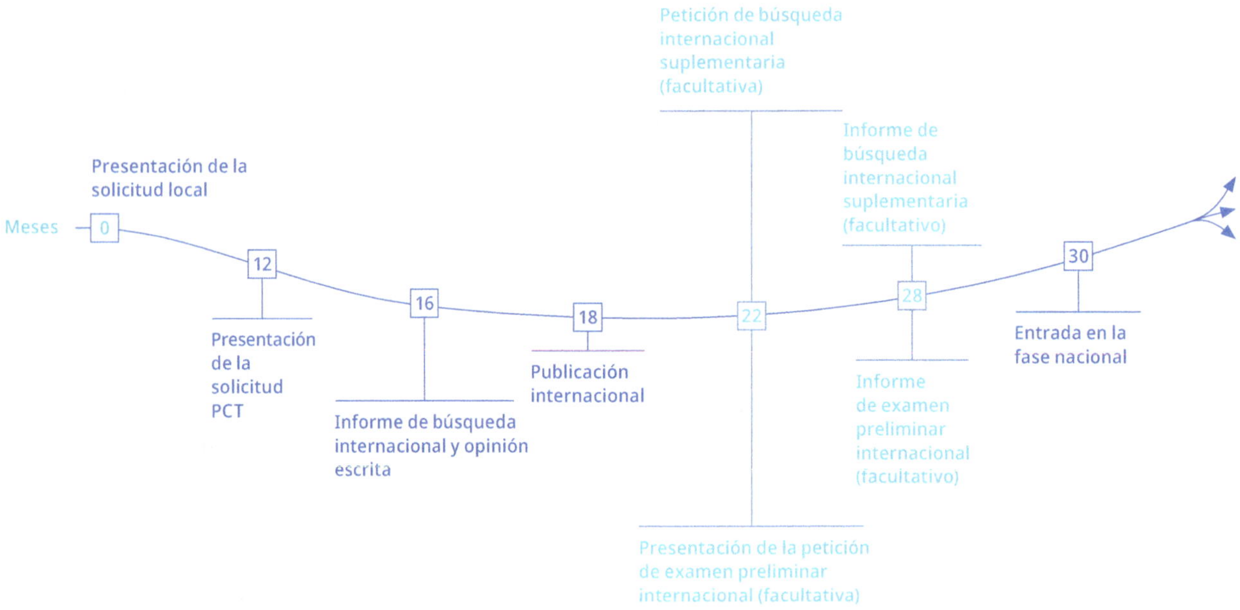

Una vez finalizada la fase internacional, el solicitante debe decidir si solicitar la protección por patente ante determinadas oficinas nacionales y regionales de patentes. De ser así, ha de escoger las oficinas designadas en las que proseguirá la tramitación de la solicitud internacional antes de que venza el plazo, que suele ser de 30 meses desde la fecha de presentación (o prioridad). Esta continuación de la tramitación se denomina "fase nacional", y los requisitos que se exigen en esta etapa son el pago de tasas nacionales y, de ser necesaria, la traducción de la solicitud (presentada o modificada).

Si el solicitante no cumple estos requisitos antes de que transcurra el plazo aplicable en ese país, la solicitud internacional perderá su eficacia a escala nacional. Dicho de otro modo, el procedimiento llega a su fin en los Estados contratantes en los que la solicitud internacional no entra en la fase nacional.

Presentación de la solicitud internacional en virtud del PCT

Las solicitudes internacionales en virtud del PCT deben contener un petitorio, una descripción, una o varias reivindicaciones, uno o varios dibujos (cuando sean necesarios para comprender la invención) y un resumen. El formulario del petitorio está disponible en todos los idiomas de publicación del PCT (a saber, alemán, árabe, chino, coreano, español, francés, inglés, japonés, portugués y ruso) y puede descargarse de manera gratuita del sitio web del PCT.[42] También está disponible un sistema de presentación de solicitudes en línea, denominado ePCT.

Cualquier nacional o residente de uno de los Estados contratantes del PCT puede presentar una solicitud internacional de patente. Cuando se trata de dos o más solicitantes, al menos uno de ellos debe ser nacional o residente de un Estado contratante.[43] En principio, se puede presentar una solicitud internacional de patente ante la oficina nacional de patentes del país del solicitante o ante la OMPI, en Ginebra. En la mayor parte de los casos, la oficina nacional de patentes actúa en calidad de *oficina receptora del PCT*. Si el solicitante es nacional o residente de un país miembro de una organización regional de patentes (la ARIPO, la EAPO, la OEP, la Oficina de Patentes CCG o la OAPI), también puede presentar la solicitud internacional de patente en la oficina de patentes regional correspondiente, si lo permite la legislación nacional aplicable. Sin embargo, es posible que las disposiciones de seguridad nacional obliguen al solicitante a presentar una solicitud de patente nacional o a solicitar una autorización de la oficina de patentes nacional antes de presentar la solicitud en el extranjero.

En general, las solicitudes internacionales de patente pueden presentarse en cualquiera de los idiomas que la oficina receptora pueda aceptar. Asimismo, al menos uno de los idiomas debe ser admisible ante la ISA y figurar en la lista de idiomas de publicación del PCT. De no ser así, el solicitante debe proporcionar una traducción de la solicitud.

Al solicitar protección por patente mediante el sistema del PCT, el solicitante posiblemente deberá pagar tres conjuntos de tasas durante la fase internacional. El primer conjunto de tasas contiene:

i) una tasa de transmisión pagadera a la oficina receptora del PCT por la tramitación de la solicitud internacional;
ii) una tasa de búsqueda pagadera a la ISA por realizar la búsqueda internacional;
iii) una tasa de presentación internacional pagadera a la OMPI por desempeñar diversas tareas, como la tramitación y la publicación de la solicitud internacional y la transmisión de documentos a las oficinas nacionales.

La oficina receptora del PCT recauda todas estas tasas, mientras que la OMPI recibe todas las tasas relativas a la búsqueda internacional suplementaria facultativa. Si el solicitante pide un examen preliminar internacional, la tasa correspondiente debe pagarse a la IPEA.

Otro conjunto de tasas consiste en las que deben abonarse a los Estados contratantes en la fase nacional. Por lo general, es la parte más costosa de la tramitación de una solicitud PCT, porque abarca los gastos de traducción, las tasas y los honorarios de los redactores de la solicitud de patente y de los abogados de patentes. Las tasas se pagan directamente a las oficinas interesadas en el momento de la entrada en la fase nacional, y es posible que se exija el pago de otras tasas durante la tramitación. Habida cuenta de que las tasas nacionales son distintas en cada Estado, quien redacta la solicitud de patente debe consultar los capítulos nacionales de la *Guía de los Solicitantes del PCT* para conocer las cantidades exactas.[44] Las tasas nacionales deben abonarse en las divisas y dentro de los plazos que se establecen en dicha guía. Si en el momento en el que inicia la fase nacional ha vencido el plazo para pagar las tasas anuales o de renovación de la patente internacional, el solicitante debe pagarlas en el plazo aplicable. El solicitante también debe observar, en este momento y cada cierto tiempo, el modo en el que el número de reivindicaciones presentadas en la solicitud de patente afecta y afectará a las tasas que deben pagarse por las anualidades, el examen, etc. El solicitante puede decidir cancelar algunas de ellas en lugar de pagar (o seguir pagando) un precio elevado para mantener un conjunto voluminoso de reivindicaciones con un valor estratégico limitado.

El PCT ofrece a determinados solicitantes reducciones especiales de las tasas en la fase internacional. Las personas físicas de algunos países que presenten una solicitud en nombre propio pueden obtener una reducción del 90 % de determinadas tasas. Esta misma reducción del 90 % se aplica a cualquier persona física o jurídica que sea nacional y residente de un Estado clasificado como país menos adelantado por las Naciones Unidas. Si hay varios solicitantes, todos ellos deben cumplir dichos criterios. Algunas ISA ofrecen una reducción de la tasa de búsqueda internacional si el solicitante (o si todos los solicitantes) es nacional o residente de determinados países. En la fase nacional, varias oficinas designadas pueden conceder exenciones, reducciones y el reembolso de las tasas nacionales a las personas físicas, las universidades, los institutos de investigación sin ánimo de lucro y las pequeñas y medianas empresas (pymes). La *Guía de los Solicitantes del PCT* contiene información sobre las reducciones de tasas ofrecidas por las ISA y para la entrada en la fase nacional. Además, las reducciones de las tasas del PCT pueden beneficiar a todos los solicitantes que presenten la solicitud por vía electrónica, en función del tipo de presentación y del formato de la solicitud.

Ventajas del PCT

La principal ventaja de presentar una solicitud PCT es el tiempo añadido que el solicitante gana tras la presentación inicial para decidir si le conviene tramitar solicitudes en otros países. En virtud del Convenio de París, los solicitantes tienen 12 meses desde la fecha de presentación de la solicitud inicial para decidir en qué otros países miembros del Convenio desean solicitar protección para su invención. De conformidad con el PCT, el solicitante cuenta con, al menos, 30 meses (más, en algunos países) a partir de la fecha de presentación de la solicitud inicial para iniciar la tramitación de su solicitud en cualquier lugar, lo cual representa en la práctica un margen de 18 meses, durante los cuales el solicitante puede investigar sobre la patentabilidad y las perspectivas comerciales de la invención fuera del país donde se presentó la primera solicitud. Además, de esta manera se pospone de manera eficaz el pago de los costos de internacionalizar una solicitud de patente, que, como se ha mencionado, pueden ser sustanciales.

Además de permitir ganar tiempo, el PCT añade valor en forma de información sobre la que los solicitantes pueden fundamentar sus decisiones relativas a la patente. El informe de búsqueda internacional y la opinión escrita de la ISA ofrecen a los solicitantes una idea realista y de gran calidad sobre la probable patentabilidad de la invención.

Otra de las ventajas de presentar solicitudes con arreglo al PCT es que permite a los solicitantes mejorar las solicitudes en la fase internacional mediante, por ejemplo, la corrección de defectos formales ante la oficina receptora, la presentación de modificaciones de las reivindicaciones tras recibir el ISR o la presentación de modificaciones de toda la solicitud durante el procedimiento de examen preliminar internacional. Los solicitantes también pueden pedir que se modifiquen los datos bibliográficos establecidos en la solicitud internacional. Toda esta labor permitirá a los solicitantes presentar solicitudes más sólidas en la fase nacional ante los Estados designados. Además, el PCT también cuenta con una variedad de medidas de salvaguardia para proteger a los solicitantes de la pérdida sustancial de derechos como resultado de errores procesales.

Recomendación profesional

Se puede consultar información completa en línea sobre la presentación de una solicitud PCT, en particular, sobre los procedimientos, los plazos y las tasas del PCT, en la página web www.wipo.int/pct/es. En concreto, la *Guía de los Solicitantes del PCT*, que se actualiza casi todas las semanas, contiene información exhaustiva sobre las fases internacional y nacional de los procedimientos en virtud del PCT. También es posible suscribirse al boletín *PCT Newsletter* para mantenerse al día de las novedades relativas al PCT.

Palabras clave

- poder de representación
- declaración sobre la calidad de inventor
- cesión
- derecho de prioridad en virtud del Convenio de París
- fecha de prioridad
- examen de forma
- examen de fondo
- tasas
- oficinas regionales de patentes
- Tratado de Cooperación en materia de Patentes
- fase internacional
- búsqueda internacional
- publicación internacional
- examen preliminar internacional
- fase nacional

Autoevaluación

- ☐ ¿Qué es la declaración sobre la calidad de inventor?
- ☐ Un documento de cesión es un contrato entre el inventor y otra persona en el que se indica que los derechos de patente del inventor se transmiten a esa persona, ¿verdadero o falso?
- ☐ Cuando se presenta una solicitud posterior, ¿Cuáles son los requisitos para reivindicar la prioridad de la solicitud anterior?
- ☐ ¿Cuál es el efecto de la fecha de prioridad, de tener alguno?
- ☐ La Oficina Europea de Patentes funciona en calidad de oficina de examen y cada Estado contratante es quien decide en última instancia sobre la concesión de las patentes. ¿Verdadero o falso?
- ☐ Explique la diferencia entre una solicitud no provisional de patente de utilidad y una solicitud provisional de patente de utilidad en los Estados Unidos de América.
- ☐ ¿Cuáles son las ventajas de presentar una solicitud de patente en virtud del PCT?
- ☐ Si se concede una patente de conformidad con el PCT, la OMPI emite una patente PCT que será eficaz en todos los Estados contratantes del PCT. ¿Verdadero o falso?
- ☐ Si un solicitante de patente recurre al sistema del PCT, ¿pese a ello debe tramitar la solicitud en cada uno de los países en los que desea obtener protección? ¿Por qué sí o por qué no?
- ☐ ¿Qué son las oficinas receptoras de conformidad con el PCT?

Módulo IX
Tramitación de las solicitudes de patente

Además de preparar y presentar una solicitud de patente de buena calidad, el redactor que presenta la solicitud en un país donde se exige el examen de fondo debe defender con pericia y elocuencia la patentabilidad de la invención de su cliente ante la oficina de patente que examina la solicitud.[45] Este proceso de examen se denomina "tramitación de la patente". Si el examinador de patentes que examina la solicitud pendiente emite una decisión negativa, el redactor de la solicitud debe preparar de manera respetuosa una contestación a las objeciones y denegaciones del examinador expresadas en su decisión. En la contestación, el redactor de la solicitud debe explicar las diferencias entre la invención y la referencia del estado de la técnica citada por el examinador y demostrar la patentabilidad de la invención reivindicada.

El período entre la presentación de la solicitud de patente y la recepción de una primera decisión de la oficina varía considerablemente en función de las oficinas de patentes y de las solicitudes. En la mayor parte de las situaciones, una vez que el solicitante finaliza las formalidades necesarias para la presentación, suele darse un período prolongado de inactividad. Si bien muchas oficinas de patentes tienen un volumen variable de solicitudes de patente acumuladas pendientes de examen, un examinador de patentes acabará por examinar la solicitud pendiente.

En algunos países, los solicitantes deben presentar por separado una petición de examen ante una oficina de patentes en un plazo de varios años (habitualmente, entre tres y cinco) contado a partir de la fecha de presentación. Este plazo es importante, porque, si no se cumple, se considerará que se ha retirado la solicitud.

Cuando proceda, el redactor de la solicitud puede pedir un examen acelerado para obtener una decisión de la oficina mucho antes de lo habitual, siempre que la oficina interesada ofrezca este servicio. El procedimiento de examen acelerado de solicitudes de patente (PPH) es otro sistema de examen acelerado.[46]

Durante el examen de fondo de las solicitudes de patente, el examinador compara las referencias del estado de la técnica mencionadas por el solicitante y los resultados de su búsqueda del estado de la técnica con las reivindicaciones de la solicitud pendiente. La mayor parte de las oficinas de patentes agrupan a los examinadores por materia técnica específica. Los examinadores en esos grupos examinan un extenso número de solicitudes de patente relativas a invenciones muy próximas entre sí desde el punto de vista técnico, por lo que tienden a estar familiarizados con el estado de la técnica en su ámbito. Algunas oficinas de patentes incluso proporcionan a los examinadores acceso a colecciones de estado de la técnica especializadas en su ámbito de conocimientos técnicos específicos. Evidentemente, los examinadores de patentes suelen tener estudios en ciencias, tecnología o ingeniería relativos al ámbito de las solicitudes que examinan. Muchos examinadores tienen titulación avanzada y algunos cuentan incluso con formación jurídica.

La referencia del estado de la técnica que puede mencionar un examinador no siempre constituye la primera divulgación técnica, la mejor o la más original. No tiene la obligación de hallar la primera divulgación técnica en una determinada materia técnica, sino que basta con que encuentre referencias del estado de la técnica que divulguen la invención reivindicada del solicitante y que se hayan publicado antes de la fecha de presentación (o de prioridad) de la solicitud de patente. No es infrecuente que un examinador dé con una referencia del estado de la técnica especialmente preferida y la cite de manera constante en la tramitación de las solicitudes que examine.

El estado de la técnica pertinente que los examinadores de patentes mencionan a menudo consiste en patentes anteriores y solicitudes publicadas, aunque también pueden citar artículos, libros, tratados, etc.

1. Contestación a las decisiones de la oficina

Si, tras examinar una solicitud pendiente, un examinador de patentes llega a la conclusión de que la invención reivindicada cumple los criterios de patentabilidad y está divulgada suficientemente en la solicitud, y de que esta cumple todos los requisitos previstos en la ley, procede a conceder la patente. De lo contrario, el examinador de la patente emite una "decisión de la oficina", también denominada "actuación de la oficina", "comunicación oficial" o "informe de examen".

La decisión de la oficina representa la postura oficial del Estado sobre la solicitud de patente pendiente. Puede referirse a casi cualquier aspecto de la solicitud, desde el título hasta la extensión del resumen. Las partes más importantes de la decisión de la oficina consisten en las cuestiones básicas relativas a la patentabilidad de las reivindicaciones pendientes. Cuando recibe una decisión de la oficina, el redactor de la solicitud debe informar de ello a su cliente de manera inmediata y explicarle las conclusiones de la oficina de patentes.

El examinador puede cuestionar que la descripción constituya una divulgación de la invención reivindicada suficiente para que una persona experta con conocimientos y habilidades normales en la materia pueda comprenderla y ponerla en práctica, lo cual representaría una denegación basada en el requisito de *habilitación*. El examinador también puede poner en cuestión que en la descripción se proporcione una divulgación suficiente de una característica concreta mencionada en las reivindicaciones. Para refutar esas objeciones, el redactor de la solicitud puede demostrar que en la descripción sí se divulga la materia que supuestamente faltaba, o alegar que esta materia era suficientemente conocida en el estado de la técnica y que, por lo tanto, no era necesario divulgarla para cumplir el requisito de habilitación. De ser necesario, el redactor de la solicitud puede modificar las reivindicaciones pendientes para que no mencionen esa materia faltante.

El examinador casi siempre habrá analizado el estado de la técnica y, por lo general, habrá hallado en ella referencias que *coincidan exactamente* con las reivindicaciones, es decir, estado de la técnica que se enmarque en el alcance de las reivindicaciones de la solicitud tal como están redactadas en ese momento. Si el examinador da con una sola referencia del estado de la técnica que coincida exactamente con una de las reivindicaciones, rechazará la reivindicación pendiente por tener una *anterioridad* en el estado de la técnica. Si el examinador considera que una combinación de varias referencias del estado de la técnica divulga la invención reivindicada y que esas referencias motivarían una persona experta con conocimientos y habilidades normales en la materia a combinarlas, el examinador no admitirá la reivindicación pendiente por ser evidente. Para refutar el rechazo de la reivindicación, el redactor de la solicitud de patente puede realizar lo siguiente:

- alegar que el examinador ha malinterpretado las referencias del estado de la técnica mencionadas;
- alegar que el examinador ha malinterpretado la invención del solicitante o las reivindicaciones pendientes;
- alegar que la falta de actividad inventiva no puede determinarse mediante la combinación de las referencias del estado de la técnica mencionadas por el examinador; o
- modificar las reivindicaciones pendientes para que mencionen una invención que no esté divulgada en referencias del estado de la técnica ni sea evidente respecto de ellas.

El redactor de la solicitud de patente no debe ser un actor pasivo en el proceso de patentamiento. Ocasionalmente, puede considerar que el examinador de la patente ha malinterpretado la invención reivindicada o estimado erróneamente su patentabilidad. El redactor de la solicitud debe estar preparado para asesorar al cliente sobre la refutación en esas situaciones, en particular, la opción de señalar a la atención del examinador información y documentación añadidas que ofrezcan pruebas de la admisibilidad de las reivindicaciones.

Recomendación profesional

> Con la experiencia, el redactor de solicitudes de patente aprende cuándo se debe aceptar una decisión y cuándo se ha de impugnarla para lograr una mejor protección para el cliente. Esto es cierto respecto de toda solicitud de patente en cualquier jurisdicción del mundo. Asimismo, siempre debe prestar atención a si sus asociados extranjeros se esfuerzan lo suficiente para defender al cliente y si cumplen las pautas recomendadas (no exigidas) de eficiencia administrativa.

2. Redacción de la contestación

La respuesta del redactor de la solicitud a una decisión de la oficina se denomina "contestación". En ella, se debe dar una respuesta exhaustiva (contestar) a todos los comentarios sobre la solicitud formulados por el examinador en la decisión de la oficina. Si el redactor de la solicitud no contesta a todas las desestimaciones del examinador y no refuta todos los puntos planteados, es probable que el examinador considere que la contestación *no responde* a las objeciones y rechace la solicitud. Quien ha redactado la solicitud siempre debe presentar una contestación completa a una decisión de la oficina, porque no hacerlo puede perjudicar gravemente los derechos de su cliente.

La mayor parte de las oficinas de patentes del mundo imponen un plazo para la presentación de la contestación a sus decisiones. En algunos países, el solicitante dispone de un número determinado de meses para contestar a una decisión de la oficina sin pagar una tasa, y puede demorarse unos meses más si abona una tasa por la prórroga. Por ejemplo, ante una decisión de la oficina (*office action*) característica de los Estados Unidos de América, el solicitante dispone de tres meses para contestar sin pagar y de otros tres si abona la tasa por prórroga (es decir, un plazo total de seis meses). En otros países, es posible que solo se permita al solicitante prorrogar el plazo para contestar a una decisión de la oficina en determinadas circunstancias limitadas.

Existe una amplia variedad de plazos para la contestación a las decisiones de las oficinas en todo el mundo, por lo que es fundamental que el redactor de la solicitud esté al corriente de los requisitos exigidos en cada uno de los países en los que el cliente tiene solicitudes de patente pendientes. El redactor también debe averiguar si la fecha a partir de la cual comienza a contarse el plazo es el momento del envío de la contestación o la fecha de la decisión de la oficina. Este aspecto también puede variar en función del país.

El redactor de la solicitud debe explicarle a su cliente el proyecto de contestación a la decisión de la oficina. Es posible que el cliente tenga amplios conocimientos del ámbito de la invención y tenga capacidad para reconocer las distinciones entre las referencias del estado de la técnica citadas por el examinador y la invención descrita en la solicitud de patente o las reivindicaciones pendientes. Asimismo, a menudo deben adoptarse decisiones relativas a la modificación de las reivindicaciones. Las modificaciones que añaden elementos para restringir las reivindicaciones pueden superar las referencias del estado de la técnica citadas y, de esta manera, hacer que las reivindicaciones sean patentables. Ahora bien, puede suceder que la protección que confieren las reivindicaciones más restrictivas no atienda los objetivos del cliente, por ejemplo, si los competidores pueden concebir una invención que no infrinja esas reivindicaciones más restrictivas. El redactor de la solicitud de patente debe dar a su cliente la oportunidad de tomar estas decisiones, puesto que ha de recordarse que el cliente es quien mejor sabe qué elementos adicionales de las reivindicaciones satisfarán sus necesidades comerciales.

3. Modificaciones

3.1 Principio y requisito básico

Para contestar a la decisión de la oficina, el redactor de la solicitud y el solicitante pueden modificar las reivindicaciones si consideran que los argumentos del examinador son razonables y convincentes. Las modificaciones suelen consistir en añadir limitaciones y, en ocasiones, ampliar la descripción e introducir dibujos, si el solicitante considera conveniente obtener una patente con un menor alcance de protección (véase también la sección 14 del módulo VI para obtener más información sobre los aspectos esenciales de la modificación de reivindicaciones).

En la mayor parte de las jurisdicciones se aplica a la modificación de la solicitud una norma universal según la cual no puede añadirse materia nueva a la que se divulgaba en la solicitud original en la fecha de presentación (excepto para subsanar errores evidentes, por ejemplo, tipográficos). La misma norma se aplica en principio a las reivindicaciones, la descripción y los dibujos.

El objetivo de limitar las modificaciones al ámbito de la solicitud presentada es hallar un equilibrio entre los intereses de los inventores y solicitantes y los de terceros. Por un lado, al preparar la solicitud de patente, es imposible que el solicitante conozca todos los documentos pertinentes del estado de la técnica que el examinador puede citar durante el examen ni los documentos que pueden estar publicados en cualquier parte del mundo y en cualquier idioma. Por lo tanto, es razonable ofrecer al solicitante al menos una oportunidad para contestar a la decisión de la oficina y, de ser necesario, modificar la solicitud para cumplir los requisitos de patentabilidad. Por otro lado, si el solicitante pudiera modificar y renovar libremente la invención para obtener una patente, obtendría un derecho exclusivo de patente respecto de algo que no había "inventado" en la fecha de presentación y que, por lo tanto, no estaba divulgado en la solicitud presentada. Ello iría en contra del principio del sistema de patentes según el cual el derecho exclusivo de patente se concede a cambio de la divulgación de la invención al público. También sería contrario al principio del "primero en presentar", según el cual la patentabilidad se determina en relación con la fecha de presentación. Además, los terceros que tomen como referencia la divulgación original en la fecha de presentación se verían perjudicados por la incertidumbre y la inseguridad jurídica si se permitiera modificar la solicitud posteriormente sin ningún límite.

Ello subraya la suma importancia de redactar una divulgación completa de la invención antes de presentar la solicitud de patente. Si el examinador considera que la divulgación de la invención en la descripción y en los dibujos no respalda completamente las reivindicaciones amplias, no podrá añadirse a la descripción ni a los dibujos "materia nueva" que no apareciera en la divulgación original en la fecha de presentación —por ejemplo, nuevas formas de realizar la invención— para justificar el amplio alcance de las reivindicaciones. En el momento de preparar una solicitud de patente, quien la redacta no puede saber qué desestimará el examinador de la patente durante la tramitación. Ahora bien, el redactor de la solicitud debe preparar una solicitud con una divulgación de la invención suficientemente detallada y con un conjunto de reivindicaciones adecuado que sienten una base sólida para las posibles modificaciones en una etapa posterior.

3.2 Determinación de la divulgación original y materia nueva

Por lo general, los examinadores no plantean objeciones respecto de las modificaciones realizadas por un solicitante para añadir información relativa al estado de la técnica que aclare de manera sencilla expresiones imprecisas o resuelva una incoherencia. En la mayor parte de las jurisdicciones se prevé una norma que prohíbe a los solicitantes que desean modificar la solicitud añadir materia nueva a la descripción (más allá de las referencias al estado de la técnica), los dibujos o las reivindicaciones tras la presentación de la solicitud.

En general, la divulgación original en la fecha de presentación abarca no solo la materia descrita de manera explícita en la fecha de presentación, sino también aquella que una persona experta en la materia reconocería como inherente o evidente a partir de la divulgación original *en su conjunto*. Dicho de otro modo, la materia inherente o evidente para una persona experta en la materia a partir de la divulgación original puede introducirse en la solicitud mediante una modificación, aunque esa materia no se mencione explícitamente en la solicitud presentada. Demostrar que determinada información está divulgada "inherentemente" en la solicitud presentada suele requerir algo más que una simple posibilidad o probabilidad de que una persona experta en la materia *pueda* deducirla de la divulgación explícita. En cambio, la información debe necesariamente estar presente en la divulgación y la persona experta en la materia debe poder reconocerla fácilmente en la divulgación.

Ejemplo

En una solicitud presentada se describe y se reivindica un aparato montado en soportes elásticos, pero no se divulga un tipo concreto de soporte elástico.

En la contestación a la decisión de la oficina, el solicitante trata de añadir información para especificar que los soportes elásticos pueden ser, por ejemplo, muelles helicoidales. Ante la ausencia de divulgación explícita de los muelles helicoidales en la solicitud original, esta modificación puede considerarse materia nueva.

Si el solicitante puede mostrar de manera convincente que, en el sector técnico y las circunstancias concretas de la invención reivindicada, la persona experta en la materia utilizaría muelles helicoidales para montar el aparato con soportes elásticos, podría admitirse una referencia específica a los muelles helicoidales.

Igualmente, si la característica técnica X se divulgara claramente en la solicitud original sin mencionar parcial ni completamente el efecto específico, no se consideraría materia nueva la aclaración de ese efecto si una persona experta en la materia pudiera deducirlo de la solicitud presentada.

Si bien muchas jurisdicciones cuentan con principios comunes relativos a las modificaciones admisibles de la descripción, los dibujos y las reivindicaciones, existen algunas variaciones en cuanto al alcance de la divulgación original en la fecha de presentación y al concepto de materia nueva inadmisible. En Europa, la materia que "las personas expertas en la materia no puedan deducir de manera directa e inequívoca de la divulgación original" se considera materia nueva que no puede introducirse en la solicitud una vez presentada. En consecuencia, al presentar una solicitud de patente ante la Oficina Europea de Patentes (OEP), los redactores de solicitudes de patente a menudo utilizan extensas reivindicaciones dependientes múltiples y explican todas las posibles combinaciones de elementos y características en la descripción de la solicitud presentada.

En los Estados Unidos de América, cuando se encuentra en la descripción una referencia a la literatura de patentes, esa remisión que representa una "incorporación por referencia" puede formar parte de la divulgación original y, por lo tanto, constituye la base para la modificación.

Al modificar considerablemente las reivindicaciones y limitar su alcance, los examinadores pueden prestar especial atención a las cuestiones siguientes:

i) ¿Las reivindicaciones modificadas satisfacen el requisito de la unidad de la invención (véase la sección 11 del módulo VI)?
ii) ¿Las reivindicaciones modificadas constituirán una grave incoherencia con la descripción, de manera que sea necesario modificar la descripción en consecuencia?
iii) Por el contrario, ¿la descripción de la solicitud presentada respalda todas las reivindicaciones modificadas?

Al recibir una decisión de la oficina en la que se señala la falta de actividad inventiva de la invención reivindicada, el redactor de la solicitud de patente puede tratar de restringir el alcance de las reivindicaciones y revisar el problema mencionado para resaltar un efecto concreto de la invención (reivindicada de esa manera más restringida) que la referencia del estado de la técnica citada por el examinador no logra obtener. Esta modificación del "problema que se desea resolver" mediante la invención reivindicada solo se admite si un experto en la materia podría deducir de la solicitud presentada el efecto que se resalta.

Asimismo, en ocasiones los redactores de solicitudes modifican las reivindicaciones mediante la introducción de una limitación negativa (por ejemplo, "excepto X" o "sin Y") que excluya un aspecto del estado de la técnica citado por el examinador. Si bien estas limitaciones negativas, eliminaciones o exclusiones requieren varias consideraciones especiales, los redactores de solicitudes de patente pueden tratarlas desde la perspectiva de la materia nueva. En algunas jurisdicciones, las limitaciones negativas añadidas mediante una nueva reivindicación o una modificación pueden plantear la cuestión de la materia nueva si la materia excluida carece de respaldo en la solicitud presentada. Por ejemplo, si en la divulgación original se describe un género de compuestos, pero no se respalda ninguna especie concreta de ese género, una limitación negativa que excluya una especie concreta plantearía la cuestión de la materia nueva. En otras jurisdicciones, se admiten las limitaciones o exclusiones negativas sin una base en la solicitud presentada si se añaden, por ejemplo, para superar la anterioridad accidental de una referencia —es decir, una referencia anterior tan ajena y alejada de la invención reivindicada que la persona experta en la materia nunca la habría tenido en cuenta al realizar la invención— o para eliminar las partes de una reivindicación que la excluirían de la materia patentable (como la expresión "no humano").

3.3 Ampliación y adición de reivindicaciones

En muchas jurisdicciones, se admite la eliminación de características reivindicadas para ampliar el alcance de la reivindicación durante la tramitación de la patente, siempre que no se introduzca materia nueva. En el Japón, no se admiten las modificaciones mediante las que se reivindica un concepto (genérico) más amplio o se eliminan características reivindicadas, a menos que no añadan ningún significado técnico a las reivindicaciones y, por lo tanto, no introduzcan materia nueva. En algunas jurisdicciones, como las de la OEP o China, no se permite suprimir de las reivindicaciones independientes características que en la solicitud original se presentaron como "esenciales" a la invención, porque se considera que estas modificaciones introducen materia nueva. Por lo tanto, el redactor de la solicitud debe prestar atención para no incluir en la descripción ninguna afirmación que indique que la característica X de las formas de realizar la invención es "esencial" o "indispensable" para la invención, a menos que exista un motivo concreto para hacerlo.

Igualmente, en numerosas jurisdicciones no está prohibido añadir una reivindicación durante la tramitación, siempre que no se introduzca materia nueva. Sin embargo, en algunas de ellas se prevén normas especiales. En el Japón, una vez recibida la primera decisión de la oficina, se prohíbe modificar las reivindicaciones de modo que se transforme el elemento técnico particular de la invención. Además, en determinados ordenamientos no se permite a los solicitantes añadir una reivindicación después de haber recibido la decisión definitiva de la oficina. En los Estados Unidos de América, una vez emitida la decisión definitiva de la oficina, no pueden realizarse modificaciones sustanciales de las reivindicaciones, a menos que las modificaciones constituyan lo siguiente:

i) eliminación de reivindicaciones;
ii) modificación recomendada o propuesta por el examinador; o
iii) modificación que no plantea una nueva cuestión (es decir, no representa una mayor carga para la búsqueda del estado de la técnica).

Igualmente, en el Japón, tras la recepción de la decisión definitiva de la oficina, solo se aceptan las modificaciones cuyo objetivo sea uno de los siguientes:

i) eliminación de reivindicaciones;
ii) restricción del alcance de la característica ya reivindicada;
iii) corrección de errores; o
iv) aclaración de términos ambiguos en respuesta a las conclusiones del examinador expuestas en la decisión de la oficina.

4. Lograr la admisión de las reivindicaciones

En la etapa siguiente de la tramitación de patentes, el examinador revisa la contestación del redactor de la solicitud a la decisión de la oficina y las modificaciones. Si lo ve necesario, el examinador puede hacer una búsqueda suplementaria del estado de la técnica pertinente, especialmente si el solicitante ha modificado las reivindicaciones, teniendo en cuenta las referencias del estado de la técnica citadas en la primera decisión de la oficina. El examinador de patentes puede considerar que la contestación del redactor de la solicitud no es convincente en cuanto a las referencias del estado de la técnica recientemente descubiertas ni en relación con las citadas en la solicitud inicial. Si el examinador no está convencido de que las reivindicaciones sean patentables —según la interpretación razonable más amplia de las reivindicaciones en relación con el estado de la técnica—, puede emitir otra decisión para explicar los motivos de la inadmisibilidad de la solicitud o de las reivindicaciones tal como están redactadas.

4.1 Entrevista

Numerosas oficinas de patentes permiten que el redactor de la solicitud y el inventor hablen con el examinador de la patente sobre la solicitud pendiente. Este proceso se denomina "entrevista" con el examinador. Habida cuenta de que el contenido de la conversación es oficial, ambas partes deben presentar por escrito una descripción completa y precisa de la entrevista que, por lo general, se incorpora al expediente de la solicitud de patente.

Al prepararse para la entrevista con el examinador de patentes, el redactor de la solicitud debe estudiar exhaustivamente la decisión de la oficina y las referencias del estado de la técnica citadas y estar listo para explicarle al examinador de manera clara, concisa y convincente por qué las reivindicaciones son patentables en relación con el estado de la técnica. El redactor de la solicitud tal vez desee preparar otras modificaciones posibles para exponérselas al examinador. Por ejemplo, si durante la entrevista el examinador y el redactor de la solicitud pueden elaborar un conjunto aceptable de modificaciones de las reivindicaciones, el proceso de examen puede concluir de manera satisfactoria.

Es posible que, durante la entrevista, el redactor de la solicitud vea que el examinador ha hecho una interpretación de las referencias citadas del estado de la técnica que es diferente, o tiene un matiz distinto, de la interpretación del redactor y su cliente. Una vez que el redactor de la solicitud comprende bien la postura del examinador respecto del estado de la técnica, está en mejores condiciones para:

i) explicarle al examinador el estado de la técnica (si lo ha interpretado erróneamente); o
ii) ver con mayor claridad qué margen de modificación de las reivindicaciones podría subsanar la solicitud.

En algunos países, se permite que el inventor acompañe al redactor de la solicitud a la entrevista, y para muchos examinadores de patentes los comentarios y explicaciones de los inventores son muy convincentes. Evidentemente, el redactor de la solicitud debe asesorar al inventor, su cliente, antes de la entrevista.

Por lo general, no se permite que los examinadores de patentes celebren entrevistas antes de emitir la primera decisión de la oficina, pero sí posteriormente.

4.2 Contestación a una segunda decisión de la oficina

Si el examinador de la patente emite una segunda decisión de la oficina, el redactor de la solicitud deberá preparar y presentar otra contestación. Con suerte, la segunda decisión de la oficina y las posteriores contendrán un conjunto más reducido de cuestiones que la primera. Además, si en la segunda decisión de la oficina se mencionan algunas de las referencias del estado de la técnica citadas en la primera, el redactor de la solicitud debería poder contestar a la segunda comunicación con mucha más rapidez.

El proceso relativo a las decisiones de la oficina y las contestaciones puede repetirse hasta que el examinador de la patente acepte las reivindicaciones pendientes del solicitante o concluya que se debe rechazar la solicitud, o bien hasta que el solicitante la abandone, tal vez debido a que la restricción del alcance de las reivindicaciones tiene como resultado que no se pueda lograr un alcance de protección provechoso. Sin embargo, por motivos financieros o administrativos, muchas oficinas de patentes no permiten que el ciclo de decisiones de la oficina y contestaciones se prolongue indefinidamente, por lo que proseguir con la tramitación de una solicitud tras la segunda decisión de la oficina puede estar sujeto al pago de tasas adicionales.

4.3 Decisión definitiva de la oficina

En ocasiones, se señala en una decisión definitiva de la oficina la posibilidad de que se impongan tasas adicionales. Como se ha mencionado, los aspectos procesales específicos de la tramitación de patentes varían en gran medida en función de cada oficina de patentes. En los Estados Unidos de América, en las decisiones definitivas de la oficina (*final office actions*) se exige que la solicitud se subsane de conformidad con lo señalado por el examinador, que se recurra la decisión o se abandone la solicitud. Los examinadores generalmente no toman en consideración los argumentos adicionales sobre el estado de la técnica formulados por el solicitante en respuesta a una decisión definitiva de la oficina. En este punto, las reivindicaciones pendientes deben modificarse para reflejar los comentarios del examinador, y el solicitante puede recurrir la decisión del examinador si no está conforme con su caracterización del estado de la técnica o con su interpretación de las reivindicaciones de patente.

En ocasiones, el examinador de la patente acepta algunas reivindicaciones y rechaza otras. También puede limitarse a hacer una objeción contra algunas reivindicaciones que dependen de una reivindicación básica que se ha rechazado. En estas situaciones, el redactor de la solicitud puede obtener una patente para su cliente si cancela las reivindicaciones rechazadas, de manera que se conceda una patente respecto de las reivindicaciones restantes que no se han rechazado. El redactor de la solicitud puede incluso presentar una solicitud de continuidad (o divisional) en la que figuren las reivindicaciones rechazadas para seguir defendiendo su patentabilidad en otro proceso (véase la sección 4.6).

La decisión de aceptar las reivindicaciones admitidas por el examinador, en lugar de seguir defendiendo sus argumentos es una decisión estratégica que corresponde exclusivamente al cliente, con el asesoramiento del redactor de la solicitud de patente.

4.4 Plazos

En la decisión definitiva de la oficina se fija un plazo para la contestación. Los requisitos procesales específicos de las oficinas de patentes no son los mismos en todas las partes del mundo. Por ejemplo, en los Estados Unidos de América, este plazo es de seis meses, de los cuales los tres primeros no requieren el pago de una tasa por prórroga. El redactor de la solicitud de patente puede presentar una contestación a la decisión definitiva de la oficina. El examinador revisa la contestación y emite una *notificación de admisibilidad* o un *aviso*, que suele consistir en un formulario breve, de una página, en el que el examinador expresa las objeciones a la solicitud. El redactor de la solicitud puede incluso preparar y presentar al examinador de la patente una o varias contestaciones suplementarias en respuesta al aviso. Ahora bien, si lo hace, debe tener en cuenta que la solicitud se abandonará en una determinada fecha y que toda la tramitación debe finalizarse antes de esa fecha, a menos que (en los Estados Unidos de América) el solicitante presente una petición de continuación del examen y abone la tasa exigida para reabrir el proceso de examen.

Por ejemplo, si en los Estados Unidos de América un redactor de solicitudes presenta una contestación a la decisión definitiva de la oficina en una fecha muy próxima al vencimiento del plazo de seis meses (por ejemplo, el último día), es muy improbable que el examinador analice la contestación antes del vencimiento del plazo, por lo que la solicitud de patente simplemente se abandonará. El motivo de ello es que, a diferencia de las contestaciones a una decisión no definitiva de la oficina, la presentación de una contestación a una decisión definitiva no satisface por sí misma los requisitos relativos al plazo. Los plazos solo se suspenden en las situaciones siguientes:

i) el examinador emite una notificación de admisibilidad;
ii) el examinador emite otra decisión no definitiva de la oficina;
iii) se abandona la solicitud;
iv) se presenta una petición de continuación de examen; o
v) se presenta un recurso.

En consecuencia, el redactor de la solicitud debe observar escrupulosamente las fechas relativas a las decisiones definitivas de la oficina. Aunque se presente una contestación a tiempo (dentro del plazo de tres meses), la solicitud puede abandonarse si no se da una de esas situaciones.

4.5 Recurso

En los Estados Unidos de América, si el examinador no ve convincente la contestación a la decisión definitiva de la oficina, el redactor de la solicitud puede presentar un recurso o una petición de continuación de examen. Muchas oficinas de patente aceptan algún tipo de recurso administrativo de las decisiones emitidas por examinadores de patentes individuales. En algunas jurisdicciones, si el solicitante desea recurrir la decisión de la oficina de patentes que rechazó su solicitud, tiene la opción de presentar un recurso ante un órgano administrativo (en lugar de un tribunal) en un plazo determinado. Este recurso suele consistir en la revisión de la solicitud de patente por una junta, a menudo un órgano cuasi judicial, formado por varios jueces administrativos o funcionarios de categoría superior que están familiarizados con el examen de patente y las prácticas relacionadas. Las decisiones de este órgano pueden impugnarse ante un tribunal de conformidad con la legislación del país correspondiente. En los países donde no existen órganos de recurso administrativo, las decisiones de las oficinas de patentes pueden recurrirse directamente ante el tribunal competente.

Los procedimientos específicos para recurrir pueden variar de un país a otro. En los Estados Unidos de América, el redactor de la solicitud presenta, en primer lugar, un documento denominado "escrito de apelación" (*appeal brief*) y puede pedir una audiencia oral para el recurso. De nuevo, como es natural, el procedimiento de recurso por lo general conlleva el pago de varias tasas y, por lo tanto, al cliente le interesará calcular los beneficios comerciales.

4.6 Solicitudes divisionales, de continuación y de continuación en parte

En muchas jurisdicciones se dispone de una alternativa al recurso que consiste en presentar alguna forma de solicitud divisional o solicitud de continuación. En general, la solicitud divisional es un tipo de solicitud de patente que se separa de la solicitud presentada anteriormente (la denominada "solicitud principal") y en la que se reivindica solo una parte de la invención que figura en la solicitud principal. A pesar de que la solicitud divisional se presenta más tarde que la principal, puede mantener la fecha de presentación y, por lo general, la fecha de prioridad de la solicitud principal. En algunas jurisdicciones, cuando se rechaza una solicitud, el solicitante tiene la opción de presentar una solicitud divisional en un plazo determinado. En otras, como respuesta a la desestimación de una solicitud, es posible presentar una solicitud divisional en cualquier momento antes del vencimiento del plazo fijado para recurrir.

En los Estados Unidos de América, el redactor de la solicitud puede presentar (además o en lugar de la divisional) una solicitud de continuación o de continuación en parte. En la solicitud de continuación se divulga y se reivindica únicamente materia divulgada en la solicitud principal. Por lo general, el solicitante tiene derecho a beneficiarse de la fecha de presentación de la solicitud principal. La solicitud de continuación suele presentarse cuando el solicitante desea defender la patentabilidad de reivindicaciones que difieren de las contenidas en la solicitud principal. En ocasiones, la diferencia es un cambio lingüístico leve, pero importante para el solicitante. La solicitud de continuación en parte repite un fragmento sustancial de la solicitud principal y añade materia que no está divulgada en ella. Puede ser una forma conveniente de reivindicar mejoras logradas después de que presentara la solicitud principal. Las reivindicaciones en una solicitud de continuación en parte relativas a una materia que ya se divulgó en la solicitud principal pueden beneficiarse de la fecha de prioridad de la principal, si bien a las reivindicaciones de la materia adicional se les aplica la fecha de presentación de la solicitud de continuación en parte.

En los Estados Unidos de América, las solicitudes divisionales son comparativamente adecuadas para presentar reivindicaciones que se retiraron de la solicitud principal debido a un requisito de restricción, que es similar (pero no idéntico) al requisito de unidad de la invención en virtud de muchas legislaciones nacionales y del Tratado de Cooperación en materia de Patentes (PCT).

5. Procedimientos de oposición

Un tercero puede recurrir la decisión de concesión de la patente emitida por la oficina y pedir la revocación de la patente ante un tribunal. Además, en los sistemas de patentes de muchos países se prevé un mecanismo administrativo que brinda a los terceros la oportunidad de oponerse a la emisión de una patente. En función de la legislación aplicable en cada país, el proceso de oposición puede iniciarse antes de que el examinador analice la solicitud de patente o después de que el examinador manifieste su inclinación a conceder una patente ("oposición previa a la concesión"), o bien después de la concesión de la patente ("oposición posterior a la concesión"), o en ambas situaciones.

En los países con un procedimiento de oposición previa a la concesión, los examinadores de patentes envían al solicitante una notificación para comunicarle que tienen intención de conceder la patente de acuerdo con la solicitud presentada y publican el conjunto definitivo de reivindicaciones aprobadas para permitir al público la oposición. Si nadie presenta una oposición a la solicitud dentro del plazo, se emite el título de la patente. Si alguien se opone, debe argumentar de forma convincente por qué no debe concederse la patente, por ejemplo, porque el examinador no ha tenido en cuenta una referencia fundamental del estado de la técnica, en cuyo caso debe explicar por qué las reivindicaciones no cumplen el requisito de actividad inventiva, habida cuenta de dicha referencia del estado de la técnica. Es habitual que se permita al solicitante de la patente refutar los argumentos de quien se opone. De la oposición conoce el examinador que se ha encargado de esa solicitud de patente o un panel especial de examinadores. Es habitual que la parte vencida recurra los resultados de la oposición y, en muchas ocasiones, los recursos pueden acaban en un juzgado.

El redactor de la solicitud debe ser consciente de que algunas empresas utilizan sistemáticamente las oposiciones como mecanismo para retrasar la emisión de las patentes de los competidores (en las jurisdicciones en las que se facilita la oposición previa a la concesión, después de que el examinador haya declarado la patentabilidad) o reducir el alcance de las reivindicaciones cuya protección se ha concedido a los competidores. Además de los competidores, es posible que algunos grupos de interés público se opongan sistemáticamente a la emisión de patentes en determinados sectores técnicos.

Los recursos de oposición y demás documentos necesarios suelen estar elaborados por redactores de solicitudes de patente. Para muchos de ellos, la presentación de recursos de oposición es, simplemente, una parte más de su práctica habitual. En consecuencia, el redactor de la solicitud debe informar a su cliente de que la recepción de una notificación de una oficina en la que exprese la intención de conceder la patente no significa necesariamente que el cliente vaya a recibir inmediatamente el título de la patente, especialmente en los países que prevén sistemas de oposición.

6. Emisión del título de la patente

Una vez que el examinador de patentes emite una *notificación de admisibilidad* o un documento similar, el redactor de la solicitud debe cumplir varios requisitos formales relativos a la emisión del título de la patente. El redactor de la solicitud tal vez desee preguntar a su cliente si querría presentar algún tipo de solicitud de continuación (véase la sección 4.6). Dado que la solicitud de continuación mantiene la fecha de presentación de su solicitud principal, por motivos estratégicos el cliente puede preferir contar con una solicitud pendiente en la que el redactor puede añadir reivindicaciones nuevas y redactadas específicamente para superar los argumentos de un infractor concreto.

En muchas jurisdicciones, los títulos de patentes se emiten muchos meses después de que el redactor de la solicitud haya pagado todas las tasas exigidas (la emisión del título puede llevar incluso más tiempo si la jurisdicción prevé un proceso de oposición). Desafortunadamente, no suele ser posible acelerar la impresión y la emisión de un título de patente. Cuando se emite, normalmente no es necesario que el redactor de la solicitud tome medida alguna para mantener la patente (es decir, para conservar su vigencia) además de pagar las anualidades o tasas periódicas de mantenimiento. El redactor de la solicitud debe anotar las fechas en las que abona esas tasas en nombre del cliente. Si no se encarga de ello, debe asegurarse de que el cliente confirma que gestionará el pago y se responsabilizará de pagar las tasas, o bien que ha contratado los servicios de un tercero para tal fin.

Palabras clave

- tramitación de la patente
- decisión de la oficina
- modificaciones
- materia nueva
- entrevista con el examinador
- recurso
- solicitud divisional
- solicitud de continuación
- solicitud de continuación en parte
- oposición
- emisión del título de la patente

Autoevaluación

- ☐ ¿Qué se entiende por tramitación de patentes? ¿Qué es una decisión de la oficina?
- ☐ ¿Qué significa que las reivindicaciones "coinciden exactamente" con el estado de la técnica?
- ☐ Al redactar una contestación a una decisión de la oficina, el redactor de la solicitud solo debe responder a los aspectos desestimados más importantes, pero no a todos. ¿Verdadero o falso?
- ☐ Un examinador afirma, en la primera decisión de la oficina, que la invención reivindicada carece de actividad inventiva teniendo en cuenta las dos referencias del estado de la técnica X e Y.
- ☐ ¿De qué manera puede reaccionar el redactor de la solicitud al recibir la decisión de la oficina?
- ☐ El redactor de la solicitud debe explicar al inventor o solicitante el contenido de la decisión de la oficina. ¿Verdadero o falso? ¿Por qué?
- ☐ ¿Qué se entiende por "añadir materia nueva" en el contexto de las modificaciones de la descripción, los dibujos y las reivindicaciones?
- ☐ ¿El redactor de la solicitud puede hablar con el examinador de patentes durante la tramitación? Si la respuesta es afirmativa, ¿cómo suele denominarse este proceso?
- ☐ ¿Cuándo se debe presentar una solicitud divisional o de continuación? En los Estados Unidos de América, ¿cuándo debe presentar el redactor una solicitud de continuación en parte en lugar de una solicitud de continuación?
- ☐ Una vez emitido el título de patente, es posible que el titular siga teniendo la obligación de pagar anualidades o tasas de mantenimiento periódicas para mantenerla en vigor. ¿Verdadero o falso?

Módulo X
Estrategia de patentes

Una vez que una oficina de patentes nacional ha concedido una patente, ¿cuál es el próximo paso? *¿Qué puede hacer el titular con su patente?*

En algunas pocas situaciones, una sola patente es tan revolucionaria y pionera que su titular puede controlar una industria determinada o un segmento concreto de una industria durante la vigencia de la patente. Sin embargo, esto sucede con muy poca frecuencia.

Los motivos habituales del fracaso de una patente son la calidad deficiente de las reivindicaciones y un estado de la técnica demasiado cercano. De hecho, algunas patentes "famosas" han sido mucho menos eficaces para controlar el mercado de lo que se suele pensar. Por ejemplo, Thomas Edison recibió varias patentes relacionadas con las lámparas eléctricas. Sin embargo, el inventor inglés Joseph Swan obtuvo la primera patente de lámparas eléctricas y, durante muchos años, Edison tuvo que pagarle regalías a Swan para usar su patente. Cabe recordar que, como se señaló en el módulo I, las patentes no confieren a su titular el derecho de poner en práctica la invención, sino más bien el derecho de prohibir a terceros fabricar, utilizar, ofrecer en venta o vender la invención sin su autorización. Por consiguiente, Edison tuvo que conseguir la autorización de Swan para utilizar su patente.

Conviene aclarar que un error frecuente es pensar que la oficina de patentes tiene en cuenta las posibles infracciones cuando concede una patente. En realidad, la oficina solo estudia el estado de la técnica relativo a la solicitud de patente en trámite, y no analiza si fabricar o utilizar la invención reivindicada infringiría otra patente. El redactor de solicitudes de patente probablemente deba recordárselo a sus clientes cada cierto tiempo.

La estrategia de patentes también se hace más complicada y, en general, más lucrativa a medida que aumenta el volumen de la cartera de patentes. Es muy raro que la titularidad de una sola patente conceda el mismo poder y flexibilidad que una docena o una centena de patentes.

Ejemplo

La empresa A tiene una sola patente Y respecto del producto X. Si la patente Y se ha redactado correctamente, probablemente abarcará varias formas de realizar la invención expresada en el producto X y varias de sus características o componentes principales, en particular, el uso de estas características y componentes en varios productos diferentes o no relacionados entre sí.

El producto X es muy útil, pero no es el primer producto de este tipo. Por ejemplo, no es el primer automóvil, teléfono o computadora.

En esta situación, el competidor B puede fabricar un producto muy similar al producto X sin infringir la patente Y. Dicho de otro modo, el competidor B puede concebir una invención que no infrinja la patente Y ("*design around*") para producir su propio producto X, que elude la infracción (ahora bien, esto no significa que el producto del competidor B sea viable comercialmente).

¿Qué consecuencias acarrearía que la empresa A tuviera, además de la patente Y, diez patentes relativas a variaciones del producto X?

Las otras patentes podrían proteger otras características o componentes del producto X además de las que protege la patente Y. Es más, las otras patentes de las que es titular la empresa A podrían ofrecer protección a la utilización del producto X en varios entornos comerciales relacionados con él o con variaciones alternativas, entre otras cosas.

En este contexto, será mucho más difícil para el competidor B imitar el producto X sin infringir la cartera de patentes de la empresa A. Sin duda, los gastos jurídicos que conlleva simplemente estudiar la cartera de patentes de la empresa A con la suficiente profundidad para comprender el alcance de la protección de las reivindicaciones de patente de la empresa A pueden resultar tan elevados que sean prohibitivos para muchos competidores.

En el ejemplo, la cartera de patentes de la empresa A puede llegar a ser lo suficientemente amplia para que sus competidores se vean obligados a obtener licencias sobre las patentes y pagar regalías por ellas o a salir del mercado mediante una demanda por infracción de patente. Si los competidores de la empresa A cuentan con amplias carteras de patentes, ambas partes pueden concederse licencias cruzadas sobre sus patentes respectivas. Estas licencias cruzadas o recíprocas pueden concederse a título gratuito o a cambio de regalías, en función de las patentes y del mercado competitivo. La concesión de licencias cruzadas a los competidores permitirá a la empresa A fabricar los productos sin temer una demanda. Por supuesto, aun así, la empresa A puede iniciar un proceso judicial por infracción de patente contra un competidor nuevo en el mercado que carezca de patentes de interés sobre las que conceder licencias cruzadas.

Como se ha señalado, las patentes de la empresa A probablemente protegerán las características o componentes principales del producto X, aunque se empleen en otro producto. Esta situación puede plantearse cuando una característica o componente es especialmente novedoso y se ha reivindicado de manera que no limita el alcance de la protección al producto X. Además de proteger las patentes contra los competidores, la empresa A también puede plantearse defenderlas contra otras partes que fabriquen productos a los que se hayan incorporado las características o componentes principales que protegen sus patentes.

La concesión de licencias sobre las patentes de la empresa A fuera de su "campo de aplicación" puede ser bastante lucrativa. Por lo general, los únicos costos en los que incurrirá la empresa A para conceder licencias sobre sus patentes en nuevos campos de aplicación serán los honorarios por los servicios (que no llevarán mucho tiempo) de uno o varios abogados o profesionales especializados en concesión de patentes, así como los relativos a los procesos judiciales ocasionales que puedan surgir (aunque no sistemáticamente). Sin embargo, la empresa A no está segura de iniciar acciones judiciales contra terceros debido a la inquietud de que la patente objeto de la demanda se declare inválida (por revocación, por ejemplo). Si la patente se declara nula, la empresa A no podrá hacerla valer contra nadie, ni siquiera contra los competidores.

La *valoración de patentes* es un aspecto complicado de la estrategia de patentes. El presente manual no tiene por objeto hacer un análisis exhaustivo de la valoración de patentes, pero podría ser útil emplear la metáfora de los *bienes inmuebles*.

Recomendación profesional

En una campaña de concesión de licencias, no suele ser una buena idea comenzar con el actor más importante del sector correspondiente. Por lo general, se obtendrán mejores resultados si se inicia la campaña con las pequeñas y medianas empresas de un sector determinado y se va preparando el terreno para trabajar con las más grandes.

La propiedad intelectual guarda muchas similitudes con la propiedad de bienes inmuebles. El estado de la técnica es análogo a los terrenos públicos (estado de la técnica no patentado) y a los terrenos que tienen un propietario (las patentes concedidas que están vigentes). La consigna inmobiliaria "lo más importante es la ubicación" también puede aplicarse a las patentes, es decir, una patente cuyas reivindicaciones reflejen claramente una invención valiosa tiene mucho más valor que una patente cuyo mapa de reivindicaciones conduzca a un espacio menos lucrativo. Las patentes en tanto son instrumentos jurídicos pueden equipararse a la calidad de la construcción de una vivienda. Por lo tanto, aunque una patente "esté situada en el terreno" de una invención valiosa, puede carecer de valor si no se ha "construido" adecuadamente. Los recursos jurídicos asociados a la infracción de patentes son similares a los disponibles en caso de intrusión en un inmueble ajeno.

1. Patentamiento ofensivo de bloqueo a competidores

Los titulares de patentes pueden utilizarlas directamente contra todos y cada uno de los infractores. En principio, la patente no concede a su titular ningún derecho a fabricar, utilizar o vender el invento protegido por esta. Efectivamente, es muy posible obtener una patente por una invención que *no* puede fabricarse, utilizarse ni venderse, porque ello infringiría la patente de un tercero o requeriría la aprobación de una instancia reguladora.

Si una empresa tiene capacidad de fabricación, a menudo (aunque no siempre) es más lucrativo fabricar y vender un producto protegido mediante patentes que conceder las licencias de patentes necesarias para fabricar el producto. En consecuencia, muchos titulares de patentes que también fabrican productos utilizan las patentes para obligar a los competidores a escoger entre imitar los productos sin infringir sus patentes (y obtener un producto que, si el titular tiene suerte, sería de calidad inferior) y conceder licencias sobre las patentes.

Algunas empresas tienen la política de destinar las regalías que obtienen de las patentes a sus departamentos de investigación y desarrollo (I+D). Esto tiene sentido, porque es posible que esos departamentos sean los creadores de las invenciones protegidas por patente que generan las regalías y, al trasladar esos ingresos de la concesión de licencias a los departamentos de I+D, las empresas pueden facilitar la creación de más productos y servicios nuevos.

Cuando una empresa adopta una política agresiva de concesión de licencias a sus competidores, obtiene de ellos el dinero que éstos habrían podido invertir en sus propios programas de I+D. Esta estrategia, que en ocasiones se denomina "la diferencia de dos dólares", consiste en que cada dólar que se obtiene por la licencia concedida a un competidor le resta a este un dólar de sus programas y agrega un dólar a los de la empresa licenciante, lo cual tiene como resultado una diferencia relativa de dos dólares entre las dos empresas.

Al concebir una estrategia ofensiva de patentamiento, el titular debe examinar continuamente la naturaleza de las infracciones por parte de posibles licenciatarios. Se puede cometer una infracción directa, contribuir a una infracción o inducir a la infracción. La naturaleza de los daños también puede variar en función del uso que se le dé a la tecnología que infringe la patente. Los infractores directos no siempre incurren en daños más graves que quienes contribuyen a la infracción. En la legislación de patentes de algunos países también se reconoce la infracción en virtud de la doctrina de equivalentes. Por lo tanto, puede considerarse que un demandado es infractor, aunque no haya cometido una infracción directa de una reivindicación de patente, si ha utilizado un componente sustancialmente similar de forma básicamente igual. El análisis con arreglo a la doctrina de equivalentes es bastante complicado, pero uno de los factores clave es determinar si el expediente de tramitación contiene registros que indiquen que el titular de la patente renunció a la protección de las reivindicaciones relativas a los componentes sustancialmente similares durante la tramitación de la patente (este es otro de los motivos por los que las contestaciones a las decisiones de las oficinas deben redactarse cuidadosamente y con concisión).

2. Patentamiento defensivo para protegerse contra demandas por infracción

Las patentes son "espadas", no "escudos", en el sentido de que no conceden a los titulares el derecho a fabricar un producto protegido por la patente. En cambio, la patente constituye un derecho negativo que permite al titular determinar quién *no puede* utilizar la invención protegida por la patente. Ser titular de una patente no proporciona gran seguridad respecto de que la fabricación de un producto protegido por la patente no infringirá la patente de un tercero. Sin embargo, las patentes pueden funcionar de manera eficaz como escudos que impidan a los competidores que sean titulares de patentes interponer una demanda por infracción por miedo a que el titular de la nueva patente presente una reconvención. Al defenderse frente a demandas por infracción de patente, a menudo resulta de poca ayuda alegar que se es titular de una patente y que los productos objeto de la demanda están dentro del alcance de esta, a menos que el producto del demandado sea tan diferente del protegido por la patente del demandante que el órgano decisor (ya sea un juez o un jurado) pueda percibir fácilmente las diferencias entre ambas invenciones. No obstante, incluso en estas situaciones, con frecuencia es más sencillo que el demandado se limite a justificar por qué no ha infringido las reivindicaciones objeto de controversia.

En determinadas circunstancias, una patente o un grupo de patentes puede ofrecer al titular un escudo defensivo contra los competidores. Si la empresa A fuera titular de 5 000 patentes relativas al producto X y sus tres principales competidores tuvieran, cada uno, 1 500 patentes, los competidores tal vez se planteen la posibilidad de demandar a la empresa A para lograr un objetivo comercial. Ahora bien, lo más probable es que se abstengan de hacerlo por miedo a que la empresa A presente una reconvención por infracción de patente sobre la base de su cartera de patentes, mucho más contundente. Sin duda, el hecho de que una empresa determinada se beneficie de tener más patentes depende del alcance de la protección de las patentes de la empresa, del segmento de la industria, de las características técnicas particulares y de la estrategia empresarial. Por lo general, no existen muchos motivos por los que una empresa adquiriría patentes sin un objetivo empresarial específico.

En muchos sectores en los que los principales actores son titulares de un número considerable de patentes, es bastante frecuente la concesión recíproca de licencias cruzadas sobre sus patentes. Estas licencias cruzadas pueden concederse a cambio de algún tipo de regalía o a título completamente gratuito, sobre la base del beneficio mutuo. Además, las licencias cruzadas pueden tener la importante limitación del campo de aplicación, que permitiría un proceso judicial por infracción si el titular de la patente excede el campo de aplicación de la patente.

Ejemplo

> La empresa A y sus principales competidores se conceden licencias cruzadas sin regalías sobre sus carteras de patentes relativas a la fabricación y la venta del producto X. Si bien la empresa A no puede demandar a sus competidores por fabricar y vender el producto X, si uno de ellos produjera un producto nuevo, Z, en el que se utiliza el producto X, la empresa A podría demandar al competidor por infracción respecto del producto Z, en el que se emplea el producto X.
>
> Si las patentes de la empresa A son especialmente sólidas y el producto Z resulta particularmente lucrativo, la empresa A podría utilizar sus patentes para obligar al competidor a interrumpir la fabricación y el uso continuado del producto Z. Otra opción de la que dispone la empresa A es conceder al competidor una licencia a cambio de regalías por la fabricación y el uso del producto Z.

Los titulares de patentes pueden recurrir a numerosos instrumentos para determinar la mejor manera de utilizar las patentes. Es probable que deban construir varios modelos de las distintas situaciones económicas antes de decidir sobre el modo de explotar las patentes. En algunas situaciones puede ser útil contar con una simple matriz en la que la empresa pueda enumerar sus productos para decidir individualmente cómo explotar la propiedad intelectual respecto de cada uno de ellos. En relación con algunos productos, la empresa tal vez prefiera utilizar las patentes que los protegen de manera puramente defensiva, para bloquear a todos los competidores. Respecto de otros productos, es posible que se adopte una estrategia de concesión de licencias.

Un método más avanzado consiste en que la empresa estime la probabilidad de éxito de cada estrategia o la probabilidad de que la alta dirección acceda a seguir un camino determinado. Las opciones que obtengan la mayor valoración respecto de un producto determinado se analizarán en mayor profundidad hasta llegar a la estrategia definitiva de propiedad intelectual de la empresa en relación con ese producto. Probablemente, este análisis también requerirá examinar los puntos fuertes y débiles de las patentes concretas, así como los valores de los mercados relacionados.

Por último, las carteras de patentes bien concebidas se centran en las actividades centrales de la empresa y protegen aspectos y funciones concretos que trascienden la oferta de productos específica de la empresa. Asimismo, una buena cartera de patentes probablemente creará barreras de entrada en el mercado para, de esta manera, reducir al mínimo la competencia.

3. Técnicas para imitar sin infringir

Para *imitar una invención sin infringir* (*design around*) una o varias patentes, es necesario determinar el alcance de la cobertura que ofrecen las reivindicaciones de las patentes. Este mecanismo también suele conllevar un examen detallado de la patente, teniendo en cuenta el estado de la técnica citado en la tramitación. Un análisis exhaustivo del expediente de tramitación de la solicitud de patente también puede poner de manifiesto que, durante la tramitación, el solicitante admitió algún hecho sobre la invención que le perjudique (por ejemplo, "Esta invención se refiere exclusivamente al rodillo de una máquina de escribir").

El abogado que se ocupe del análisis de la imitación sin infracción tal vez desee determinar el significado preciso de los términos utilizados en las reivindicaciones de patente mediante la aplicación de las normas relativas a la interpretación de las reivindicaciones. Las normas aplicables a la determinación del alcance de las reivindicaciones varían en función de las jurisdicciones. En muchas de ellas, se dará a los elementos de las reivindicaciones el "significado manifiesto" (u ordinario) de los términos mencionados, que además pueden interpretarse a partir de su utilización en la descripción de la invención o en el expediente de tramitación de la solicitud de patente. Si se utiliza el lenguaje de las reivindicaciones del tipo "medio más función", el abogado deberá averiguar cómo se interpretan estas reivindicaciones en la jurisdicción de interés.

Es probable que el abogado prepare su análisis en forma de *dictamen*. En algunos casos, el dictamen puede ser bastante breve, pero en otras situaciones puede ser sumamente detallado. Los *dictámenes en forma de carta* pueden ser bastante útiles en las jurisdicciones en las que se castigan las infracciones intencionadas con sanciones severas. Las *infracciones intencionadas* se producen cuando el infractor sabe de la existencia de la patente de la otra parte y la infringe deliberadamente, o cuando no adopta ninguna medida para averiguar si está cometiendo una infracción de patente. Obtener un dictamen de no infracción o de nulidad de un abogado neutral puede constituir un medio de defensa contra la acusación de infracción intencionada en muchas de las jurisdicciones que reconocen este tipo de infracción. Los daños asociados con la infracción intencionada suelen ser varios de los daños reales o directos causados por la infracción de patente. Contar con un dictamen de no infracción o de nulidad puede ser de utilidad incluso en las jurisdicciones en las que no se reconoce la infracción intencionada, puesto que esos dictámenes pueden ofrecer a las empresas una orientación valiosa acerca de si la patente de un competidor puede plantear problemas de infracción.

Los dictámenes sobre patentes suelen estar redactados por abogados, normalmente especializados en patentes. Muchos bufetes y abogados evitan preparar dictámenes debido a la elevada probabilidad de ser objeto de una demanda por negligencia profesional si el dictamen resulta ser inadecuado. Es evidente que un abogado no redactará un dictamen para un cliente si considera que, efectivamente, este *ha infringido* una patente válida. En estas situaciones, por lo general el abogado expresa su inquietud por medios que no dejen constancia, por ejemplo, verbalmente. Dado que los redactores de solicitudes de patente tienen amplios conocimientos sobre una tecnología concreta, pueden ayudar al abogado a preparar el dictamen.

En muchos países, los dictámenes de abogados generalmente están protegidos por el secreto profesional y no deberán divulgarse a la parte contraria en un proceso judicial. El demandante normalmente debe solicitar al tribunal una autorización especial para instar al demandado a presentar un dictamen. En consecuencia, cuando una empresa cuenta con un dictamen elaborado por su abogado, las personas responsables en la empresa deben asegurarse de que el dictamen se conserve con la confidencialidad más estricta y que no se ponga en conocimiento de ninguna otra persona además de los principales directivos de la empresa, de ser necesario. Además, los clientes de la empresa no deben tener acceso al dictamen.

Cabe señalar que basarse en el dictamen de un abogado puede conllevar una renuncia al secreto profesional respecto de todos los dictámenes relativos a la misma materia. En algunas circunstancias, la empresa puede transmitir los dictámenes a otras partes por medio de lo que se denomina "acuerdo de interés común" o "acuerdo de defensa conjunta". La preparación de estos acuerdos excede el alcance del presente manual.

Palabras clave

- imitar sin infringir
- infracción
- estrategia de patentes ofensiva
- estrategia de patentes defensiva

Autoevaluación

- ☐ La oficina de patentes examina las cuestiones relativas a la infracción cuando concede las patentes. ¿Verdadero o falso?
- ☐ ¿Qué es el patentamiento ofensivo de bloqueo?
- ☐ Una patente proporciona a su titular el derecho a explotar la invención. ¿Verdadero o falso?
- ☐ Explique cómo puede ser eficaz una patente a modo de "escudo".
- ☐ ¿Qué significa la expresión "imitar sin infringir" (*design around*) en relación con las patentes?

Módulo XI
Organización, capacitación y motivación del equipo técnico

Todo redactor de solicitudes de patente probablemente notará que ninguno de sus clientes se parece a otro. Algunos clientes solo desean presentar una o dos solicitudes de patente, mientras que otros querrán establecer el patentamiento como una rutina o programa continuado. El redactor siempre debe estar dispuesto a concientizar a sus clientes sobre los beneficios de obtener patentes y puede ayudarles a desarrollar una *cultura de patentes*.

Una vez asentada una cultura de patentes en una organización o empresa, los científicos, ingenieros y directivos que trabajen en ella tendrán en cuenta sistemáticamente las patentes y otros derechos de propiedad intelectual en la adopción de decisiones de la empresa. La propiedad intelectual dejará de ser un esfuerzo "ocasional" y se convertirá en una parte rutinaria del negocio.

Es probable que el redactor de solicitudes de patente desee saber quiénes son determinados miembros principales de la organización de su cliente. Además de las personas encargadas de adoptar decisiones, debe reconocer a los "guardianes técnicos" de la organización, es decir, las personas de la organización que están en las mejores condiciones para presentar nuevas tecnologías a la empresa. Seguramente se trate de los principales inventores de productos y servicios nuevos, que además suelen ser las personas que analizan e intercambian ideas con los demás científicos e ingenieros.

El redactor de solicitudes de patente puede ayudar a los clientes a crear una infraestructura interna para su programa de patentes. Un componente importante de una infraestructura de este tipo es contar con alguna forma de *comisión de análisis de patentes* que supervise la evolución de la cartera de patentes de la organización. Otro elemento clave es alguna forma de programa de incentivos para alentar a los inventores a que comuniquen sus invenciones al redactor de solicitudes de patente.

El redactor de solicitudes de patente también puede prestar ayuda a los clientes para elaborar procedimientos internos de tramitación de documentos relativos a las patentes, como formularios de divulgación de las invenciones, solicitudes de patente, informes sobre el estado de la técnica y patentes emitidas. Asimismo, puede ayudarlos a establecer sistemas y procedimientos de administración de expedientes para evitar que se dejen pasar fechas cruciales, si bien el redactor debe cuidarse de poner en marcha un sistema similar para sus propios fines. Un *sistema de administración de expedientes* es, básicamente, una agenda a la que se incorpora información sobre patentes, por ejemplo, los plazos para presentar contestaciones a las decisiones de las oficinas, las fechas en las que deben adoptarse decisiones relativas a la presentación de solicitudes en el extranjero, los plazos para pagar las anualidades, etc.

No corresponde a los redactores de solicitudes de patente crear invenciones para sus clientes (lo cual plantearía conflictos de intereses), si bien es indudable que pueden ayudarlos a crear un entorno propicio para que la creatividad prospere. Para lograrlo, es importante capacitar y motivar a los posibles inventores del cliente sobre la utilización y el valor del sistema de patentes, así como asegurarse de que el cliente cuente con la infraestructura adecuada para organizar y controlar los mecanismos de comunicación de las invenciones de la organización, con el fin de que las solicitudes de patente se presenten antes de que venzan los plazos cruciales.

1. Formación del personal directivo y del personal de comercialización para que comprendan la importancia de las patentes y la creación de carteras de patentes

Es posible que el redactor de solicitudes de patente vea útil ofrecer al equipo directivo superior de sus clientes la posibilidad de formarse. Si se acepta su propuesta, tendrá la oportunidad perfecta para concientizar a la organización sobre los beneficios de las patentes y aclarar las ideas erróneas que puedan estar arraigadas. Sin embargo, es muy común que los directivos estén extremadamente ocupados y resulte complicado aprovechar la propuesta.

Una alternativa a esta idea sería que el redactor de solicitudes de patente tomara la iniciativa de explicar individualmente los beneficios del patentamiento a los directivos de la organización de manera espontánea, cuando se presente la oportunidad o la necesidad. Asimismo, podría buscar maneras de dirigirse a públicos más numerosos para generar interés en las patentes.

Igualmente, el redactor de solicitudes de patente debe buscar oportunidades para concientizar a los equipos científicos, directivos y de ingeniería, así como al personal de comercialización, acerca de los beneficios que ofrecen las patentes. Con frecuencia, los ingenieros y los científicos no conocen los procedimientos adecuados que deben seguir para comunicar sus invenciones, y muchos de ellos no comprenden bien el valor estratégico y empresarial de las patentes para su organización o instituto de investigación. Lo mismo sucede con los equipos de comercialización, cuyos conocimientos y aportaciones a menudo no reciben suficiente atención en la adopción de las decisiones sobre lo que debería patentarse. Es frecuente que las empresas carezcan de los recursos suficientes para aprovechar todos los beneficios de las invenciones que podrían protegerse mediante patente.

Lamentablemente, en muchas situaciones los redactores de solicitudes de patente verán que los directivos principales de la organización de su cliente ignoran el valor que tiene patentar las invenciones o son reticentes a esta idea. Debe reconocerse que no todas las organizaciones pueden beneficiarse de las patentes y que algunos directivos pueden haber tenido experiencias negativas al respecto. Es posible que esa reticencia de algunos directivos no se deba a una resistencia abstracta, sino a la experiencia de un programa de patentes que haya perjudicado (al menos en su opinión) de algún modo a su empresa actual o a otra para la que hayan trabajado en el pasado. Todo redactor de solicitudes de patente con sensibilidad comprenderá la actitud respecto de esa experiencia y encontrará la manera de reducir esa resistencia. Para ello, puede resultar práctico destacar que incluso empresas del sector de las bebidas, como Coca Cola®, tienen carteras de patentes considerablemente sustanciales, aunque su producto principal no sea patentable.

El *formulario de divulgación de una invención* (véase el Anexo B, donde figura un ejemplo) es una herramienta útil que el redactor de solicitudes de patente puede proporcionar a sus clientes. Los investigadores o ingenieros pueden cumplimentar este formulario para describir brevemente la invención que podría considerarse patentable. Con la experiencia y el paso del tiempo, el redactor dará con otras cuestiones que pueden añadir valor al formulario de divulgación de la invención para clientes específicos o en industrias concretas. Tal vez también deseen personalizar el modelo del formulario de divulgación de la invención para clientes específicos; para ello, pueden incluir el logotipo de la empresa u otra información sobre esta, como los números de la administración interna de expedientes de patentes y solicitudes de patente.

Con el tiempo, el redactor también aprenderá a procesar los formularios de divulgación de la invención de clientes concretos. Habida cuenta de los posibles impedimentos temporales de la presentación de solicitudes de patente (por ejemplo, tras la divulgación de la invención al público), el redactor debe aceptar el formulario de divulgación de la invención sea cual sea la manera en la que se presenta. En ese momento, debe determinar si ha surgido o está a punto de surgir un impedimento temporal y actuar en consecuencia. A continuación, se tramitará el formulario.

Si el formulario se presenta ante una comisión de análisis de patentes, se debe alentar al inventor a que participe en la reunión y proporcione información para el análisis de su invención. Si no puede asistir a la reunión, debe delegar en otra persona la defensa de la invención en su nombre, porque puede suceder que la comisión de análisis de patentes no comprenda su importancia o tenga preguntas sobre ella.

Las organizaciones que cuentan con programas de patentamiento sofisticados tal vez tengan mapas estratégicos para caracterizar y reconocer las invenciones específicas relativas a un producto, a una categoría de productos o a todo un segmento de la industria. Si el cliente ha desarrollado una herramienta de este tipo, toda invención que se divulgue debe situarse en ese mapa. Por supuesto, cabe esperar que muchos clientes de menor tamaño carezcan de ese mapa estratégico.

Otra ventaja que brinda el formulario de divulgación de la invención es que representa una prueba de la paternidad de la invención, especialmente cuando se haya firmado conjuntamente con una persona no inventora. Las normas al respecto pueden variar en función del país. De conformidad con el principio del "primero en presentar", por lo general es irrelevante para la patentabilidad quién ideó la invención en primer lugar, pero pueden surgir problemas relativos a quién es el inventor y, por lo tanto, quién tiene derecho a ser el titular de la patente en primer lugar. Asimismo, los formularios de divulgación de la invención pueden constituir una prueba secundaria en las situaciones en las que el inventor ha cedido sus derechos sobre una invención a un tercero, por ejemplo, su empleador.

En algunos sistemas de patentes se exige que en las solicitudes de patente se divulgue la mejor manera conocida por los inventores de realizar la invención. Los formularios de divulgación de la invención también pueden ser de gran ayuda en este sentido.

Por el contrario, esos formularios pueden plantear riesgos para la empresa. Cabe considerar, por ejemplo, la manera en la que un demandado puede utilizar el formulario de divulgación de la invención del titular de una patente durante un proceso judicial por infracción. Puede emplearlo como prueba para sostener un argumento a favor de una interpretación concreta de las reivindicaciones patentadas basada en una expresión limitante que figure en el formulario de divulgación de la invención. De manera similar, el demandado puede alegar que el inventor es responsable de una conducta desleal por haber solicitado la patente sin divulgar el estado de la técnica conocido, si en el formulario de divulgación de la invención se menciona esa referencia del estado de la técnica. Para reducir este riesgo, el redactor de solicitudes de patente debe ofrecer formación para garantizar que el personal de su cliente sepa cumplimentar correctamente un formulario de divulgación de la invención. Asimismo, debe ayudar al cliente a garantizar que las cuestiones relativas a la divulgación de información se manejen con profesionalidad.

La empresa debe seleccionar para el patentamiento aquellas invenciones que tendrán como resultado el mayor rendimiento para la organización ya sea mediante la concesión de licencias directas sobre la patente o por medio de un aumento de las ventas del producto protegido por la patente.

Recomendación profesional

Siempre se debe tratar de comprender cuál es la manera en la que la solicitud de patente que se está preparando logrará satisfacer las necesidades del cliente. Esto servirá de guía para redactar las reivindicaciones y adoptar decisiones sobre las limitaciones añadidas a las reivindicaciones durante la tramitación de la solicitud de patente.

Asimismo, debe recordarse que para seleccionar de manera eficaz las mejores invenciones para solicitar una patente puede ser necesario consultar a personas que tengan una variedad de competencias más amplia que la del equipo de científicos e ingenieros que crearon la invención.

Ejemplo

El ingeniero Y ha creado dos invenciones, A y B. La invención A es una solución sumamente brillante a un problema menor relativo al producto menos rentable de la empresa. La invención B es una mejora bastante banal, pero probablemente patentable, del producto

> con más éxito de la empresa. La empresa solo puede permitirse patentar una invención, por el momento.
>
> Dado que la invención A es tan excepcional desde el punto de vista técnico, el ingeniero Y defiende que debe patentarse. El redactor de solicitudes de patente analiza la invención con el director de comercialización Z, que le informa de que la mejora que brinda la invención B aumentará las ventas de productos de la empresa en un 75 %.
>
> Teniendo en cuenta la importante información proporcionada por el departamento de comercialización, la dirección de la empresa decide presentar una solicitud de patente respecto de la invención B.

En realidad, la situación descrita en el ejemplo probablemente presente otras complicaciones, como la facilidad con la que un competidor podría imitar la invención B sin infringir la patente o el alcance de la protección por patente que podría tener la invención B. Si resultara que la invención B no puede patentarse de manera provechosa, será mejor para la empresa patentar la invención A.

2. Formación de profesionales científicos y técnicos para que aprendan qué puede patentarse, quiénes pueden considerarse coinventores y cómo divulgar las invenciones

Además de concienciar acerca del valor de las patentes, el redactor debe asegurarse de que los principales ingenieros y científicos de la organización comprendan determinados aspectos fundamentales del proceso de obtención de una patente. Designar a una persona "defensora de patentes" en la organización del cliente y capacitarla para ello puede tener un valor incalculable. Es probable que se trate de un inventor importante que goce del reconocimiento de sus colegas (un "guardián técnico"), que pueda intercambiar con ellos y con el redactor de la solicitud de patente observaciones sobre las oportunidades que surgen en el laboratorio de ingeniería.

Asimismo, se ha señalado que los formularios de divulgación de la invención conllevan la adopción de decisiones en momentos clave. El redactor de la solicitud debe asegurarse de que alguien de la organización del cliente facilite los formularios a los científicos e ingenieros y, además, los ayude a cumplimentarlos. Por otra parte, el redactor de la solicitud puede acordar con el cliente que simplemente se entrevistará al inventor o inventores para obtener toda la información que suelen contener los formularios de divulgación de la invención.

Recomendación profesional

> Tal vez sea necesario recurrir a la ayuda de la dirección para investigar y cumplir los requisitos de paternidad de la invención. Además, debería ser evidente que el redactor debe negarse a preparar una solicitud de patente para alguien de quien se sepa que no es el titular de la invención en cuestión.

Ejemplo

> El cliente desea obtener una patente sobre una invención relativa al producto W, que se presentará en una feria comercial en dos semanas. A menos que se presente una solicitud de patente en las dos próximas semanas, el cliente perderá todos los derechos de patente sobre el producto en la mayor parte de los países que concedan un plazo de gracia muy limitado.
>
> Este dato es una información importante que el redactor de la solicitud debe conocer de manera inmediata.
>
> Afortunadamente, en la empresa se ha designado a un defensor de patentes, quien toma conocimiento de que se va a divulgar el producto e informa de ello al redactor de solicitudes de patente con suficiente antelación respecto del plazo de dos semanas. El redactor se pone a trabajar inmediatamente con el objetivo de presentar una solicitud de patente en nombre de su cliente antes de que venza el plazo.

Si la empresa no contara con un defensor de patentes, el redactor de solicitudes de patente habría tenido que desempeñar la difícil tarea de explicar que el producto W ya no puede patentarse en algunas de las jurisdicciones de interés para el cliente.

Es posible que el redactor de solicitudes de patente descubra que sus clientes prestan bastante más atención a las patentes cuando se dan cuenta de que han dejado pasar la oportunidad de patentar una invención clave o cuando un competidor los demanda o amenaza con demandarlos por infracción de patente. A pesar de la dificultad de la situación, es posible que a largo plazo sirva para sensibilizar acerca de las patentes, lo cual ayudaría al redactor de solicitudes a proteger las invenciones valiosas de su cliente.

Antes de preparar la solicitud de patente, el redactor deberá tener acceso a la información básica sobre una invención, ya se obtenga mediante un formulario de divulgación de la invención o una entrevista. Es preciso conocer determinadas fechas decisivas relativas a la invención para comprobar que siga siendo patentable, así como es necesaria la información sobre el inventor o inventores, para que el redactor de la solicitud pueda definir el posible universo de la paternidad de esa invención. El redactor de la solicitud tal vez deba comunicarse de manera firme y directa al investigar la paternidad de la invención, puesto que no es poco frecuente que los miembros de la alta dirección insistan en que han aportado una contribución inventiva cuando se han limitado a respaldar o supervisar la labor de otras personas, en cuyo caso solo se les reconocería como inventores en unas pocas legislaciones de todo el mundo (lo cual significa que la práctica relativa a las solicitudes de patente es muy diferente de la que se sigue al atribuir la autoría de artículos científicos). En cambio, es posible que, por varios motivos, algunas de las personas que aportan una contribución inventiva no deseen ser reconocidos como el inventor o uno de los inventores. De conformidad con el Convenio de París, los inventores tienen derecho a ser mencionados como tal en las patentes. En muchos países, se permite a los inventores renunciar a este derecho.

Si el redactor de la solicitud de patente la presenta sin identificar de manera precisa a los inventores, es posible que la solicitud se considere nula. En el peor de los casos, cuando omiten la identificación a sabiendas, la solicitud puede considerarse fraudulenta y el redactor puede exponerse a demandas por negligencia profesional. En consecuencia, con frecuencia los redactores de solicitudes pueden verse envueltos en investigaciones de paternidad de las invenciones con el objetivo de eliminar de la lista de inventores a quienes no hayan aportado una contribución inventiva.

3. Establecer una comisión interna de análisis de patentes para que revise periódicamente las invenciones divulgadas y formule recomendaciones sobre el patentamiento

Como se ha señalado al inicio del presente módulo, algunos clientes pueden beneficiarse de la constitución de una comisión interna de análisis de patentes que revise periódicamente las invenciones divulgadas y formule recomendaciones sobre lo que la organización debería patentar. El redactor de solicitudes de patente puede formar parte de la comisión y prestar asesoramiento sobre patentes y otras cuestiones conexas, pero no debe influir en las decisiones de patentamiento del cliente. También pueden integrar la comisión de análisis de patentes los principales científicos, ingenieros e inventores del cliente, así como un miembro del personal de comercialización. Además, un miembro destacado de la alta dirección del cliente también puede aportar ideas valiosas y obtener el apoyo del personal directivo superior.

La comisión debe reunirse con regularidad para ser eficaz al ayudar a la empresa a mantener una estrategia de patentes dinámica que responda al mercado y al entorno empresarial.

4. Programas de incentivos para alentar a los inventores a que creen y comuniquen sus invenciones

Una persona creativa que concibe invenciones patentables a las que no se les presta atención ni reconocimiento puede dejar de inventar o de comunicar sus invenciones. En consecuencia, la organización perdería una oportunidad muy valiosa de beneficiarse del talento del inventor.

Para mantener la motivación y los ánimos del equipo inventivo, muchas empresas ofrecen a sus inventores algún tipo de recompensa por las contribuciones patentables.

La naturaleza de esa remuneración puede variar. En algunas empresas, se prevén incentivos específicos en los contratos de trabajo de los inventores especialmente importantes. Los sistemas de compensación pueden consistir en lo siguiente:

i) el pago de una pequeña suma de dinero por divulgar una invención;
ii) el pago de una suma de dinero un poco mayor cuando se presenta una solicitud de patente ante una oficina; o
iii) el pago de una suma de dinero aún mayor cuando se emite la patente.

Algunas empresas recompensan a los inventores en todas estas ocasiones, pero lo más frecuente es que se ofrezca i) y iii) o ii) y iii).

Algunas organizaciones compensan a sus inventores cuando se logra conceder una licencia sobre la patente que protege la invención. Las universidades adoptan esta postura con frecuencia. Por ejemplo, una universidad puede ofrecer a sus inventores un pequeño porcentaje fijo de las regalías obtenidas respecto de sus invenciones o un porcentaje mayor de las regalías con la condición de que se inviertan esos fondos en el laboratorio del inventor. Una alternativa es que la universidad divida y reparta las ganancias de la concesión de la licencia a modo de recompensa monetaria a los inventores y de contribución al laboratorio o departamento de los inventores. Se sabe que el salario del personal que trabaja con algunos inventores especialmente relevantes procede en su totalidad de las regalías de la patente del inventor. Este tipo de compensación mediante licencia suele pagarse además de cualquier otro incentivo que un inventor pueda recibir, como los mencionados.

Además de esos sistemas de recompensa, a menudo muchas organizaciones cuentan con otros programas de reconocimiento más personales. Algunas otorgan al inventor una copia enmarcada de la patente o una placa especial con información sobre la patente. Otras pueden prever formas de reconocimiento más peculiares, como una chaqueta con el número de la patente bordado en el bolsillo del pecho. Es frecuente que las organizaciones celebren una cena anual de reconocimiento a los inventores a la que normalmente asisten los principales miembros de la alta dirección de la organización, como el presidente o el director general, quienes agradecen a los inventores sus creaciones y expresan su sincera gratitud por la labor realizada. Estos programas añaden al sistema de compensación un elemento emotivo que algunos inventores aprecian profundamente y que puede tener efectos muy positivos en la motivación y los incentivos.

Sin embargo, si un cliente pregunta al redactor de solicitudes de patente acerca de los programas de compensación de inventores, también es importante mencionar que esos programas pueden entrecruzarse con otras ramas del Derecho, como la legislación de títulos valores y el Derecho laboral. Por ejemplo, probablemente la empresa estará obligada a publicar la política de compensación de inventores y a seguirla de manera rigurosa. Además, si el programa comprende un obsequio *ad hoc* de la empresa al inventor, puede resultar difícil explicarlo a las instancias reguladoras de títulos valores. Como sucede en numerosos ámbitos de la redacción de solicitudes de patente, esas normas y requisitos varían en función de la jurisdicción, por lo que el redactor de la solicitud debe conocer las normas relativas a la titularidad de las invenciones en su jurisdicción concreta y en las de interés para sus clientes. Por ejemplo, en los Estados Unidos de América, los inventores son los propietarios de sus creaciones desde el punto de vista jurídico, pero en el Derecho laboral estadounidense por lo general se admiten los contratos de trabajo en los que se obliga a los inventores a ceder al empleador todos los derechos sobre la labor desempeñada durante la relación laboral sin ningún tipo de compensación añadida. Por el contrario, en Alemania, las empresas deben proporcionar a los inventores una compensación adicional por las invenciones patentables que hayan creado en el marco de una relación laboral. Si bien no se espera de un redactor de solicitudes de patente que asesore a sus clientes en cuestiones de Derecho laboral, sí deberá saber quién es el titular de las invenciones para las que se solicita la protección por patente.

5. Ética profesional

En muchos países, solo los profesionales habilitados pueden representar a los solicitantes y presentar solicitudes ante la oficina de patentes. Estos *abogados* o *agentes de patentes* deben cumplir las normas profesionales éticas y jurídicas de las jurisdicciones correspondientes. La presente sección está dirigida principalmente a los redactores de solicitudes de patente que están habilitados como abogados o agentes, si bien cualquier persona que redacte una solicitud debe tener presente la ética profesional, por lo que el contenido que figura a continuación es de amplia aplicación.

En muchas jurisdicciones se establece un código ético al que deben someterse todos los abogados y agentes de patentes para poder ejercer la profesión. Los códigos éticos para profesionales de patentes de algunas jurisdicciones se han elaborado a partir del código ético que obliga a *todos* los profesionales del Derecho. Además, en algunos ordenamientos, se hace un seguimiento de las quejas enviadas a la oficina de patentes por los clientes o por organizaciones jurídicas como colegios de abogados. Por lo tanto, un abogado de patentes que haya sido inhabilitado para el ejercicio de la profesión también lo estará para representar a clientes ante la oficina de patentes.

Los redactores de solicitudes de patente deben familiarizarse con el código ético aplicable en su jurisdicción y en las de interés para sus clientes. Los códigos éticos suelen basarse en el sentido común. Si un redactor de solicitudes de patente se plantea la pregunta "¿Esta conducta es adecuada o justa?" y la respuesta es negativa, tal vez deba reconsiderar si ha de actuar de ese modo, sea como sea (sobre todo porque los códigos éticos no son exhaustivos, por lo que el hecho de que una situación no esté regulada por una norma ética no significa que no pueda considerarse negligencia profesional).

A continuación, se presentan algunas de las normas que probablemente se encontrarán con frecuencia en los códigos éticos nacionales o regionales.

i) **Los redactores de solicitudes de patente nunca deben presentar a sabiendas una solicitud nula (una invención afectada por un impedimento temporal, una descripción inhabilitante, etc.).**
En ocasiones, los poderes públicos pueden oponerse a una solicitud presentada por un redactor, lo cual puede tener como consecuencia que no se conceda la protección por patente. Por ejemplo, en los Estados Unidos de América, muchas de las primeras invenciones biotecnológicas eran de dudosa patentabilidad cuando se presentaron las solicitudes. De hecho, la cuestión de la patentabilidad de ese tipo de invenciones la terminó resolviendo el Tribunal Supremo de ese país, no la USPTO. El hecho de que el redactor presentara la solicitud que fue objeto de la oposición era completamente ético. Sin embargo, podrían haberse planteado cuestiones éticas si el redactor no hubiera avisado de antemano a su cliente de que la solicitud podía recibir oposición.

ii) **El redactor de solicitudes de patente debe mantener informado al cliente sobre las novedades relativas a sus solicitudes y sus patentes.**
Por ejemplo, debe notificar al cliente que se ha recibido una decisión de la oficina de patentes con suficiente antelación respecto del plazo para la contestación. Asimismo, debe pedirle al cliente que revise el borrador de la contestación a la decisión de la oficina antes de presentarla.

iii) **El redactor de solicitudes de patente debe estar al corriente de los cambios en las normas y los procedimientos aplicables a su ámbito de especialización.**
El redactor de solicitudes de patente también debe notificar a sus clientes los cambios en las normas cuando puedan afectar a un proceso pendiente.

iv) **El redactor de solicitudes de patente siempre debe ser sincero al comunicarse con la oficina de patentes y sus clientes.**
En la práctica, esto significa que el redactor de solicitudes no puede defender la patentabilidad de una invención si personalmente tiene dudas al respecto. Compárense las dos situaciones siguientes:

a) El examinador de patentes afirma que las reivindicaciones pendientes del cliente se muestran de manera completa en la figura 1 de una referencia del estado de la técnica. El redactor de la solicitud está de acuerdo con el examinador, pero presenta una contestación en la que, intencionadamente, caracteriza la referencia de manera incorrecta y alega que las reivindicaciones pendientes no se muestran en la referencia del estado de la técnica.
b) El examinador de patentes afirma que las reivindicaciones pendientes del cliente se muestran de manera completa en la figura 1 de una referencia del estado de la técnica. El redactor de la solicitud considera que el lenguaje empleado en la referencia es ambiguo y que el examinador ha interpretado la referencia de manera retrospectiva, influido por la solicitud pendiente del cliente. Redacta la contestación en consecuencia.

Es probable que la situación a) se considere contraria a la ética en la mayor parte de las jurisdicciones y que la situación b) sí sea ética.

v) **El redactor de solicitudes de patente siempre debe desempeñar la labor que se ha acordado y debe hacerlo de manera oportuna.**
El redactor de la solicitud no puede decirle al cliente que preparará una solicitud de patente y luego no hacerlo. Si el redactor es consciente de que no podrá preparar la solicitud a tiempo, no debe aceptar el encargo. Si ya lo ha aceptado, en cuanto sepa que no puede finalizar la solicitud debe notificárselo al cliente, de manera que este pueda buscar urgentemente a otro redactor de solicitudes de patente que sí pueda encargarse de ello. El redactor nunca debe ser la causa principal del fracaso del cliente en la obtención de protección por patente para su valiosa invención.

vi) **El redactor de solicitudes de patente debe defender a su cliente. Las decisiones iniciales de las oficinas de patentes a muchas solicitudes de patente con frecuencia son negativas.** El redactor de la solicitud no debe limitarse a comunicar al cliente que se ha rechazado la solicitud, sin informarle de que se puede contestar a esta primera decisión. Por supuesto, habrá situaciones en las que las referencias del estado de la técnica citadas sean tan convincentes que es improbable que el cliente obtenga una protección sustancial, por lo que abandonará la solicitud. Ahora bien, esta situación no es la más frecuente.
El redactor de la solicitud no debe introducir únicamente reivindicaciones de patente restrictivas, a menos que el cliente lo pida. Las solicitudes de patente con reivindicaciones de alcance restringido tienen más probabilidades de obtener la protección por patente que aquellas con reivindicaciones amplias. Ahora bien, las reivindicaciones restrictivas seguramente privarán al cliente del pleno alcance de la protección a la que tiene derecho. Como ya se ha señalado en el presente manual, la oficina de patentes no tiene el deber de indicarle al redactor de la solicitud o al inventor que es posible establecer reivindicaciones más amplias, sino que solo concede las reivindicaciones que figuran en la solicitud. No planteará objeciones a las reivindicaciones por ser demasiado restrictivas.
De modo similar, el redactor de la solicitud no debe rendirse a los deseos del examinador de patentes simplemente para acelerar la admisión de una solicitud, a menos que haya informado de ello al cliente y recibido su autorización explícita para aceptar un alcance más restringido que el que le correspondería. En resumen, el redactor de la solicitud siempre debe estar preparado para esgrimir argumentos en nombre del cliente.
El papel de los redactores de solicitudes de patente conlleva algo más que cumplimentar formularios y redactar documentos técnicos; tienen el deber de tramitar las solicitudes de sus clientes con la diligencia con la que actuarían si ellos mismos fueran el inventor. Los clientes confían enormemente en el redactor de solicitudes de patente, que debe demostrar que merece esa confianza.

vii) **El redactor de solicitudes de patente debe tener en cuenta los conflictos de intereses.**
El redactor de solicitudes no puede anteponer los intereses de un cliente a los de otro. Si el redactor de solicitudes de patente presenta dos solicitudes que están pendientes al mismo tiempo y en las que se divulgan reivindicaciones similares para dos clientes distintos, y el examinador de patentes cita una solicitud a modo de estado de la técnica respecto de la otra solicitud, el redactor deberá o bien modificar las reivindicaciones de una solicitud para que una invención pueda patentarse en detrimento de la otra, o bien alegar que una de las solicitudes no es relevante para la otra. *Ahora bien, ¿cómo puede hacer esto y, al mismo tiempo, defender con vehemencia los intereses de cada uno de los clientes?* En muchos códigos éticos

se reconoce que, en estas circunstancias, el redactor de solicitudes de patente no puede *en ningún caso* desempeñar adecuadamente sus funciones. En consecuencia, el redactor debe analizar minuciosamente los encargos de sus clientes para evitar los posibles conflictos de intereses. Si, pese a que el redactor ha hecho todo lo posible para impedirlo, surge un conflicto de intereses, en muchas jurisdicciones se exige al redactor, en aras de la ética, que traslade a otros asesores las solicitudes en conflicto. El redactor debe evitar de manera contundente las situaciones en las que deba escoger entre varios de sus clientes.

Palabras clave

- sistema de administración de expedientes
- programa de incentivos
- guardián técnico
- comisión de análisis de patentes
- ética profesional
- conflicto de intereses

Autoevaluación

- ☐ ¿Qué es un guardián técnico y cómo puede desempeñar un papel importante en la creación de una cultura de patentes en una organización?
- ☐ Enumere varias personas que deban formar parte de la comisión de análisis de patentes de una organización.
- ☐ ¿Cómo puede un redactor de solicitudes de patente crear un entorno que valore las patentes en una organización?
- ☐ ¿Cómo deben utilizarse los formularios de divulgación de la invención?
- ☐ ¿Qué es un código ético para abogados o agentes de patentes? Mencione tres ejemplos de normas éticas.

Anexos

Anexo A Ejemplos de bases de datos

PATENTSCOPE (www.wipo.int/patentscope)

PATENTSCOPE es una base de datos gestionada por la Organización Mundial de la Propiedad Intelectual (OMPI) que permite acceder a las solicitudes internacionales presentadas en virtud del Tratado de Cooperación en materia de Patentes (PCT)[47] en formato de texto completo a partir del día de publicación, así como a documentos de patentes publicados por las oficinas nacionales y regionales de patentes que colaboran con la OMPI.[48]

La información puede buscarse introduciendo palabras clave, los nombres de los solicitantes, los datos de la Clasificación Internacional de Patentes y muchos otros criterios de búsqueda en varios idiomas. En junio de 2020, la interfaz de búsqueda estaba disponible en 10 idiomas (español, alemán, árabe, chino, coreano, francés, inglés, japonés, portugués y ruso).

Cabe señalar que las solicitudes internacionales PCT se publican 18 meses después de la fecha de presentación (o prioridad). Igualmente, las solicitudes de patente pendientes en la mayor parte de los países se publican solo 18 meses después de la fecha de presentación (o de prioridad).

Bases de datos sobre patentes gestionadas por las oficinas nacionales o regionales de patentes

Muchas oficinas nacionales y regionales de patentes publican en sus sitios web las solicitudes de patente y las patentes concedidas. Algunas oficinas también publican las solicitudes o las patentes concedidas en formato impreso (por ejemplo, en un boletín oficial). En algunos países solo se publica información bibliográfica, ya sea en línea o en formato impreso. De ser así, quienes deseen acceder a todo el contenido de las solicitudes o patentes publicadas tal vez deban acudir a la oficina de patentes para consultar los archivos.

En esta página web figuran ejemplos de bases de datos gestionadas por oficinas nacionales y regionales de patentes.

En la página web www.wipo.int/members se ofrece información de contacto de las oficinas nacionales y regionales, así como los URL de sus sitios web.

Las bases de datos sobre patentes también están disponibles en el sitio web de las oficinas nacionales o regionales.

Bases de datos científicas

Existen distintas bases de datos científicas y técnicas específicas de varios ámbitos de la tecnología. A quienes redactan solicitudes de patente les será útil familiarizarse con esas bases de datos, puesto que contienen artículos en los que se analizan los avances tecnológicos en el ámbito correspondiente. Habida cuenta de que el estado de la técnica no se reduce a documentos de patente, es importante indagar en esas bases de datos para hacer una búsqueda exhaustiva del estado de la técnica a fin de comprobar la patentabilidad.

Anexo B Ejemplo de un formulario de divulgación de la invención

Confidencial

Divulgación n.º: ____________________
Estado: ____________________

Formulario de divulgación de la invención

Nombre: ____________________
Número de teléfono profesional: ____________________
Dirección de correo electrónico: ____________________

1. TÍTULO PROPUESTO: ____________________

2. ÁMBITO DE LA INVENCIÓN ____________________

A. La invención consiste principalmente en:

____

3. TÉCNICA ANTERIOR Y RELACIONADA

A. El problema técnico al que da solución la invención es el siguiente:

____

B. La técnica relacionada más cercana se describe de la siguiente manera:

____

C. La invención ofrece las siguientes ventajas:

____

4. DIBUJOS

Se dispone / No se dispone de dibujos relativos a la invención. De estar disponibles, adjúntelos.
COMENTARIOS sobre los dibujos presentados:

____

5. DESCRIPCIÓN ESCRITA

La invención se describe de la siguiente manera:

____

Nota 1: Adjunte otras páginas si es necesario.
Nota 2: De contar con otros documentos o dibujos relativos a la invención, adjunte copias de ellos al presente formulario.

6. INVENTOR O INVENTORES (es obligatorio cumplimentar este apartado)

INVENTOR 1: ____________________

Nombre: ____________________

Dirección de residencia: ____________________

Ciudadanía: ______________________________

INVENTOR 2: ______________________________

Nombre: ______________________________

Dirección de residencia: ______________________________

Ciudadanía: ______________________________

COMENTARIOS sobre los inventores o sobre la paternidad de la invención (si alguno de los inventores reside en el extranjero, indíquelo en una nota).

____

7. FECHAS DE LAS PRUEBAS Y DEL LANZAMIENTO DEL PRODUCTO

Prueba alfa: ______________________________

Prueba beta: ______________________________

Venta o lanzamiento general: ______________________________

Ofertas a la venta: ______________________________

COMENTARIOS sobre las pruebas y el lanzamiento del producto:

8. DIVULGACIÓN DE LA INVENCIÓN

¿Se ha divulgado la invención al público o este la ha utilizado? ¿Se esperan divulgaciones futuras de la invención? ¿Cuándo y a quién? ¿Se hará con arreglo a un acuerdo de no divulgación?

____

Adjunte una copia de las divulgaciones y de los acuerdos de no divulgación.

9. DIVULGACIONES INTERNAS

Fecha de la primera divulgación interna: ______________________________

Nombre de la primera persona a la que se divulgó la invención: ______________________________

COMENTARIOS sobre la primera divulgación interna: ______________________________

10. ARTÍCULOS

¿Se ha publicado algún artículo?

____

DETALLES sobre la publicación de artículos:

____

Adjunte una copia de los artículos publicados.

11. PUBLICIDAD, COMUNICADOS DE PRENSA Y ANUNCIOS DEL PRODUCTO

¿Se ha emitido publicidad, comunicados de prensa o anuncios del producto?

____

DETALLES sobre la publicidad, los comunicados de prensa o los anuncios del producto:

____

Adjunte copias de la publicidad, los comunicados de prensa y los anuncios del producto.

12. DIVULGACIONES EXTERNAS

¿Se ha divulgado la invención fuera de la empresa?

____

¿Todas las divulgaciones externas se realizaron en virtud de un acuerdo de no divulgación?

____

DETALLES sobre las divulgaciones externas a la empresa:

____

Adjunte copias de la información divulgada y del acuerdo de no divulgación.

13. FERIAS COMERCIALES Y CONFERENCIAS

¿Se prevén ferias comerciales o conferencias próximamente?

____

DETALLES sobre las próximas ferias comerciales o conferencias: ________________

COMENTARIOS ADICIONALES DEL INVENTOR:

____

____

____

Firmado:

____

Fecha: ______________

Da fe:

____

Fecha: ______________

Anexo C Recursos y herramientas de la OMPI

Guías y otras publicaciones

Determinados aspectos de las legislaciones nacionales y regionales en materia de patentes, Anexo II revisado del documento SCP/12/3 Rev.2: Informe sobre el sistema internacional de patentes (2020): www.wipo.int/scp/es/annex_ii.html

Guía de la OMPI para la utilización de información de patentes (2015) (en inglés): https://www.wipo.int/publications/es/details.jsp?id=4615

Guía para bases de datos tecnológicas (2012): https://www.wipo.int/publications/es/details.jsp?id=249&plang=EN

Identificación de invenciones que están en el dominio público: Guía para inventores y emprendedores (2020): https://www.wipo.int/publications/es/details.jsp?id=4501

Inventar el futuro: Introducción a las patentes dirigida a las pequeñas y medianas empresas, Serie número 3 "La propiedad intelectual y las empresas" (2018) https://www.wipo.int/edocs/pubdocs/es/wipo_pub_917_1.pdf

Las patentes: fuente de información tecnológica - Introducción (2015) (en inglés): www.wipo.int/publications/en/details.jsp?id=173&plang=EN

Herramientas y páginas web

Academia de la OMPI, Curso avanzado de enseñanza a distancia, "Patentes", DL301: https://welc.wipo.int/acc/index.jsf

Base de datos PATENTSCOPE y guías del usuario: www.wipo.int/patentscope

Boletín PCT Newsletter: www.wipo.int/pct/en/newslett

Búsqueda en la base de datos WIPO Lex: https://www.wipo.int/wipolex/es/main/legislation

Clasificación Internacional de Patentes (CIP): https://www.wipo.int/classifications/ipc/es/index.html

Guía del solicitante del PCT: www.wipo.int/pct/es/guide/index.html

Guía de Oficinas de Propiedad Intelectual: https://www.wipo.int/directory/es/urls.jsp

Mecanismos de oposición y revocación administrativa: www.wipo.int/scp/en/revocation_mechanisms

Modelos de utilidad: www.wipo.int/patents/en/topics/utility_models.html

Patentes: ¿Qué es una patente? www.wipo.int/patents

PCT: el sistema internacional de patentes: www.wipo.int/pct

Preguntas frecuentes sobre el PCT: https://www.wipo.int/pct/es/faqs/faqs.html

WIPO Pearl: El portal de terminología multilingüe de la OMPI: www.wipo.int/reference/es/wipopearl

¿Qué es la propiedad intelectual? www.wipo.int/about-ip/es/

Notas finales

1 En el artículo 1.2) del Convenio de París para la Protección de la Propiedad Industrial (Acta de Estocolmo de 1967) se establece lo siguiente: "La protección de la propiedad industrial tiene por objeto las patentes de invención, los modelos de utilidad, los dibujos o modelos industriales, las marcas de fábrica o de comercio, las marcas de servicio, el nombre comercial, las indicaciones de procedencia o denominaciones de origen, así como la represión de la competencia desleal".

2 Esta definición figura en el artículo 27.1 del Acuerdo sobre los Aspectos de los Derechos de Propiedad Intelectual relacionados con el Comercio (ADPIC). En algunos países se sustituye "entrañen una actividad inventiva" por "no sean evidentes" y "susceptibles de aplicación industrial" por "útiles". Estos términos son sinónimos, pero su significado no es idéntico, como se verá más adelante.

3 Los diseños pueden protegerse como "patentes de diseño" en algunos países, como en China o en los Estados Unidos de América. En este último, las "patentes de plantas" pueden obtenerse "respecto de cualquier variedad distintiva y nueva, cultivo de brotes, mutantes, híbridos y plántulas descubiertas por primera vez, que no se multiplique por tubérculo ni se encuentre en estado silvestre".

4 La *fecha de prioridad* puede ser importante si en la solicitud de patente se reivindica la prioridad de una solicitud anterior respecto de la misma invención que se presentó en otra jurisdicción. La fecha de prioridad es la fecha de presentación de esa solicitud anterior. Véase la sección 2 del módulo VIII.

5 Asunto *Merck & Co., Inc. c. TEVA PHARMACEUTICALS USA*, 288 F. Supp. 2d 601 (D. Del. 2003).

6 En el artículo 27.1 del Acuerdo sobre los ADPIC se tratan esos términos como si fueran sinónimos, pero no significan exactamente lo mismo.

7 Título 35 del Código de los Estados Unidos de América, artículo 101 ("invenciones patentables").

8 Artículo 2.1) de la Ley de Patentes (Ley n.° 121 de 1959).

9 Artículo 52.2) del CPE.

10 Artículo 52.3) del CPE.

11 Las normas administrativas que rigen la presentación de solicitudes de patente se describen en el módulo VIII.

12 En el presente manual se utiliza el término "descripción", con arreglo al artículo 5 del PCT. En algunos países, los términos "descripción" y "memoria descriptiva" se emplean indistintamente. En otros, "memoria descriptiva" abarca tanto la descripción como las reivindicaciones.

13 Véase www.fiveipoffices.org/activities/globaldossier/CAF.

14 Giles S. Rich, "The Extent of the Protection and Interpretation of Claims: American Perspectives" (1990), *en Int'l Rev. Indus. Prop. & Copyright L.*, Vol. 21, págs. 497 y 499.

15 *EPO Guidelines for Examination* (Directrices de examen de la OEP), Capítulo IV, párrafo 1 ("General"), disponible (en inglés) en www.epo.org/law-practice/legal-texts/html/guidelines/e/f_iv_1.htm.

16 *EPO Guidelines for Examination* (Directrices de Examen de la OEP), Capítulo IV, párrafo 2.11 ("Technical features"), disponible (en inglés) en www.epo.org/law-practice/legal-texts/html/guidelines/e/f_iv_2_1.htm.

17 Una posible manera de evitar que la frase de transición "que comprende" se interprete como frase cerrada es añadir una oración en la descripción en el sentido siguiente: "A lo largo de la descripción y de las reivindicaciones, con la expresión 'que comprende' y sus variaciones no se pretende excluir otros elementos, características técnicas, limitaciones, aditivos, componentes o etapas".

18 Los conjuntos de reivindicaciones y las reivindicaciones dependientes e independientes se explican en la sección 3.

19 Cabe señalar que esto es diferente de añadir texto en aras de la claridad cuando existan múltiples dibujos con etiquetas, por ejemplo, "(13, figura 3; 14, figura 4)". Esta forma de proceder es inobjetable en muchas jurisdicciones.

20 En algunos países se permiten las "reivindicaciones ómnibus", que consisten en hacer una referencia general a la descripción o los dibujos sin mencionar limitaciones específicas. Algunos ejemplos de reivindicaciones ómnibus son "1. El aparato para cosechar maíz que figura en la descripción" o "1. La máquina para preparar zumo que se muestra en la figura 4".

21 Denominadas así por el asunto a instancia de parte *Jepson*, 243 Off. Gaz. Pat. Off. 525 (Ass't Comm'r Pat. 1917).

22 *EPO Guidelines for Examination* (Directrices de Examen de la OEP), Capítulo IV, párrafo 2.2 ("Two-part form"), disponible (en inglés) en www.epo.org/law-practice/legal-texts/html/guidelines/e/f_iv_2_2.htm.

23 Basado en la patente EP 463.756 B1.

24 *EPO Guidelines for Examination* (Directrices de Examen de la OEP), Capítulo IV, párrafo 3.2 ("Number of independent claims"), disponible (en inglés) en www.epo.org/law-practice/legal-texts/html/guidelines/e/f_iv_3_2.htm.

25 Todas las patentes concedidas comienzan con la reivindicación 1.

26 Basado en la patente EP 463.756 B1.

27 Véase el Artículo 26 del Tratado de Cooperación en materia de Patentes (PCT), "Oportunidad de efectuar correcciones ante las Oficinas designadas".

28 El texto del Tratado puede consultarse en www.wipo.int/treaties/es/registration/budapest.

29 Toma su nombre del asunto *Beauregard*, 53 F.3d 1583 (Fed. Cir. 1995).

30 Toma su nombre del asunto *Lowry*, 32 F.3d 1579 (Fed. Cir. 1994).

31 Se cuenta que un demandado acusado de infringir una reivindicación relativa a dos elementos "perfectamente alineados" alegó que, si bien sus elementos estaban alineados, la alineación no era tan "perfecta".

32 Directrices de búsqueda internacional y de examen preliminar internacional del PCT, Parte III ("Consideraciones de examen comunes a la administración encargada de la búsqueda internacional y a la administración encargada del examen preliminar internacional"), Capítulo 10 ("Unidad de la invención"), Regla 10.17, disponible en https://www.wipo.int/export/sites/www/pct/es/docs/texts/ispe.pdf.

33 En el ejemplo, el número de referencia "102" indica que está asignado al dispositivo de advertencia en uno o varios dibujos contenidos en la solicitud. Los sistemas de referencias de los dibujos se analizan en la sección 4.

34 La Organización Mundial de la Propiedad Intelectual (OMPI) administra bases de datos sobre la legislación nacional, regional e internacional en materia de propiedad intelectual (véase https://www.wipo.int/wipolex/es/main/legislation) y facilita los datos de contacto de las autoridades nacionales y regionales encargadas de la PI (www.wipo.int/members/es/index).

35 El nombre oficial es el Acuerdo para la aplicación del artículo 65 del Convenio sobre Concesión de Patentes Europeas. Véase el sitio web www.epo.org/law-practice/legal-texts/london-agreement.html

36 La información de contacto de las oficinas de patentes y los enlaces a sus sitios web están disponibles en la página web https://www.wipo.int/directory/es/.

37 Las expresiones "fase nacional" y "fase internacional" no se mencionan en el PCT, pero son términos abreviados prácticos que se utilizan habitualmente.

38 A fecha de 1 de junio de 2020, las oficinas de patentes nacionales y regionales consideradas ISA competentes en virtud del PCT eran las de las jurisdicciones siguientes: Australia, Austria, Brasil, Canadá, Chile, China, Egipto, España, Estados Unidos de América, Federación de Rusia, Filipinas, Finlandia, India, Israel, Japón, República de Corea, Singapur, Suecia, Türkiye, Ucrania, Oficina Europea de Patentes, Instituto Nórdico de Patentes e Instituto de Patentes de Visegrado.

39 Puede consultarse una explicación (en inglés) en la página web www.epo.org/law-practice/legal-texts/html/guidelinespct/e/c_i_3.htm.

40 Véase la nota 38 para consultar una lista de las IPEA competentes con arreglo al PCT (a fecha de 1 de junio de 2020).

41 Puede consultarse una explicación (en inglés) en la página web www.epo.org/applying/international/guide-for-applicants/html/e/ga_c3_2_11.html.

42 Véase la página web www.wipo.int/pct/es/forms/index.html.

43 Puede consultarse una lista actualizada de los Estados contratantes en https://www.wipo.int/export/sites/www/treaties/en/docs/pdf/pct.pdf.

44 Véase la página web www.wipo.int/pct/es/guide/index.html.

45 En algunos países, cualquier persona puede representar a un solicitante de patente ante la oficina de patentes correspondiente. En otros países, solo pueden hacerlo determinados profesionales cualificados, por ejemplo, agentes o abogados de patentes habilitados ante la oficina de patentes respectiva, especialmente si el solicitante reside en el extranjero. En el presente manual, se utiliza el término "redactor de patente" para referirse a cualquier persona facultada para representar a los solicitantes con arreglo a la legislación aplicable.

46 Para consultar una explicación del PPH (en inglés), véase la página web www.wipo.int/pct/en/filing/pct_pph.html.

47 Véase la sección 4.3 del módulo VIII para obtener más información sobre el Tratado de Cooperación en materia de Patentes (PCT).

48 Para consultar un resumen actualizado de los datos disponibles, véase la página web https://patentscope.wipo.int/search/es/help/data_coverage.jsf.

www.ingramcontent.com/pod-product-compliance
Lightning Source LLC
LaVergne TN
LVHW081132051026
849532LV00010B/3242
* 9 7 8 9 2 8 0 5 3 5 8 2 2 *